개정판

Food Material Management & Purchasing

호텔·외식 식자재관리 및 구매

박경곤 · 최성기 공저

머리말

호텔 · 외식사업의 식품조리에 있어서 식자재는 중추적인 역할에 있습니다. 그러나 그 중추적인 역할에 있는 식자재의 생산 · 유통 · 구매 · 저장 · 보관 및 원가관리 등에 대한 일괄적이고 체계적인 내용을 다룬 서적이 없어 '식자재관리론' 강의에 어려움이 많았습니다.

그간 호텔에 근무하면서 식자재 사용 및 관리에 대한 실무경험과 대학에서 강의하고 있는 '식자재구매관리론'의 강의노트를 정리하고 여러 관련 서적 등을 참고하여 이번에 책을 출간하게 되었습니다. 이 책은 식품조리 전문가와 식자재구매관리 담당자, 대학에서 이와 관련된 전공에 있는 학생들에게 식자재구매관리에 있어서 꼭 필요한 내용을 일괄적이고 체계적으로 담으려고 노력하였습니다.

그렇지만 본서의 내용에서 수정할 부분 또는 보완되어야 할 부분이 많이 있을 것으로 생각됩니다. 이러한 부분들은 앞으로 더욱 알찬 내용이 되도록 계속 수정 · 보완하겠습니다. 아울러 식자재구매관리에 관심이 많은 전문가의 아낌없는 조언을 바랍니다.

본서가 햇빛을 볼 수 있도록 도와주신 백산출판사 사장님과 관계자 여러분들에게 감사드립니다.

청운캠퍼스에서

著者 識

차 례

CONTENTS

제1장 식자재 관리의 개요 / 11

제2장 식자재 유통의 개요 / 57

제3장 식자재 구매의 개요 / 105

제4장 식자재 구매발주 및 업무관리 / 125

제5장 식자재 검수 및 입출고 관리 / 175

제6장 식자재 저장 및 재고관리 / 207

제7장 생산지점과 판매지점의 식재료관리 / 283

제8장 식자재 원가관리 / 301

부록 / 327

제1장
식자재 관리의 개요

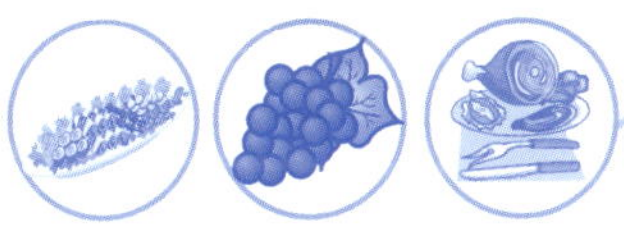

1. 식자재 관리의 개념 및 정의
2. 식자재 관리의 목적과 특성
3. 식자재 관리의 중요성
4. 식품품질인증제도

Food Material Management & Purchasing

01 식자재 관리의 개요

01 식자재 관리의 개념 및 정의

우리나라 식품 성분표에는 총 20,505종으로 그 중 222종이 2007년 제7개정안에 새로이 추가되었으며, 각 지역 및 지방 업종에 따라 다양한 식자재가 사용되고 있다. 변화하는 식당기업경영 환경에서 좋은 식자재를 구매 관리하는 것은 기업운영에 매우 중요한 요소로 자리 잡고 있으며, 식자재의 품질은 제공되는 음식의 맛과 상품성을 결정하는 중요한 요인으로 자리 잡았다.

식자재 관리는 이러한 요인을 강화하기 위한 경영관리의 한 수단이다. 식자재 관리란 "호텔 외식기업이 필요로 하는 식자재를 경제적으로 구매하고 관리하는 일련의 경영활동이다." 또한 식자재 관리는 적정한 시기에 필요한 양의 식자재를 최고 수준의 품질로 공급하여야 한다는 점에서 매우 중요한 관리행위라 할 수 있다.

식자재 관리담당자는 구매되어진 식자재를 최상의 상태로 관리하여 조리담당자가 필요로 하는 시간에 공급되어지게 해야 한다. 적기에 생산된 식자재를 필요로 하는 시기에 공급하여 만든 요리상품으로 완성되어지게 하는 것이다.

식자재 공급의 타이밍은 아무리 강조해도 지나치지 않다. 아무리 좋은 식자재라도 필요한 시기에 조달하지 못하면 의미가 없다는 것이다. 이와 같이 생산과 조달, 그리고 수요 사이에서 발생하는 시간적 불균형을 해결하기 위한 방법으로 식자재의 관리가 식당경영의 큰 축으로 발전하고 있다.

02 식자재 관리의 목적과 특성

2-1. 식자재 관리의 목적

식자재 관리는 식자재를 음식이나 음료 등에 소비, 유용해야 할 여러 가지 계획을 세우거나 구매 · 배급 · 배부 · 저장 · 유지하는 각종 업무를 실시하여 호텔이나 외식경영에 있어서 생산, 판매활동을 순조롭게 지원함으로써 이윤 창출에 공헌하고 낭비되는 자재를 줄이는 것으로 다음과 같은 관리활동을 목적으로 하고 있다.

1) 식음상품 품질 유지 및 향상

식자재 사용에 있어서 꼭 필요한 곳에 꼭 필요한 식자재를 공급하여 사용할 수 있도록 한다. 이를 위해서 식자재 관리는 필요한 양을 적기에 공급할 수 있도록 식자재를 조달 및 확보하여 식음상품 생산에 필요한 식자재를 원활히 공급하여 상품의 품질 유지 및 품질 향상이 식자재 관리의 목적이 있다.

2) 식음상품의 원가관리와 원가절감

식음상품 생산에 필요한 식자재의 양과 품질을 필요한 때에 필요한 장소로 원활히 공급함으로써 식음상품의 원가관리와 더불어 식자재 원가절감에 그 목적이 있다.

3) 식품사고의 방지 및 예방

필요한 식자재를 원활하고 효율적으로 관리하여 식음상품 생산과 식자재의 안정성을 확보하고 식품사고 방지 및 예방하는데 식자재 관리의 목적이 있다.

2-2. 식자재의 특성

1) 식자재 수명상의 특징

식자재 중 신선한 채소류, 청과일류, 생선류 등은 공산품 또는 가공된 식자재와 비교하여 신선도 유지가 어려우며 나아가 유통기한이 매우 짧은 특징이 있다.

2) 식자재 수확 및 생산은 계절의 영향이 크다.

식자재 중 농산물과 수산물의 수확과 생산은 기온 및 기후와 밀접한 관계에 있으므로 계절에 따라 생산되는 품목 및 수량에 많은 차이가 있으며, 특히 농산물의 경우 기온이 영하로 내려가는 겨울철에는 재배를 할 수 없어 계절의 영향이 더욱 크다.

3) 식자재 저장 및 보관상의 특징

신선 식자재의 신선도를 유지하기 위해서 특별한 저장시설, 즉 냉동 및 냉장시설이 있어야 하며, 신선 식자재의 보관창고의 환경에 있어서도 온도 및 습도를 조절할 수 있는 시설이 있어야 한다.

4) 식자재의 유통 및 취급상의 특징

식자재 중 농산물 및 수산물의 유통에 있어서 신선도를 유지하기 위해 냉동 및 냉장설비가 되어 있는 유통 장비가 필요하며, 특히 채소류와 청과물 등은 크기 및 모양 등이 일정하지 않으므로 유통과정에서 취급하는데 특별한 관리를 필요로 한다.

5) 식자재는 가격 및 공급량의 변동폭이 상대적으로 크다.

신선 식자재 생산 및 공급은 계절적인 영향을 크게 받으므로 기온과 기후에 따라 수확 및 생산량이 불규칙하여 시장에 공급량의 변동폭이 공산품과 비교하여 일정하지 않아 공급량에 따라 가격의 변동과 더불어 공급량 또한 매우 큰 특징이 있다.

6) 식자재의 복잡한 유통경로

식자재 중 농산물, 수산물, 축산물의 생산구조의 특징, 즉 소량생산과 더불어 생산지가 전국적으로 넓게 분포되어 있다. 그러므로 이러한 생산구조로 인하여 식자재를 취합, 수송, 판매경로가 매우 복잡하고 다양한 구조를 갖고 있다.

03 식자재 관리의 중요성

3-1. 식자재 관리의 기본적인 중요성

1) 식자재 진리의 중요성

식음상품 생산에 있어서 식재료의 품질, 형태, 모양 및 신선도 등에 따라 그 상품의 본질적인 품질과 더불어 맛과 향, 보존성에 미치는 영향이 크게 좌우된다.

2) 식자재 품질의 중요성

식음상품의 생산에 직접 사용되는 식자재 품질이 생산하고자 하는 상품의 품질과 직결된다. 즉 상품생산에 필요한 식자재의 품질이 우수하고 신선도가 좋은 식자재를 사용하여 생산한 식품은 사용한 식자재의 상태에 따라 상품의 품질과 신선도를 확보할 수 있다.

3) 식자재 수명의 중요성

식음상품 생산을 위하여 품질과 신선도가 우수한 식자재의 사용여부에 따라 식음상품의 보존기간에 직접적인 영향을 줄 수 있다.

4) 식자재 관리의 사회적 중요성

식자재의 생산, 유통 및 저장관리는 식자재 생산기업의 재고자본과 더불어 기업 간에 상호 관련되는 사회적인 재고자본으로 인식하여 국가와 정부에서는 적극적이고 효율적으로 관리하는 추세이다.

5) 식자재의 공공적 중요성

식품생산에 필수적인 식자재관리의 실패는 연관매체에 관련되어 사회적인 파장이 매우 크므로, 식자재는 다른 공산품과 다르게 국민의 생명유지 차원에서 식자재관리를 인식하고 국가와 정부는 공공적인 측면에서 매우 중요하게 관리하고 있다.

3-2. 식자재 관리의 현실적인 중요성

1) 코스트(cost)의 중요성

식음상품의 생산비의 원가구조를 보면 크게 식자재비, 인건비 및 경비 등으로 구성되어 있다. 이렇게 구성된 원가구조에서 식자재비가 점유하고 있는 원가 비율이 다른 원가보다 월등히 높다. 그러므로 상품생산의 원가관리 측면에서 보면 원가비율이 높은 식자재원가 관리에 따라 그 상품의 가격 및 수익률에 직접적인 영향을 준다.

2) 식자재 관리의 시간적 중요성

식음상품의 특수성과 관련하여, 즉 공산품은 소비자의 주문이 없어도 사전에 미리 생산, 저장하여 수요가 발생할 때 시장에서 판매할 수 있지만, 식음상품은 그 품질유지와 신선도유지의 특수성으로 인하여 고객의 주문 즉시 생산하므로 그 생산에 필요한 식자재를 적시 공급이 상품생산과 비용 관리측면에서 중요성이 강조되고 있다.

3) 식자재의 양적 중요성

식음상품의 생산에 투입되는 식자재는 그 특징, 즉 식자재의 수명 및 저장보관, 기후와 기온의 변화에 따른 생산량의 불균형, 계절의 영향 등에 따라 필요한 식자재의 물량확보와 공급의 측면에서 식자재 관리의 중요성이 강조된다.

04 식품품질인증제도

4-1. 지리적 표시등록제

1) 개요

농림수산물 및 그 가공품의 명성, 품질 기타 특징이 본질적으로 특정지역의 지리적 특성에 기인한 경우 해당 농산물 또는 그 가공품이 그 특정지역에서 생산 및 가공된 특산품임을 나타내는 표시이다.

2) 배경

우수한 지리적 특성을 가진 농산물 및 가공품의 지리적 특산품의 품질 향상 및 지역 특화산업으로의 육성을 도모하기 위하여 도입한 제도이며, 특히 국제적인 지리적 표시보호 움직임(WTO의 무역관련 지적재산권 협정; TRIPS)에 대처하고 우수한 지리적 특산품 생산자를 보호하여 우리 농산물 및 가공품의 경쟁력 강화와 소비자의 알권리를 충족하기 위함이 도입된 배경이다.

3) 관련 법령

- 농산물 품질관리법 시행령, 시행규칙
- 수산물 품질관리법 시행령, 시행규칙
- 지리적 표시품의 등록 및 사후관리업무 요령(국립수산물 품질검사원 고시)

4) 시행 및 관리기관

- 농산물 : 국립농산물 품질관리원

- 임산물 : 산림청
- 수산물 : 국립수산물 품질검사원

5) 대상지역 범위 및 신청자격

- 대상지역 범위는 해당품목의 특성에 영향을 주는 지리적 특성이 동일한 행정구역으로 산, 강 및 바다 등에 따라 구획(인삼류의 경우는 국내)
- 신청자격은 특정지역에서 지리적 특성을 가진 농산물 또는 그 가공품을 생산하거나 가공하는 자로 구성된 단체(법인만 해당됨. 단 1인만이 생산 가공할 경우는 예외)

6) 지리적 표시의 대상이 되려면 다음의 요건을 충족시켜야 한다.

① 해당 품목의 우수성이 국내나 국외에서 널리 알려져야 하고(유명성),
② 해당 품목이 대상지역에서 생산된 역사가 깊어야 하며(역사성),
③ 해당 상품의 생산, 가공과정이 동시에 해당지역에서 이루어져야 하고(지역성),
④ 해당 품목의 특성이 대상지역의 자연환경적(지리적, 인적) 요인에 기인하며(지리적 특성),
⑤ 해당 상품의 생산자들이 모여 하나의 법인을 구성해야 함(생산자의 조직화)

7) 지리적 표시등록 표시

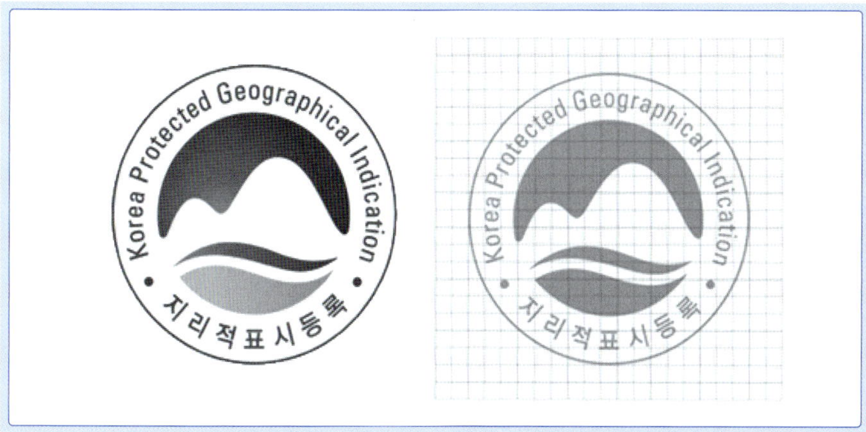

8) 지리적 표시 농산물

제1호 보성녹차 지리적 표시 등록을 포함 제77호 괴산 찰옥수수까지 등록되어 있으며, 자세한 분류에 의한 품목은 국립농산물 품질관리원 홈페이지 http://www.naqs.go.kr/에서 확인 가능

4-2. 농산물우수관리인증제도(good agricultural practices; GAP)

1) 개요

농산물의 안전성을 확보하고 농업환경을 보존하기 위하여 농산물의 생산, 수확 후 관리 및 유통의 각 단계에서 재배포장 및 농업용수 등의 농업환경과 농산물에 잔류할 수 있는 농약, 중금속 또는 유해생물 등의 위해요소를 적절하게 관리하여 소비자에게 그 관리사항을 알 수 있게 하는 체계이다.

2) 배경

안전성에 대한 소비자의 관심과 요구가 증대됨에 따라 안전하고 위생적인 농산물 관리를 지향하기 위하여 생산 단계에서부터 시작되는 농산물 안전관리체계 구축의 일환으로 GAP관리체계와 생산 이력관리체계를 구축하여 생산, 가공, 유통 및 판매에 이르는 일관된 농산물 관리체계가 대두되었다.

3) 도입효과

① 농산물의 안전성에 대한 소비자 인식 제고

소비자가 만족하는 투명한 우수관리인증농산물 생산체계 구축을 통하여 국산 농산물에 대한 소비자 인식제고 및 신뢰 향상으로 수익성 증대를 도모할 수 있다.

② 농산물 품질관리제도 도입에 의한 생산농가의 경쟁력 확보

국산 농산물의 수출 경쟁력 확보가 가능하며, 수입 농산물에 대하여도 동등한 수준의 GAP 적용을 요구할 수 있으며, 투명거래에 의한 품질관리도 용이해진다.

4) 인증표시 소개

심벌마크는 G.A.P의 영문 이니셜을 상징화 하였으며, 전체적으로는 지구의 형상을 띠고 이는 국제규격의 농산물임을 본 마크가 인증한다는 의미가 있다.

농산물우수관리인증

G부분은 지구의 형상을, A는 푸른 산을, P는 맑은 강을 의미. 컬러에서 청색은 말고 깨끗함을 추구하는 농식품부의 의지를 담고 있음. 녹색의 잎은 환경친화적인 농산물, 건강한 농산물의 의미를 담고 있다.

① **표시 내용**

- 표지 : 표지 크기는 포장재에 맞출 수 있으나, 표지 형태 및 글자 표기는 변형할 수 없다.
- 산지 : 농산물을 생산한 지역으로 시・도명이나 시・군・구명 등 원산지 표시규정에 따라 기재
- 품목(품종) : 「종자산업법」 제2조제4호나 이 규칙 제6조제2항제3호에 따라 표시
- 중량・개수 : 포장단위의 실 중량이나 개수
- 등급 : 표준규격 대상품목인 경우에는 표준규격을 사용하고 표준규격이 없을 경우 다른 법령으로 정한 규격을 사용하되, 다른 법령에서도 규정하지 않은 경우에는 거래 관행상의 규격에 따른다.
- 생산년도 : 쌀에 한함.
- 생산자(작목반명) : 생산자나 작목반명, 주소, 전화번호
- 이력추적관리번호 : 이력추적이 가능하도록 주어진 이력추적관리번호

5) 관련 법령

- 농산물 품질관리법 시행령, 시행규칙
- 농산물 우수관리인증 등에 관한 세부 실시요령(국립농산물 품질관리원 고시)
- 농산물 우수관리인증의 세부기준 및 그밖에 농산물의 수확 후 관리하는 시설(농림수산식품부 고시)
- 농산물 우수관리시설에서 처리될 필요가 없는 품목(농림수산식품부 고시)
- 농산물 이력추적관리제도 세부실시 요령(국립농산물 품질관리원 고시)
- 농산물 이력추적관리기준(농림수산식품부 고시)

- 농산물 우수관리기준(농촌진흥청 고시)
- 임업 및 산촌진흥 촉진에 관한 법률 제7조 제1항 [별표1] 임산물소득원의 지원 대상품목

6) 시행기관

- 국립농산물 품질관리원 : 농산물
- 산림청 : 임산물

7) 인증기관

- 농관원으로부터 지정된 전문민간 인증기관 45개(농림산물)
- 산림조합중앙회 임산물유통센터(임산물)

8) 사후 관리기관

- 국립농산물품질관리원 및 인증기관
- 인증기관이 지정취소 등의 사유로 조사할 수 없는 경우, 관할 농관원 출장소장이 실시

9) 인증기간 및 인증기준

① 인증기간 : 인증일로부터 1년

② 인증기준

- 우수농산물 관리기준에 의한 생산, 관리된 것
- 토양, 수질, 농약, 비료관리, 수확 후 관리 등을 포함한 필수 76항목 및 권장 34항목

- 우수농산물 관리시설에서 처리된 것
- 농산물 이력추적등록을 한 것
- 안전성 등에 문제가 발생하면 해당 농산물을 추적하여 원인 규명 및 필요한 조치 등을 할 수 있다.

4-3. 친환경농산물 인증제도

친환경농산물이란?

'친환경농산물'은 합성농약, 화학비료 및 항생·항균제 등 화학자재를 사용하지 않거나 사용을 최소화하고 농업·축산업·임업 부산물의 재활용 등을 통하여 농업 생태계와 환경을 유지 보전하면서 생산된 농산물(축산물을 포함)을 의미한다.

1) 친환경농산물의 종류

'친환경농산물'은 생산방법과 사용자재 등에 따라 유기농산물(유기축산물), 무농약농산물(무항생제축산물), 저농약농산물로 분류한다.

※ 저농약농산물은 2010부터 신규인증은 중단되었으며, 기존에 인증을 받은 농가는 2015년까지만 유효기간 연장이 가능하다.

2) 친환경농산물 종류 구분

① 농림산물

- 유기농산물 : 유기합성농약과 화학비료를 사용하지 않고 재배한 농산물
- 무농약농산물 : 유기합성농약은 사용하지 않고, 화학비료는 권장시비량의 1/3 이하를 사용하여 재배한 농산물

- 저농약농산물 : 유기합성농약의 살포횟수는 1/2 이하, 최종 살포일은 2배수를 적용하고, 화학비료는 권장시비량의 1/2 이하로 사용하여 재배한 농산물

② **축산물**

- 유기축산물 : 항생제 · 합성항균제 · 호르몬제가 포함되지 않은 유기사료를 급여하여 사육한 축산물
- 무항생제축산물 : 항생제 · 합성항균제 · 호르몬제가 포함되지 않은 무항생제 사료를 급여하여 사육한 축산물

농림산물			축산물	
유기농산물	무농약농산물	저농약농산물	유기축산물	무항생제축산물
유기농산물	무농약농산물	저농약농산물	유기축산물	무항생제축산물

3) 친환경농산물 인증 표시 예시

① **생산자가 표시하는 경우**

친환경농산물 표시사항		
유기농산물	생산자	친환경 작목반
	인증번호	10-21-1-*
	전화번호	031-***-****
	품목	유기재배 딸기
	산지	경기도 용인시
	생산년도	2010(곡류에 한함)
인증기관명	무게 또는 개수	100g

② **취급자가 표시하는 경우**(인증품을 재포장하여 유통하는 경우의 표시)

친환경농산물 표시사항		
	취급자	친환경 유통센터
	인증번호	10-21-6-*
	전화번호	031-***-****
	작업장 주소	경기 안양 ***
	품목	유기재배 딸기
	산지	경기도 용인시
	생산년도	2010(곡류에 한함)
인증기관명	무게 또는 개수	100g
로트번호 또는 바코드	01-6-23-28	
생산자(인증번호)	친환경 작목반(10-21-1-*)	

4) 관련법령

- 친환경농업육성법 시행령, 시행규칙
- 수산물품질관리법 시행령, 시행규칙

5) 시행규칙

- 국립농산물품질관리원 : 농산물, 임산물, 축산물
- 국립수산물 품질검사 : 수산물

6) 인증기간 및 사후 관리기관

- 인증기간 : 인증일로부터 2년(유기재배는 1년)
- 사후 관리기관 : 농림산물 – 국립농산물품질관리원 및 민간인증기관 64개
- 수산물 – 국립수산물품질검사원

4-4. 농산물이력추적관리제도(traceability)

1) 개요

"농산물이력추적관리"란?

농산물의 안전성 등에 문제가 발생할 경우 해당 농산물을 추적하여 원인을 규명하고 필요한 조치를 할 수 있도록 농산물을 생산단계부터 판매단계까지 각 단계별로 정보를 기록 · 관리하는 것을 말한다.(법 제2조제6호)

【외국에서 정의하고 있는 식품 Traceability】

- EU : 이력추적관리의 개념은 국가별, 기관별로 약간씩 다르기는 하지만 EU식품법의 일반원칙(CES 2001)/코덱스위원회(CEC 2001)의 견해는 "식품, 사료, 동물 및 동물관련 물질을 가공한 식품의 생산, 가공, 유통의 모든 단계에서 이것들을 추적하고, 또한 조사하는 능력"을 의미
- 일본 : 생산, 처리 · 가공, 유통 · 판매의 식품사슬 각 단계에서 식품과 그 정보를 추적하고 또한 소급할 수 있는 것
  - 추적(trace back 또는 tracing) : 소비지 방향으로 식품의 행선지를 따라가는 것
  - 소급(trace foward 또는 tracking) : 생산지 방향으로 이력을 거슬러 오르는 것

농림산물(farm traceability), 축산물 중의 쇠고기(beef traceability) 및 수산물(seafood traceability)의 생산부터 판매 단계까지 각 단계별로 생산 및 유통 관련정보를 기록 관리하여 해당 생산물의 안전성 등에 문제가 발생할 경우 역추적을 통하여 원인을 규명하고 그에 따른 적절한 조치를 할 수 있도록 하는 제도로 축산물 중의 특히 소의 출생에서부터 도축, 가공, 판매에 이르기까지의

정보를 기록, 관리하여 위생 및 안전에 문제가 발생할 경우 그 이력을 추적하여 신속하게 대처하기 위함이며, 수산물의 경우 어장에서 식탁에 이르기까지 수산물의 이력정보를 기록, 관리하여 소비자에게 공개함으로써 수산물을 안심하고 선택할 수 있도록 하기 위하여 도입되었다.

2) 배경

국내에서 생산되고 있는 농림산물(farm traceability), 축산물 중의 쇠고기(beef traceability) 및 수산물(seafood traceability) 등의 체계적인 관리를 통한 신뢰성 향상으로 우리 농축수산물의 국제경쟁력 강화를 꾀하고 축산물 중 소 및 쇠고기에 대한 위생을 확보하기 위해 안전체계의 구축과 유통 투명성을 확보하고 국내 축산산업의 경쟁력 강화와 더불어 식품 품질관리와 안전관리 및 재고관리의 효율화 등으로 유통과정을 투명하게 공개 관리함으로써 식품안전사고를 사전에 방지하여 소비자들이 안심하고 식품을 구매할 수 있도록 하기 위함이다.

3) 목적

- 신속한 원인규명과 신속하고 정확한 제품회수
- 표시의 신뢰성 확보에 의한 공정한 거래나 위험관리에 기여
- 품질관리·안전관리와 재고관리의 효율화

4) 추진현황

- '03년~'05년 : GAP 시범대상 농가를 대상으로 시범사업 실시

※ '05년도 이력추적 시범사업 : 965농가

- '04. 3월 : 이력추적관리제도 추진방안 마련
- '04. 9월 : 이력추적시스템 가이드라인 마련

- '05. 8월 : 농산물품질관리법 개정 · 공포(이력추적관리재도 도입)
- '05. 11월 : 이력추적관리재도 심벌 · 로고 확정 및 Monitoring 실시
- '06. 1월 : 농산물품질관리법 시행령 및 시행규칙 개정
- '06. 2월 : 농림부 및 농관원 고시 확정
- '09. 12월 : 농산물품질관리법 시행령 및 시행규칙 개정(품목 확대)

5) 표시내용

- 산지 : 농산물을 생산한 지역으로 시 · 군 · 구 단위까지 적음.
- 품목(품종) : 「종자산업법」 제2조제4호나 이 규칙 제6조제2항제3호에 따라 표시
- 중량 · 개수 : 포장단위의 실중량이나 개수
- 등급 : 표준규격 대상품목인 경우에는 표준규격을 사용하고 표준규격이 없는 경우 다른 법령으로 정한 규격을 사용하되, 다른 법령으로 정한 규격이 없는 때에는 거래관행상의 규격에 따른다.
- 생산년도 : 쌀에 한함.
- 생산자 : 생산자 성명이나 생산자 단체 · 조직명, 주소, 전화번호(유통자의 경우 유통자 성명, 업체명, 주소, 전화번호)
- 이력추적관리번호 : 이력추적이 가능하도록 주어진 이력추적관리번호

6) 농산물 이력추적관리제도 인증표시 예시

- 지속적이고 체계적인 농산물관리를 통해 깨끗한 식단과 건강한 식생활을 구현한다는 의지를 형상화

  원형의 화살표는 끊임없이 계속되는 농산물추적관리시스템을 의미하고 초록색의 컬러 표현은 청정한 우리농산물을 나타냄

파란색 원과 농산물을 의미하는 도형은 항상 푸르고 깨끗해야만 하는 지구와 물, 농산물을 나타내며, 체계적인 '농산물이력추적관리'제도의 틀을 의미

- 이력추적관리 농산물의 표지 및 표시사항(제15조의22제2항 관련)

7) 관련 법령

- 농산물 품질관리법 시행령, 시행규칙
- 소 및 쇠고기 이력에 관한 법 시행령, 시행규칙
- 수산물 품질관리법 시행령, 시행규칙
- 농산물 이력추적관리기준 및 대상품목(농림수산식품부 고시)
- 농산물 이력추적관리기준(농림수산식품부 고시)
- 농산물 이력추적관리제도 세부실시 요령(국립농산물 품질관리원 고시)
- 소 및 쇠고기의 개체식별을 위한 DNA 동일성 검사방법(농림수산식품부 고시)
- 업무위탁기관의 지정 등에 관한 규정(농림수산식품부 고시)
- 국산 수산물(원양산 포함)로 활어 및 냉장, 냉동 수산물을 포함하여 단순가공(건조, 염장 등)한 수산가공품(농림수산식품부 고시)
- 수산물 이력추적관리기준 및 대상품목(농림수산식품부 고시, 일부개정)

8) 시행기관

- 농림수산식품부 : 농산물, 임산물, 축산물
- 국립수산물 품질검사원 : 수산물

9) 인증기간 및 사후 관리기관

① 인증기간 : 인증유효기간 3년

② 사후 관리기관

- 농림산물 : 국립농산물품질관리원
- 축산물 중 소 및 쇠고기 : 축산물품질평가원
- 수산물 : 국립수산물 품질검사원

4-5. 수산물 품질인증제도

1) 개요 및 배경

국내에서 생산되는 수산물과 수산특산물 및 수산전통식품의 생산부터 판매 단계까지 각 단계별로 생산 및 유통관련정보 등을 기록 관리하여 해당 생산물의 체계적인 관리를 통한 신뢰성 향상으로 우리 수산물의 국제경쟁력 강화를 꾀하고 위생을 확보하여 안전체계의 구축과 더불어 수산물의 품질관리와 안전관리 및 유통과정을 통하여 품질인증제도를 실시함으로써 식품안전사고를 사전에 방지하며 신선수산물의 품질유지 및 품질을 향상시키고 소비자를 보호하여 소비자들이 안심하고 수산식품을 구매할 수 있도록 하기 위함이다.

2) 관련 법령

- 수산물 품질관리법 시행령, 시행규칙
- 수산물, 수산특산물 및 수산전통식품의 품질인증대상품목과 품질인증에 관한 세부기준(농림수산식품부 고시)
- 품질인증 세부실시요령(국립수산물 품질검사원 고시)

3) 시행기관 : 농림수산식품부

4) 인증 및 사후관리기관 : 국립수산물 품질검사원

5) 인증기간 및 인증품의 분류

① 인증기간 : 인증일부터 2년

② 인증품의 분류 : 수산물, 수산특산물 및 수산전통식품

6) 인증기준

- 수산물의 그 산지의 유명도가 높거나 상품으로서의 차별화가 인정될 것
- 수산물의 품질수준 확보 및 유지를 위한 생산기술과 시설, 자재를 갖추고 있을 것
- 수산물의 생산 및 출하과정에서의 그 자체 품질관리체제와 유통 중인 상품에 대한 사후관리체제를 갖추고 있을 것

4-6. 가공식품 한국산업표준(KS) 인증제도

1) 제도 소개

가공식품 표준화(KS)란, 합리적인 식품 및 관련 서비스의 표준을 제정・보급함으로써 가공식품의 품질고도화 및 관련 서비스의 향상, 생산기술 혁신을 기하여 거래의 단순・공정화 및 소비의 합리화를 통하여 식품산업 경쟁력을 향상시키고 국민 경제발전에 이바지하고자 하는 제도이다.

2) 대상 품목

가공식품의 산업표준인증은 산업표준인증기관이 실시하며, 산업표준인증의 기준 · 표시방법 등에 관한 사항은 「산업표준화법」을 따른다(「식품산업진흥법 시행령」 제26조제2항 및 「수산식품산업의 육성 및 지원에 관한 법률 시행령」 제29조제2항).

3) 표시사항

제품의 인증을 받은 자는 그 제품 · 포장 · 용기 · 납품서 또는 보증서에 그 제품이 한국산업표준에 적합한 것임을 나타내는 표시를 하거나 이를 홍보할 수 있다. 표시사항은 다음과 같다.

- 한국산업표준의 명칭 및 번호
- 한국산업표준에서 정하는 제품 또는 서비스의 종류 · 등급 · 호칭 또는 모델(종류 · 등급 · 호칭 또는 모델이 정하여져 있는 경우에만 해당함)
- 인증번호
- 한국산업표준에 맞는 것임을 나타내는 표시를 한 제품의 제조일(제품인증표시에만 해당함)
- 인증받은 자의 업체명, 사업자명 또는 그 약호(주문자의 상표를 붙이는 방식에 따라 제품을 제조하는 경우에는 실제의 제조자명 또는 실제의 제조자를 나타내는 약호)
- 인증기관명
- 한국산업표준을 표시하는 도표
- 한국산업표준에서 제품의 품목 또는 서비스의 분야별 특성에 따라 표시하도록 정한 사항

표준(농수축산물가공식품)표시 도표

4) KS제품 인증기준 및 절차

① **인증신청**

한국식품연구원의 한국산업표준 인증업무 규정 별지 제3호 서식(산업표준화법 시행규칙 제9조의 별지 제7호 서식과 같음)의 제품 인증 신청서를 한국식품연구원장에게 제출한다.

② **심사방법**(공장심사와 제품심사로 구분하여 실시한다.)

- 공장심사 : 최근 3개월간의 관리실적을 토대로 하여 7개 공장심사 평가항목으로 품목별 심사기준에 의거 심사한다. 단 산업표준화법 시행규칙 별표9 제1호 바목에 해당하는 경우는 공장심사의 일부를 생략할 수 있다.
- 제품심사 : 공장 심사시 심사원이 신청인 또는 그 대리인의 입회 하에 당해 품목의 심사기준에 따라 시료를 채취하여 한국식품연구원에 제품심사를 의뢰한다.

③ **인증심사결과 판정기준**(공장심사와 제품심사로 구분하여 모두 합격한 경우 인증한다.)

- 공장심사 : 심사 사항별 평가구분상의 항목에 대하여 “상”, “중상”, “중”, “중하”, “하”에 해당하는 점수를 부여하여 평가한 결과 100점 만점 중 총평점이 70점(규칙 제16조제5항의 규정에 의하여 공장심사의 일부를 생략하는 경우는 나머지 심사항목 배점 합계의 70%) 이상일 경우 합격으로 처리한다.
- 제품심사 : 제품의 품질시험 결과가 당해 규격 및 심사기준(표시사항 포함)의 기준치 이상일 경우 합격으로 처리한다. 현재 농축산 128개 품목, 수산 24개 품목의 가공식품인 인증제품이 있다.

5) 시행기관 : 농림수산식품부

6) 인증기관 및 사후관리기관

① 인증기간 : 한국식품연구원
② 사후관리기관 : 국립농산물 품질관리원

7) 품목지정

표시대상 품목 및 서비스는 산업표준화법이 정한 바에 따라 기술표준원장이 농림수산식품부 장관과 협의하여 다음과 같이 별도로 지정·고시하고 있다.

2010년 3월 말 현재 가공식품 한국산업표준(KS) 현황

① 전달표준 : 가공식품 일반표시기준 1개 품목
② 방법표준 : 수분함량 시험방법 등 20개 품목
③ 제품표준 : 가용성마가린 및 설탕 등 185개 품목
④ 심사기준 : 마가린 및 설탕 등 152개 품목

4-7. 전통식품 품질인증제도

1) 제도 소개

국내산 농수산물을 주원(재)료로 하여 제조 · 가공 · 조리되어 우리 고유의 맛 · 향 · 색을 내는 우수한 전통식품에 대하여 정부가 품질을 보증하는 제도로 생산자에게는 고품질의 제품생산을 유도하고, 소비자에게는 우수한 품질의 우리 전통식품을 공급하는 데 있다. [실시근거 : 식품산업진흥법 제22조 및 같은 법 시행령 제29조]

2) 전통식품 품목 지정

전통식품의 품목지정은 농림수산식품부 장관이 전통식품산업의 지원과 육성을 위해 국산농산물을 주원료로 제조·가공되고, 예로부터 전승되어 오는 우리 고유의 맛·향 및 색깔을 내는 전통식품의 개발과 그 계승·발전을 위해 필요하다고 인정하는 품목을 전통식품으로 직접 지정하거나 특별시장·광역시장·도지사의 추천을 받아 이를 지정하여 고시한다.

3) 품질 인증절차

인증신청 (전통식품 생산업체) ➡ 서류검토 → 공장심사 → 제품심사 → 인증위원회심의 → 인증서발급 (한국식품연구원) ➡ 인증표지 표시 (인증업체)

4) 인증 신청방법

전통식품 품질인증신청서(식품산업진흥법시행규칙 제15조 별지 제5호 서식)에 다음 각호의 서류를 첨부하여 한국식품연구원장에게 제출

- 최근 6개월간의 제품 생산·판매 실적 1부
- 주원료로 국산농산물을 사용하였음을 증명하는 서류 1부
- 인증신청품목의 품목제조보고서 사본 1부

① **심사방법** (공장심사와 제품심사로 구분하여 실시한다.)

- 공장심사 : 최근 6개월 간의 관리실적을 토대로 하여 10개 공장심사 평가항목별 30개 평가사항에 대하여 해당 품목별 표준규격에 의거 심사한다.
- 제품심사 : 공장 심사시 심사원이 신청인 또는 그 대리인의 입회 하에

해당 품목의 표준규격에 따라 시료를 채취하여 한국식품연구원에 제품 심사를 의뢰한다.

② **인증심사결과 판정기준 인증심사결과 판정기준**(공장심사와 제품심사로 구분하여 모두 합격한 경우 인증한다.)

- 공장심사 : 심사사항별 평가구분상의 항목에 대하여 "A", "B", "C"에 해당하는 점수를 부여하여 평가한 결과 100점 만점 중 총평점이 70점 이상이면서 주원료의 국산조달 여부에 대한 평가결과가 "B" 이상이고, 전체 평가사항에 대한 평가결과에서 "C"가 5개 미만인 경우 합격으로 처리한다.
- 제품심사 : 제품의 품질시험 결과가 해당 표준규격의 기준치 이상일 경우 합격으로 처리한다.

5) 인증표시 소개

전통식품 품질인증을 받은 자는 제품의 포장, 용기, 송장 등에 전통식품 품질인증 표지(물레방아 마크)를 표시할 수 있으며, 이 표지의 상징은 다음과 같은 의미를 가진다.

한국전통식품
KOREAN TRADITIONAL FOOD

- 고향의 산 : 전승되어온 풍습과 전통을 상징하며 옛 고향의 푸근함을 연상
- 열두 개의 원점 : 알곡, 즉 식품을 상징하며 연중(12개월) 지속적 생산을 의미
- 물레방아 : 가공산업의 원조를 상징하며 회전축은 전통식문화의 계승발전을 의미

6) 인증품목

전통식품의 품목지정은 농림수산식품부 장관이 전통식품산업의 지원과 육성을 위해 국산 농산물을 주원료로 제조, 가공되고 예로부터 전승되어 오는 우리 고유의 맛과 향 및 색깔을 내는 전통식품의 개발과 그 계승의 발전을 위해 필요하다고 인정되는 품목을 전통식품으로 직접 지정하거나 특별시장, 광역시장, 도지사의 추천을 받아 이를 지정하여 고시·관리하고 있으며, 인증코드는 다음과 같다.

T001 한과류, T002 메주, T003 청국장, T004 국수류, T0605 묵류, T006 구기자차, T007 건표고, T008 무말랭이, T009 곶감, T010 일반표시기준, T011 엿, T012 조청, T013 약식, T014 고추장, T015 된장, T016 간장, T017 엿기름, T018 유자절임, T019 참기름, T020 김치류, T021 두부, T022 죽류, T023 탁주, T024 녹차, T025 식혜, T026 미숫가루, T029 삼계탕, T030 매실농축액, T031 가래떡, T032 흑염소추출액, T034 고춧가루, T035 둥굴레차, T036 누룽지, T037 대추차, T038 메밀가루, T039 인삼차류, T040 도라지가공품, T041 도토리가루, T043 솔잎가공품, T045 들기름, T046 양념갈비, T047 머루즙, T048 곰탕, T049 족발, T050 칡즙, T051 수정과, T053 약주, T054 곡물식초, T055 감잎차, T056 청주, T057 증류식소주, T058 리큐르, T059 증편, T060 새알심, T061 시래기, T062 찌는 떡, T063 치는 떡, T064 설렁탕, T065 과실식초, T066 뽕잎차, T067 삶은 떡, T068 고추장장아찌, T069 된장장아찌, T070 간장장아찌, T071 염절임, T072 초절임, 총 72품목의 대분류에 의한 인증품목으로 분류되어 있다.

4-8. 유기가공식품 인증제도

1) 목적

유기가공식품 인증제도는 유기 표시의 신뢰도를 높임으로써 소비자를 보호하고, 선의의 사업자로 하여금 고품질의 유기식품을 공급할 수 있도록 장려하는 것을 목적으로 한다.

2) 인증체계

가공식품을 '유기'로 표시하거나 판매하고자 하는 자는 농림수산식품부가 지정한 인증기관으로부터 인증을 받아야 한다. 인증기관은 인증을 받고자 하는 사업자의 현장을 확인하여 인증서를 발급한다.

국립농산물품질관리원은 인증기관이 「식품산업진흥법」(이하 "법"이라 함)에 따라 인증업무를 엄정하게 수행하고 있는지, 인증 받은 사업자가 법의 규정을 준수하고 있는지를 검사함으로써 위반 행위가 발생하지 않도록 관리한다.

3) 인증대상 사업자의 범위

가공식품을 "유기"로 표시하거나 판매하고자 할 때에는 법에 따라 인증을 받아야 한다. 인증을 받아야 하는 사업자의 범위는 아래와 같다.

- 국산 또는 외국산 유기 원료를 사용하여 국내에서 유기가공식품을 제조 및 가공하고자 하는 자(도축 및 신선편이 가공, 육가공, 유가공, 도정 및 제분업자 포함)
- 국내 판매를 목적으로 국산 또는 외국산 유기원료를 사용하여 외국에서 유기가공식품을 제조하고자 하는 자
- 국내에서 국산 또는 외국산 유기가공식품을 소분 또는 재포장하는 자

4) 유기가공식품 제품표시 인증절차

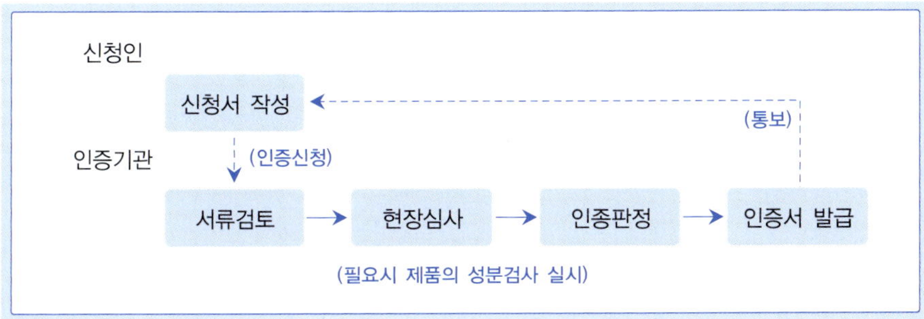

① 인증신청

인증을 받고자 하는 자는 인증신청서(법 시행규칙 별지 제13호 서식)와 식품품목제조보고서 사본, 유기취급계획서, 원료 및 첨가물이 인증기준에 적합함을 증명하는 서류와 문서를 첨부하여 인증기관에 신청하며, 신청할 때에는 인증기관이 정한 소정의 수수료를 납부한다. 첨부하는 '유기취급계획서'는 인증기관이 제공하는 양식에 맞게 작성하면 된다.

② 서류검토

인증기관은 제출된 서류의 내용이 법의 기준에 적합한 것인지 검토한다. 검토 결과 부적합한 내용이 있을 때에는 인증 신청인에게 바로 통보하여 수정을 요청한다.

③ 현장심사

서류검토 결과 하자가 없으면, 인증기관은 신청인의 사업 현장에 심사원(2명)을 파견한다. 심사원은 신청인과 이해관계가 없어야 하며, 객관적 사실에 근거하여 현장의 유기취급 체계가 법의 기준에 적합한 것인가를 평가하여 심사보고서를 작성한다. 심사보고서는 인증기관이 인증여부를 결정하기 위한 기초자료이지만 심사보고서만으로 인증여부가 결정되는 것은 아니다.

④ 인증판정

심사보고서가 제출되면, 인증기관은 심사보고서뿐만 아니라 해당 인증 신청인과 관련된 모든 정보를 검토하여 인증 여부를 판정한다. 해당 신청인의 사업장에 파견되었던 심사원은 판정과정에 참여할 수 없으며 판정에 대한 의견을 낼 수 없다.

⑤ 인증서 발급

판정에 의해 인증 신청인의 사업 현장이 법의 기준에 맞는 유기취급체계를 갖춘 것으로 판단되면, 인증기관은 신청인에게 인증서를 발급한다. 만약 부적합한 것으로 판단되는 때에는 사안에 따라 부적합 통지, 개선 후 재심사, 추가심사 등의 조치를 취하게 된다.

⑥ 정기심사

인증 받은 사업자는 최초 인증을 받은 후 매년 1회의 정기심사를 받아야 하며, 그 절차는 최초 인증과 동일하다. 다만, 유효기간 만료 3개월 이전에 정기심사 신청서(식품산업진흥법 시행규칙 별지 제12호 서식)와 첨부문서를 인증기관의 장에게 제출하여야 한다.

⑦ 인증표시

001과자류를 포함한 226가지의 인증품목으로 분류되어 있으며, 자세한 품목의 소개는 국립농산물 품질관리원 홈페이지 http://www.naqs.go.kr/에 분류되어 있다.

5) 관련 법령

- 식품산업진흥법 시행령, 시행규칙
- 우수식품인증품에 대한 사후관리 규정(국립농산물 품질관리원 고시)
- 유기가공식품 인증업무 규정(한국식품연구원 원규)

6) 시행기관과 : 농림수산식품부

7) 인증기관 및 인증기간

① 인증기관 : 식품산업진흥법에 의해 지정받은 인증기관은 2010년 3월말 현재 한국식품연구원 등 5개 기관을 지정하여 운영하고 있다.

② 인증기간 : 인증일로부터 1년

4-9. 식품 HACCP 인증제도

1) 일반식품

(1) 개요

HACCP(Hazard Analysis and Critical Control Point)은 "위해요소 중점관리기준"으로서 식품의 원료관리를 포함하여 제조, 가공, 조리 및 유통의 모든 과정에서 위해한 물질이 식품에 유입되어 식품이 오염되는 것을 방지하기 위하여 각 과정의 위해요소를 확인하고 평가하여 적극적이고 중점적으로 관리하는 기준을 의미한다. 이와 같은 HACCP은 전 세계적으로 가장 효과적이고 효율적인 식품안전관리체계로 인정받고 있으며, 미국, 일본, 유럽연합, 국제기구(Codex, WHO, FAO) 등에서도 모든 식품에 HACCP을 적용할 것을 적극 권장하고 있다.

(2) 기대효과

식품안전관리을 위하여 HACCP(Hazard Analysis and Critical Control Point) 체계의 도입은 소비자 측면에서 식품 위해물질 위험의 감소와 더불어 기본적인 식품안정 사항에 대한 인식의 증가와 식품에 대한 신뢰도 증가로 삶의 질 향상 등을 기대할 수 있으며, 생산자 측면에서 소비자에게 위생적이고 안전한 식품을 제공할 수 있으므로 식품의 질적 향상을 도모할 수 있다.

(3) 관리법령

- 식품위생법 시행령, 시행규칙
- 건강기능식품에 관한 법률
- 식품위해요소중점관리기준(식품의약품안전청 고시)

(4) 시행기관 : 식품의약품안전청

(5) 지정 및 사후관리기관 : 식품의약품안전청

(6) 적용분야 및 적용대상

① 적용분야 : 모든 일반식품과 생산공장, 집단급식소 및 식품접객업소

② 의무적용 대상품목

- 어육가공품 중 어묵류 등
- 냉동수산식품 중 어류, 연체류, 조미가공품 등
- 냉동식품 중 피자류, 만두류, 면류 등
- 빙과류
- 비가열 음료

- 레토르트식품
- 김치류 중 배추김치

2) 축산물

(1) 개요

가축의 사육, 도축, 가공, 포장 및 유통의 전 과정에서 축산식품의 위생에 해로운 영향을 미칠 수 있는 위해요소를 분석하고, 이러한 위해요소를 사전에 방지 및 제거하여 축산식품의 안전성을 확보할 수 있는 단계에 중요관리점을 설정하여 과학적이고 체계적으로 중점관리하기 위하여 사전위해 관리기법(HACCP)이 도입되었다.

(2) 기대효과

축산식품안전관리을 위하여 HACCP(Hazard Analysis and Critical Control Point) 체계의 도입은 생산자 및 업체에게는 자주적인 위생관리체계를 구축하여 위생적이고 안전한 식품의 제조가 가능하도록 하며, 위해요소의 사전관리로 인하여 위생관리의 집중화 및 효율성을 극대화시킬 수 있으므로 장기적으로 관리인원의 감축과 더불어 관리요소의 감소 등이 기대되며, 제품불량률, 소비자 불만, 반품 및 폐기량 등의 감소로 궁극적으로는 경제적인 효과를 기대할 수 있다. 또한 소비자에게는 HACCP 시스템을 통하여 생산된 안전하고 위생적인 제품을 제공할 수 있고, HACCP 인증마크를 통하여 소비자 스스로가 판단하여 안전한 식품을 선택할 수 있는 기회를 제공하는 데 있다.

(3) 관련 법령

- 축산물가공처리법 시행령, 시행규칙

- 식품위생법 시행령, 시행규칙

(4) 시행기관

- 농림수산식품부

(5) 지정 및 사후관리기관

- 축산물위해요소중점관리기준원

(6) 적용분야 및 적용대상

① **적용분야**

- 사료공장
- 도축장
- 축산물가공사업장(식육가공 공장, 유가공장, 알 가공장)
- 집유업
- 축산물보관, 운반, 판매업(식육) 등
- 축산물 생산 가공유통의 모든 분야

② **적용대상**

- 가축사육 농장
- 도축업
- 축산물가공업(유가공업, 식육가공업, 알가공업)
- 식육포장처리업
- 축산물판매업
- 사료제조업

- 집유업
- 축산물보관업 및 축산물유통운반업

③ **의무대상적용 업종** : 도축업

4-10. 술 품질인증제도

1) 개요

국가가 인증업무에 필요한 인력과 시설을 갖춘 전문기관을 품질인증기관으로 지정하고, 품질인증기관은 인증 희망업체의 신청을 받아 심사한 후 품질인증기준에 적합한 경우 인증서를 교부하며, 국가는 이들 인증을 받은 제조업체 및 인증품을 대상으로 현장조사와 시판품 조사를 실시하는 제도이다.

2) 배경 및 경과

국가경쟁력강화위원회에서 '우리술산업 경쟁력 강화방안' 발표(2009.8.26.) 내용에 우리 술의 품질고급화를 위해 품질인증제를 활성화하도록 되어 있음.

「전통주 등의 산업진흥에 관한 법률」 제정('10.2.4.)과 같은 법 시행령 · 시행규칙 공포('10.8.5.)로 술 품질인증제도 근거 마련

3) 관련 법령

「전통주 등의 산업진흥에 관한 법률」 제22조(품질인증)

- 농림수산식품부장관은 술의 품질인증을 실시할 수 있다.

「전통주 등의 산업진흥에 관한 법률」 제23조(품질인증기관의 지원 등)

- 농림수산식품부장관은 품질인증에 필요한 인력과 시설을 갖춘 자를 품질인증기관으로 지정하여 술에 대한 품질인증을 하게 할 수 있다.

「전통주 등의 산업진흥에 관한 법률」 제26조(품질인증의 사후관리 등)

4) 인증 대상품목

탁주(막걸리), 약주, 청주, 과실주

※ 향후, 증류식소주, 일반증류주, 리큐르 등으로 확대할 계획임

5) 술의 품질인증 및 사후관리 체계

품질인증기관으로 지정을 받고자 하는 자는 국립농산물품질관리원장에게 인증기관 지정신청을 하면 심사하여 적합하면 지정한다.

품질인증을 받고자 하는 자는 국립농산물품질관리원장으로부터 지정을 받은 '품질인증기관의 장'에게 품질인증 신청을 하면 심사하여 품질인증기준에 적합하면 인증서를 발급한다.

국립농산물품질관리원은 품질인증을 받은 업체를 방문하거나 시중에 판매중인 제품을 수거하여 인증기준의 적합 여부를 조사하고, 위반행위를 적발하면 그 위반행위의 정도에 따라 인증취소 또는 표시사용정지 처분 등의 조치를 한다.

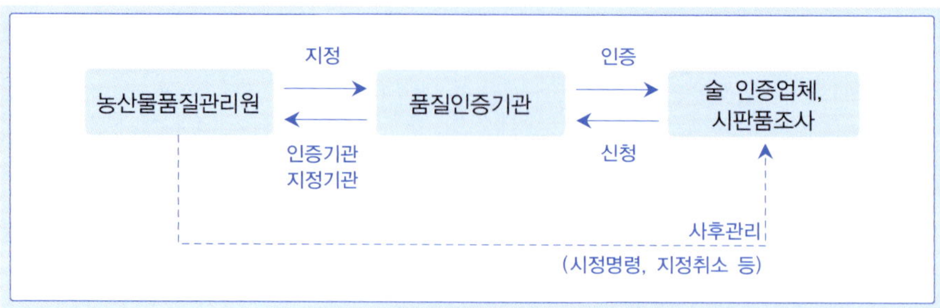

6) 품질인증기관

국립농산물품질관리원으로부터 품질인증기관으로 지정받은 기관(2010년 10월 12일부터 신청서 접수 및 심사)

7) 인증대상 사업자의 범위

「주세법」 제6조에 따라 국세청장으로부터 주류 제조면허를 받은 자

8) 술 품질인증 신청 및 심사

① 인증신청

인증을 받고자 하는 자는 품질인증 신청서 「전통주 등의 산업진흥에 관한 법률 시행규칙 별지 제7호 서식」 [첨부] 등을 인증기관의 장에게 제출하며 인증기관이 정한 소정의 수수료 「전통주 등의 산업진흥에 관한 법률 시행규칙 별표 3 관련」 [첨부]를 납부하여야 한다.

- 첨부서류 : 제품 설명서, 제조시설 및 설비 등 설명서, 신청제품의 분석·감정서 사본, 제조방법신청서 및 제조공정도 사본, 신청제품 주상표 및 보조상표 등

② 접수·검토

인증기관은 제출된 서류의 내용이 법령의 기준에 적합한지 여부를 검토한다.

③ 인증심사

인증심사는 신청서류 확인, 제조방법 및 제조장심사, 제품심사 순으로 실시하되, 각 단계별 심사에서 인증기준에 적합하지 아니한 경우에는 나음 단계의 심사를 하지 아니한다.

제조방법 및 제조장기준 · 제품 품질기준의 판정기준은 술 품질인증기준(국립농산물품질관리원 고시 제2010-29호)[첨부]에 따르며 판정기준은 다음 항목인 술의 품질인증 적합 판정기준과 같다.

인증기관의 장은 인증심사원으로부터 각 단계별 인증심사결과보고서(심사표 등)를 보고받은 결과 적합이 명확하다고 인정되는 건에 대해서는 인증심사원 자격을 갖추며, 인증심사 분야의 경력이 3년 이상으로 업무에 대한 지식과 경험이 풍부한 자 1인 이상의 심의관을 정하여 인증기준의 판정기준에 따라 적합 여부를 심의하도록 하고, 적합이 명확하지 아니하거나 관련 전문가의 심의가 필요하다고 인정되는 건에 대해서는 관련 전문가 5인 이상의 심의위원회를 구성하여 인증기준의 판정기준에 따라 적합여부를 심의하도록 하여야 한다.

인증기관의 장은 심의한 결과 심사과정이 잘못된 것으로 판단된 때에는 다른 인증심사원으로 하여금 해당 단계에 대하여 추가 보완심사를 하도록 하고, 심의과정이 잘못된 것으로 판단된 때에는 재심의 하도록 하여야 한다.

④ 술의 품질인증 적합판정기준

- 탁주(막걸리) : 44개 항목
  - 제조방법기준(5개 항목) : 각 항목이 모두 적합하여야 한다.
  - 제조장기준 : 필수기준 10개 항목 모두와 권장기준 7개 항목 중 4개 항목 이상이 적합(총 82.4%)하여야 하며, 기타 항목은 모두 적합하여야 한다.
  - 제품의 품질기준 : 이화학적 품질기준(주요 7개 항목 및 기타)은 모두 적합하여야 하며, 관능평가기준(13개 항목)은 세부항목별로 5점 만점에서 2점 이하 항목이 없어야 한다.
- 약주 : 46개 항목
  - 제조방법기준(3개 항목) : 각 항목이 모두 적합하여야 한다.
  - 제조공기준 : 필수기준 12개 항목 모두와 권장기준 7개 항목 중 4개 항목

이상이 적합(총 84.2%)하여야 하며, 기타 항목은 모두 적합하여야 한다.

- 제품의 품질기준 : 이화학적 품질기준(주요 8개 항목 및 기타)은 모두 적합하여야 하며, 관능평가기준(14개 항목)은 세부항목별로 5점 만점에서 2점 이하 항목이 없어야 한다.

• 청주 : 45개 항목

- 제조방법기준(5개 항목) : 각 항목이 모두 적합하여야 한다.
- 제조장기준 : 필수기준 12개 항목 모두와 권장기준 7개 항목 중 4개 항목 이상이 적합(총 84.2%)하여야 하며, 기타 항목은 모두 적합하여야 한다.
- 제품의 품질기준 : 이화학적 품질기준(주요 7개 항목 및 기타)은 모두 적합하여야 하며, 관능평가기준(12개 항목)은 세부항목별로 5점 만점에서 2점 이하 항목이 없어야 한다.

• 과실주 : 43개 항목

- 제조방법기준(6개 항목) : 각 항목이 모두 적합하여야 한다.
- 제조장기준 : 필수기준 9개 항목 모두와 권장기준 7개 항목 중 4개 항목 이상이 적합(총 81.3%)하여야 하며, 기타 항목은 모두 적합하여야 한다.
- 제품의 품질기준 : 이화학적 품질기준(주요 7개 항목 및 기타)은 모두 적합하여야 하며, 관능평가기준(12개 항목)은 세부항목별로 5점 만점에서 2점 이하 항목이 없어야 한다.

⑤ 인증서 발급

심의한 결과 적합인 경우에는 별지 서식의 '품질인증서'를 발급하며, 적합하지 아니한 경우에는 그 내용을 구체적으로 밝혀 신청인에게 지체 없이 알려 준다.

인증번호는 인증기관 기호(가, 나 등)와 인증기관별 품질인증 누계일련번호로 구성한다. 또한, 인증기관의 장은 품질인증을 신청한 품목의 심사 결과 주원료와 국(麴)의 제조에 국내산 농산물을 100% 사용한 것으로 확인되면 품질인증서 발급 시 「술 품질인증 표지 및 표시방법(농식품부 고시 제2010-77호)」의 제3호나목에 따라 "나"형으로 표시할 수 있도록 한다.

9) 인증 표시

인증을 받은 사업자는 인증품에 '표지', '인증기관기호', '인증번호'를 표시하여야 한다.

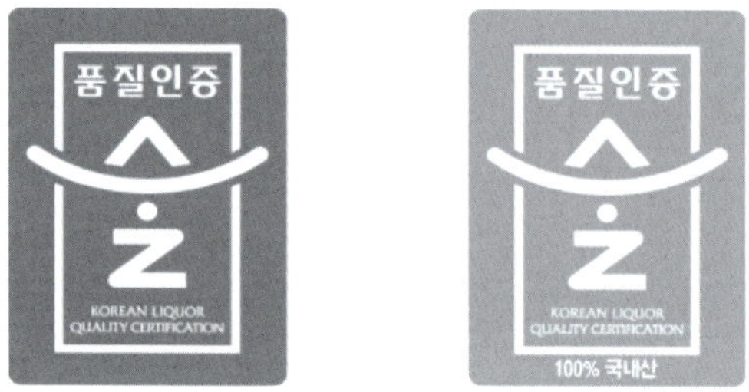

〈 "가" 형〉 〈 "나" 형〉

① "가"형은 품질인증을 받은 모든 제품에 사용할 수 있다.

② "나"형은 품질인증을 받은 제품 중 주원료와 국(麴)의 제조에 사용된 농산물이 100% 국내산인 경우에 사용할 수 있다.

③ 인증번호는 품질인증 표지의 바로 밑에 가로 폭을 벗어나지 않도록 표기하되, 표기형식은 품질인증서에 표기된 인증번호에 괄호가 포함된 "(국가지정 – 가 – xx호)"와 같이 한다.

10) 품질인증의 유효기간

현재는 유효기간이 설정되어 있지 않으나, 추후 법을 개정하여 유효기간을 설정하거나 정기심사제를 도입할 계획이다.

※ 국세청에서 지난해 과실주·약주의 품질인증을 받은 자는 2011년 12월 31일까지 그대로 사용할 수 있음

11) 사후관리

① 인증기관

- 인증 받은 사업자가 위반행위를 하지 못하도록 관리한다.

② 국립농산물품질관리원

- 현장조사 : 인증업체별 연 1회 이상 실시
- 시판품조사 : 인증업체별 연 2회 이상 실시

12) 인증위반 시 벌칙

① 3년 이하의 징역 또는 3천만원 이하의 벌금에 처함

- 부정한 방법으로 품질인증을 받은 자
- 품질인증을 받지 아니한 술을 품질인증을 받은 술로 표시한 자
- 품질인증을 받은 술을 품질인증을 받지 아니한 술과 혼합하여 판매한 자
- 품질인증을 받은 술에 인증을 받은 내용과 다르게 표시를 한 자

② 1년 이하의 징역 또는 1천만원 이하의 벌금에 처함

- 품질인증을 받지 아니한 술을 품질인증을 받은 술로 광고한 자

- 품질인증을 받은 술에 인증을 받은 내용과 다르게 광고한 자

③ 2천만원 이하의 과태료 부과

- 표시의 변경 · 사용정지 처분에 따르지 아니한 자

④ 500만원 이하의 과태료 부과

- 품질인증을 받은 자가 인증 관련 자료를 3년 동안 비치 · 보존하지 아니한 자
- 조사 · 열람 · 수거를 정당한 사유 없이 거부 · 방해 또는 기피한 자
- 품질인증을 받은 자의 지위를 승계하고 이를 신고하지 아니한 자

4-11. 식품안전경영시스템(ISO22000)

1) 식품안전경영시스템(ISO22000) 개념

ISO22000의 공식명칭은 식품안전경영시스템으로 식품공급 사슬상의 모든 조직에 대한 요구사항, 즉 식품생산에서부터 최종소비시점까지 식품공급사슬상의 식품안전을 보장하기 위하여 상호의사소통, 시스템경영, 선행요건프로그램 및 위해요소중점관리기준(HACCP) 원칙 등의 적용을 의미한다.

2) ISO22000 목표

식품공급사슬 내의 사업체에 대한 식품안전경영 요구사항을 국제적인 차원에서 조화시켜 일반적으로 법에 의해 요구되는 것보다 더 명확하고 일관되며 통합된 식품안전경영시스템을 추구하는 조직에 적용을 목표로 하고 있다.

3) 도입 배경

식품안전경영시스템(ISO22000)의 도입 배경은 식품생산에서부터 최종소비 시점까지 식품공급사슬상의 식품안전을 보장하기 위하여 식품공급사슬 전체에 대한 불투명한 정보의 부재로 발생할 수 있는 위험에 대한 분석 및 관리능력 미흡과 더불어 식품공급사슬의 최종제품에 대한 요구사항 전달 및 관리능력 부재와 효과적인 공급자 관리능력 부족 등을 해결하기 위하여 도입되었다.

제2장 식자재 유통의 개요

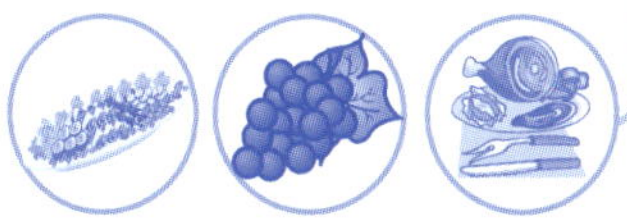

1. 식자재 유통의 개념 및 정의
2. 식자재 유통의 시장조사
3. 식자재 유통

식자재 유통의 개요

Food Material Management & Purchasing

02

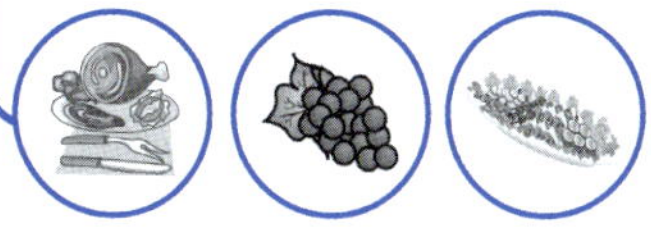

01 식자재 유통의 개념 및 정의

1-1. 유통의 개념 및 정의

광의적인 의미에서 유통(distribution)이란, 재화의 상적(商的) 이전과 물적(物的) 이전을 의미한다. 특히 이 가운데 상적 이전만을 협의의 의미로 유통이라고 하며, 물적 이전과 비교할 때 상적 이전에 해당되는 소유권 이전기능·매매기능·거래기능을 수행하고 있지만, 물적 이전기능과 유통조성 기능도 넓은 의미에서 유통활동에 포함하고 있다. 유통을 영어로 'Distribution'이라고 표시하는 것은 일본과 우리나라 등에서 사용하는 영어표기이며, 미국에서는 'Marketing'과 'Distribution'을 동의어로 표시하는 경우가 많기 때문에 주의할 필요가 있다.[1)]

미국의 경우에도 국민경제 관점에서 본 유통은 Macro Marketing(巨視的 마케팅)이라 표현함으로써 국민경제적 관점에서 본 유통개념과 기업경영적 관점

---

1) American Marketing Association, *Marketing Definitions, A Glossary of Marketing Terms*, 1960, AMA.

에서 본 Micro Marketing(微視的 마케팅) 개념과의 상이점을 분명히 구분하고 있다. 또한 경제학에서는 'Distribution'이란 용어를 유통이란 용어 외에 분배라는 의미로도 사용하는데, 유통활동이란 어떤 상업 활동의 시작에서 끝까지 한 방향으로 흐르는 것으로 이해되므로, 순환적 흐름을 의미하는 'Distribution'이란 용어는 현대의 유통산업측면에서 본다면 충분하지 않음을 알 수 있다.[2)]

유통의 궁극적인 역할은 생산과 소비의 연결을 통한 수급조절 및 가격형성에 이바지함으로서 자원을 합리적으로 배분하고 국민경제의 균형을 달성하는 데 있다 할 것이다. 그러므로 유통의 정의는 "생산자로부터 소비자에 이르는 과정에서 일어나는 일련의 경제행위"라고 할 수 있다.

1-2. 유통기능

유통활동은 인류역사와 함께 한다고 할 수 있으며, 하나의 산업으로 자리를 잡은 것은 18세기 산업혁명의 등장으로 공산품이 대량 생산되면서부터라 할 수 있다. 이러한 유통의 사회경제적 기능은 기본적 기능으로서 생산자와 소비자 간에 상품과 서비스를 사회적으로 유통 이전을 수행하는 기능이다.

1) 인격적 통일기능

현대 경제생활의 발달에 따라 생산에서 소비까지의 인격적 · 장소적 거리는 점차 확대되어 생산자와 소비자 간에는 기본적으로 상업 활동을 통해 상품의 매매, 즉 교환기능을 통하여 상품의 소유권 이전기능이 수행된다. 이와 같은 상업과 유통은 인격적 통일기능의 수행과정에서 수집기능과 분산기능에 의해 생산자로부터 소비자로 상품과 서비스가 이전되고 있다.

2) 옥선종 · 김응진, 「유통론」, 형성출판사, 1997. pp. 7~8.

2) 장소적 통일기능

상품 및 서비스의 생산과 소비의 공간적 거리나 장소적 거리가 점차로 증대하고 있다. 그러므로 생산에서 소비까지의 장소적 거리를 조정하는 기능에 따라 생산자, 도매기관 및 소매기관은 상품의 수송과 배송 및 보관을 통해 물류비용을 최소화하는 활동이 부각되고 있다.

3) 시간적 통일기능

시간적 통일기능이란, 상품의 생산시기로부터 소비되는 시기까지 저장에 의해 상품의 효용가치를 창출하는 데 있다. 이 기능은 생산자로부터 소비자에 이르기까지의 실시간(real-time)을 단축함으로써 상품의 수급조절과 가격을 시간적인 안정화 · 평준화시키는데 큰 역할을 수행하는데 있으며, 생산과 소비의 기간적 간격을 조정해야 하는 필요성으로는,

첫째, 계절적 생산, 계절적 상품, 계절적 소비 등의 계절적인 제약을 극복하기 위하여 일정량을 보관 및 저장 활동을 통하여 수급을 조절해야 하는 경우,

둘째, 소비수요와 판매예측이 어려워 일정량을 저장 및 보관해야 하는 경우,

셋째, 가공 및 생산자와 유통기관에서 각 유통단계의 수요에 대응하고자 일정 재고량 확보를 위한 경우 등에서 생산과 소비의 시간적 간격 조정이 필요하다.

4) 양적 통일기능

소비자는 대량상품이 아닌 소량상품을 구매하려고 하기 때문에 생산자가 판매하려는 수량과 소비자가 구매하려는 수량은 항시 일치하지 않는데서 오는 수량상의 불일치를 조정하기 위해 중간상이 개입하여 수집과 분산을 매개화 함으

로써 수량적 거리를 조절하게 되며, 이러한 생산 · 소비의 양적 통일기능으로는,

첫째, 소량생산과 대규모 소비일 경우일 때 유통기관은 농산물 및 원재료 등이 소규모로 지역적으로 분산되어 생산될 때 이를 대규모 소비에 대응할 수 있도록 집중적으로 수집하여 대규모 소비에 대응한다.

둘째, 대규모 생산과 소규모 소비일 경우에는 도매상 및 소매상은 가계단위의 소규모 소비에 적합시킬 수 있도록 상품을 수량적으로 분할하여 소비자가 필요로 하는 상품의 수량을 분할 조정하는 역할을 수행한다.

셋째, 대규모 생산과 대규모 소비일 경우에 생산물이 대량 생산될 때 산업 사용자의 편의를 위해 생산물량을 조정하는 기능이다.

넷째, 소규모 생산과 소규모 소비일 경우일 때 유통기관은 소규모 생산과 소규모 소비를 적합하도록 상품의 시장범위를 확대하여 수집 · 분산을 통해 소비자의 소비단위에 맞도록 수량을 조정하며, 이 경우 중앙도매시장이나 각 지역 도매시장이 중간단계에서 그 역할을 수행한다.

5) 품질적 통일기능

유통기관은 상품의 품질, 즉 품종 · 품질특성 · 형상 · 포장 · 스타일 · 색상 및 디자인 등에서 생산자가 공급하는 상품과, 소비자가 원하는 상품이 품질적으로 적합하지 않을 때 이같은 품질적 거리를 조절하여 인격적인 통일을 수행하는 기능을 의미한다.

6) 금융적 기능

상품유통을 촉진하기 위해서는 생산자와 소비자 간에 유통기관이 개재하여 상품대금 이체가 원활하게 이루어질 수 있도록 상품유통기관이 그 기능을 담당하고 있다.

7) 위험부담 기능

상품이 생산자로부터 소비자까지의 유통과정에는 물질적인 위험과 경제적인 위험이 따른다. 물질적 위험이란 유통과정에서 파생하는 천재지변·풍수해·화재·도난·부패·파손 등이며 상품의 물리적·화학적 변질 등에 의한 위험부담이다. 그리고 경제적 위험부담은 가격변동·시황변동·경제조건 변동·법률상 변동 등과 신용거래상 상대방의 도산 및 부도의 경우와 같은 금융적 위험부담을 의미하며, 이러한 위험을 유통기능이 부담하는 것이다.

8) 시장 및 매장정보 기능

생산을 수행하는 데 있어서 수요와 공급의 질과 양을 파악해야 하는데, 유통기관은 소비시장의 정보 및 생산 환경의 정보를 정확하게 수집·취합 분석하여 정확하게 생산자와 소비자에게 정보를 제공하는 기능을 수행한다.

1-3. 유통경로

유통경로는 구매자의 수요를 충족시키기 위해 판매자가 보유한 상품과 용역을 공급하는 과정에 필요한 연결고리로 이해될 수 있으며, 유통경로의 핵심은 편리한 장소에서 고객이 원하는 물량 및 품질과 가격으로 상품과 서비스를 공급해 수요를 만족시키는 데 있다. 일반적으로 유통경로가 필요한 이유는 수요와 공급의 두 측면이 있다.

수요측면에서 유통경로 내의 중간상은 생산과 소비의 양극점 사이에서 제품의 구매와 판매에 필요한 정보수집의 노력을 감소시켜주고, 제조업자의 기대와 소비자의 기대차이를 조정하여 생산된 상품의 물량과 구색을 소비상품의 물량과 구색에 맞게 조정하는 역할을 한다.

공급측면에서는 유통경로 내의 중간상은 반복적 거래를 가능하게 함으로써 구매와 판매를 보다 용이하게 해주고 교환과정에 있어 거래비용 및 거래횟수를 줄임으로써 효율성을 높여 실질적인 총 거래비용을 감소시키는 역할을 수행한다.

1-4. 유통경로의 유형

유통경로는 상품과 그 소유권을 소비자에게 전달하는 과정에 참여하는 유통경로의 종류와 수에 따라 다르다. 일반적으로 유통경로에는 직접유통(direct distribution) 경로와 간접유통(indirect distribution) 경로가 있으며, 직접유통 경로는 유통기능의 양적 분화가 없는 경우에 적용되고, 유통기능의 양적분화가 있는 경우(중간상이 있는 경우)에는 간접유통 경로가 적용된다.

1) 직접유통 경로

직접유통 경로란, 생산자로부터 소비자까지의 상품이 유통되는 과정에서 전문유통기관인 중간상의 개입이 전혀 없는 경우로, 즉 생산자로부터 최종 소비자에게 직접 판매하는 경우이다. 이 경우에는 중간상이 배제됨으로써 유통경로가 단축되어 사회적 유통비가 절감되고 유통 능률도 제고되는 장점이 있지만, 반면 사회적 수집이나 분산기능이 떨어져 사회적 · 통일적 수급면에서는 불균형이 야기될 수 있는 단점을 가지고 있다.

2) 간접유통 경로

간접유통 경로란, 상품의 유통과정에서 독립적인 유통전문기관이 있어 유통기능을 분담하는 유통구조를 의미한다. 이 경우 일반적으로 생산자와 소비자 사이에 도매상 · 소매상 · 대리상들이 개재되어 상품의 수집기능과 분산 · 공급기능을 수행하는데, 이때 직접유통 경로보다 유통경비가 높게 발생하여 상품의 판매가격이 상승하는 단점이 있으나 생산 상품의 사회적 수집이나 분산기능 · 거래횟수 감소 등을 유발하여 사회적 상품의 수급과 균형을 달성할 수 있는 장점도 있다.

1-5. 유통경로가 창출하는 효용성

1) 형태적 효용

형태적 효용이란, 상품 및 서비스를 소비자에게 좀 더 가치 있고 매력 있게 보이기 위하여 그 형태 및 모양 등을 변경하여 상품과 서비스의 가치를 높여주는 것이다.

2) 시간적 효용

소비자가 원하는 시간에 언제나 상품과 서비스를 제공하여 소비자가 구매할 수 있도록 편의를 제공함으로써 소비자의 욕구를 충족시켜 주는 효용을 의미한다.

3) 장소적 효용

소비자가 원하는 장소에서 상품과 서비스를 언제나 구매할 수 있도록 편의를 제공함으로써 소비자 욕구를 충족시켜 주는 효용을 의미한다.

4) 소유적 효용

소비자가 구매하지 않고도 중간상의 도움으로 구매와 동일한 효용을 얻을 수 있는 상태를 의미하며, 소비자로 하여금 상품과 서비스를 언제나 손쉽게 소유할 수 있도록 편의를 제공하여 소비자의 소유 욕구를 충족시켜주는 효용을 의미한다.

1-6. 유통경로의 기능

1) 물적 흐름

물적 흐름(physical flow)은 상품과 서비스를 생산지에서 소비 장소 또는 사용 장소로 운송 · 배달 등의 활동이다. 물적 흐름의 유통기능은 생산자와 소비자와의 시간적 · 공간적 거리를 극복하여 시간 효용과 공간 효용을 창출하는 활동이다. 이러한 생산과 소비의 분리를 극복하여 시간효용을 창출하려는 수단으로는 보관활동이 있으며, 생산과 소비의 분리를 극복하여 공간효용을 창출하는 수단에는 운송활동 등이 있다. 이 밖에도 물적 흐름에는 잠재고객을 위해 다양한 상품을 갖추어 소비자의 선택 폭을 넓혀주는 구색기능, 다량으로 구입한 품목이나 부피가 큰 상품을 소비자의 기호에 맞게 소량으로 나누어 판매하는 소량 판매기능 등이 포함된다.

2) 소유권의 흐름

소유권의 흐름(title flow)은 상품이나 서비스를 생산자에게서 중간상인과 소비자에게로 이전되는 것을 의미한다.

3) 대금의 흐름

대금의 흐름(payment flow)은 상품과 서비스의 제공 또는 판매한 대금은 소유권의 흐름과 반대 방향으로 소비자에서 중간상인·생산자로 이전되는 것을 의미하며, 대금의 흐름이 빠를수록 유통의 효율화와 비용의 경제성이 확보되어 생산과 소비의 연결이 원활히 이루어진다.

4) 정보의 흐름

정보의 흐름(information flow)은 유통경로상에 있는 각 유통기관의 상호 이해관계자들, 즉 생산자·공급자·창고업자·중간상인 등 인접한 당사자 사이의 상호 정보교환의 기능을 담당하여 예상판매량·가격정보·유행의 경향 등을 수집하여 제공하는 기능이다.

5) 촉진활동의 흐름

촉진활동의 흐름(promotion flow)은 유통경로 내의 모든 이해관계자들, 즉 생산자·공급자·창고업자·중간상인·소매상인 나아가 소비자에게까지 상품 판매를 위하여 광고·홍보·인적판매·판매촉진 활동을 하게 하는 기능이다.

1-7. 유통경로의 형태

유통경로는 상품의 특성에 따라 시장과 고객의 필요를 가장 효율적으로 충족시킬 수 있는 형태를 취하며 어느 한 형태가 모든 시장에서 통용될 수는 없다. 이러한 유통활동은 크게 상적 유통과 물적 유통의 두 가지로 나눌 수 있으며, 그 각각의 기능은 다음과 같다.

1) 상적 유통

상적 유통의 경로는 제조회사→도매업자→소매업자→소비자로 이어지는 유통경로이며, 상적 유통을 담당하는 기관은 도매기관(상사, 대리점, 중매인, 중앙도매시장 등)과 소매기관(백화점, 할인점, 연쇄점, 통신판매점, 행상 등)으로 대별할 수 있다.

2) 물적 유통

물적 유통의 경로는 제조회사 공장→제조회사 물류창고→각지의 도매상 창고→소매점→소비자로 이어지는 유통경로이며, 물적 유통을 담당하는 기관으로는 운수회사 · 운송회사 · 창고업자 · 교통기관 등을 들 수 있다.

그밖에도 상적 유통 및 물적 유통의 직접적인 기관을 조성하고 그 활동을 촉진하는 각종 유통 조성기관으로는 통신기관(전신전화업자, 정보처리업자 등), 조사기관(시장조사업자, 신용조사업자 등), 광고기관(광고대리점, 매체기관 등), 금융기관(보험업자, 소비자 신용공제조합, 리스업자 등), 판매촉진기관(인쇄업자, 무역업자 등) 및 각종 유통서비스가 넓은 의미로 포함된다.

3) 유통경로의 유형

(1) 생산자→소비자

상품이 생산자로부터 소비자에게로 직접 판매되는 가장 짧은 유통경로다. 이러한 직접 판매에는 공장에서 직접 판매하는 경우로 소규모 기업으로 판매지역이 한정되고 이용업자가 한정된다.

(예 : 빵 제조업, 과자 제조업 등이 이에 속하며, 서적이나 잡지, 화장품 등과 같이 통신판매에 의한 직접 판매 또는 방문 판매에 의한 직접 판매 등과

의류나 과자 등과 같이 직영소매점을 이용한 직접 판매 등이 이러한 경로에 속한다.)

(2) 생산자 → 소매상 → 소비자

일반적으로 소비용품에 많이 이용된다. 제조업자로부터 직접 백화점, 연쇄점, 할인점, 협동조합 등의 대규모 소매상에 판매되어 소비자에게 이르는 경로다.

(3) 생산자 → 산업도매상 → 산업이용자(소비자)

산업용 물품(생산재)을 소량으로 사용하는 사람들에게 산업도매상을 통하여 판매하는 경로이다. 대량 사용자는 생산자와 직접거래가 가능하나 소량 소비자의 경우에는 여러 제약조건 등으로 인하여 생산자로부터 직접구매가 어려우므로 신속하게 배달하여 주고 소량으로 구할 수 있는 산업도매상을 주로 이용한다.

(4) 생산자 → 도매상 → 소매상 → 소비자

소량구매를 하고 구매빈도가 높은 소비용품 중 편의품의 유통경로이며, 생산자는 수많은 소매상을 통하여 판매한다.

(5) 생산자 → 대리상 → 도매상 → 소매상 → 소비자

이 유통경로는 주로 농산물 유통에 많이 이용되며 농산물의 경우 생산품이 계절적이거나 소량이어서 독립된 판매부문을 가질 수 없으므로 이러한 형태를 취하게 된다.

02 식자재 유통의 시장조사

2-1. 유통기구

유통이란 상품과 서비스가 생산자로부터 소비자까지의 유통과정 전체를 의미한다고 볼 수 있으므로, 유통기구란 유통기관의 연쇄적 결합조직이며 생산자로부터 소비자에 이르기까지 상품과 서비스가 유통되는 유통기관의 통합기구이며, 생산과 소비 간에 존재하는 공간과 거리를 조정하는 기능을 수행하는 조직체이다. 그러므로 유통기구는 상거래를 통한 수급통일기능을 수행하는 도매기관 · 소매기관 등을 포함하여 물적 유통기능을 담당하는 운송 · 창고기관 그리고 물적 · 상적 유통을 원활하게 하는 금융 · 보험기관 등 경제보조기관 등으로 구성되고 있다.

이와 같은 유통기구에 대한 정의로 호워드(J. A. Howard)는 "유통기구란 일정한 시간에 해당기업이 이용할 수 있는 유통경로이며, 유통경로란 생산자가 상품을 최종 소비자에게 제시하는 유통구조의 통로이다."라고 하였으며,[3] 평야상치(平野常治)는 "유통기구란 상품유통의 사회적 기구 또는 배급조직으로서 생산자로부터 소비자까지의 상품유통을 매개하여 공급과 수요를 연결시켜주는 각종 배급기관이 상호 연관관계를 통해 작동하는 유기적 조직이다."라고 설명하고 있다.[4]

1) 도매업의 개념

도매인 또는 도매상(wholesalers middleman)이란, 재판매 또는 사업을 목적으로 구입하는 고객에게 제품이나 서비스를 판매하는데 관련된 모든 활동을

3) J. A. Howard, *Marketing Management*, 1963, p. 323.
4) 平野商治, 「新商學概論」, 政文堂, 1966, p. 79.

말하며, 도매 활동에 전적으로 종사하는 사람이나 기업을 도매업자 또는 도매상이라 한다. 따라서 도매상은 최종 판매상이 아니기 때문에 입지 · 판촉 · 점포분위기 등에 상대적으로 주의를 기울이지 않으며, 일반적으로 넓은 상권을 대상으로 대량거래를 하고 소매상과는 상이한 법적 규제와 세제를 적용받고 있다.

이러한 도매업에 대한 가장 넓은 의미로는 소매업 외 모든 매매업을 총칭하며, 여기에는 수집상업, 중계상업, 분산상업 및 무역상업 등을 포함하게 된다. 또 좁은 의미로는 상품유통상 분배 상업에 속하며, 소매 상업에 대해 최종적으로 상품을 공급하는 단계의 도매업을 의미한다.

2) 도매상의 기능

도매상은 상품을 구입하여 소매상 및 산업체 및 기관 사용자에게 재판매하는 사업단위를 의미하므로, 도매상은 최종소비자에게는 판매하지 않는 것을 원칙으로 한다. 이러한 도매상의 기능은 도매상의 유형에 따라 그 기능에 차이가 있으나 일반적으로는 다음과 같은 기능을 수행한다.

(1) 공급자 및 제조업자(산업사용자)를 위해 수행하고 있는 기능

① 소매상 및 기타 구입기관에 상품을 팔기 위한 판매조직 제공
② 제조업자의 광고계획 및 업무보조
③ 제조업자를 대신하여 재고유지
④ 운송 업무를 알선 또는 담당
⑤ 대금의 지불을 신속히 하여 금융제공
⑥ 시장 정보제공 등

(2) 도매상이 자신의 고객(소매상)을 위해 수행하는 기능

① 최종시장에서 요구되고 있는 상품을 구입하여 고객에게 전달
② 재고유지로 고객의 비용절감
③ 상품을 고객에게 신속히 운송
④ 시장정보와 경영자문서비스를 제공
⑤ 신용공여로 금융기능 수행
⑥ 상품을 고객이 원하는 종류와 수량에 맞추어 주문하는 기능

3) 도매상의 유형

도매상의 유형은 네 가지 기준에 따라 다음과 같이 분류될 수 있다.

(1) 제조업자가 소유하고 있는지 또는 독립적으로 운영되고 있는지에 따라서

- 독립적으로 운영되는 독립중간상과 대리점
- 제조업자가 소유하는 판매지점

(2) 상품의 소유권 유무에 따라서

- 소유권을 취득하는 상인도매상
- 소유권이 없는 대리점, 거간, 수수료 상인 등의 대리 중간상

(3) 수행하는 기능의 많고 적음에 따라서

- 거의 모든 기능을 수행하는 완전기능 도매상
- 특정분야에만 전문화하고 있는 한정기능 도매상

(4) 취급하고 있는 상품의 폭과 깊이에 따라서

- 상품계열을 폭넓게 취급하는 일반도매상
- 상품계열을 깊게 취급하는 단품종 도매상

가. 상인 도매상

상인도매상(merchant wholesalers)은 소유권을 가지고 독립적으로 운영되는 도매상으로, 가장 그 수가 많으며 매출액에서도 큰 비중을 차지한다. 이러한 상인도매상에는 완전기능도매상(full-function wholesalers)과 한정기능도매상(limited-function wholesalers)이 있는데, 완전기능도매상은 서비스도매상이라고도 부르며 유통기관의 기능을 모두 수행하여 종합적인 서비스를 제공하며 다른 형태의 도매상과 비교하여 높은 마진을 취한다. 이러한 완전기능도매상에는 다음과 같은 유형이 있다.

① 일반 도매상

일반 도매상(general merchandise wholesalers)은 일반 잡화상이라고도 하며, 일반 잡화 소매상과 단일계열 소매상을 대상으로 여러 가지 상품을 취급한다.

② 단품종 도매상

단품종 도매상(single wholesalers)은 일반계열 도매상이라고도 하며, 한 두 개의 상품계열을 전문적으로 취급하는 도매상이다.

③ 전문 도매상

전문 도매상(specialty wholesalers)은 한 가지 계열 중 일부분만 매우 전문적으로 깊이 있게 취급하며 건강식품 도매상, 해산물 도매상 등이 있다.

④ 선반 도매상

선반 도매상(rack wholesalers)은 식료품 외의 기계용품을 공급하는 잡화상이나 슈퍼마켓 유형의 도매상으로 주로 건강미용 관련제품, 단행본 및 잡지, 레코드, 식기 등을 취급하며, 현금판매만을 하는 경우는 한정기능 도매상으로 분류되기도 한다.

⑤ 산업 도매상

산업 도매상(industrial wholesalers)은 주로 소매상보다는 제조업자를 대상으로 상품을 판매하며 재고유지, 신용제공, 배달 등의 종합서비스를 제공하는 도매상이다.

나. 한정기능 도매상

한정기능 도매상(limited-function wholesalers)은 수행하는 기능이 한정되어 있는 도매상으로 자신의 공급자나 고객에게 몇 가지 한정된 서비스만을 제공하는 도매상으로 다음과 같은 형태의 도매상이 있다.

① 현금판매 도매상

현금판매 도매상(cash-and-carry wholesalers)은 상품판매에 있어서 회전율이 빠른 한정된 상품만 현금으로 소매상에게 판매하고 배달을 하지 않는 것을 원칙으로 하기 때문에 금리 및 손실위험이 없어 판매가격을 인하할 수 있는 장점으로 경쟁력을 갖춘다.

② 트럭배달 도매상

트럭배달 도매상(truck wholesalers)은 판매상품을 트럭을 이용하여 판매와 배달 기능을 동시에 수행하며, 주로 취급상품은 과채류・우유・빵・스낵 등과 같이 저장성이 짧아 신속한 배달이 필요한 부패성 상품만을 취급하며, 정규 도매상의 서비스를 받지 못하는 영세적 소매상을 대상으로 현금판매를 한다.

③ 직송 도매상

직송 도매상(drop wholesalers)은 취급상품에 대해서 소유권을 가지나 실제로 보관 또는 수송은 하지 않는다. 주로 부피가 큰 석탄, 목재, 연료, 건축자재 등을 차량단위로 거래하므로 운임률이 낮고 운송비, 보관비가 절감되어 저비용으로 운영할 수 있는 장점이 있다.

④ 통신판매 도매상

통신판매 도매상(mail order wholesalers)은 소매상과 각 산업 및 기관의 고객에게 상품과 관련된 자료 등을 제공하고, 우편 등 통신망을 활용하여 주문받아 상품을 우편이나 택배 등을 운송수단을 이용하여 공급해 주는 형태로 주로 특별 식품이나 식료품・화장품 등 부피가 작은 품목을 취급한다.

다. 대리 중간상

대리 중간상(agent middlemen)은 상품에 대한 소유권은 획득하지 않으면서 유통기관의 기능을 수행하는 도매상으로 주로 판매와 구매활동을 매개하는 중간상을 의미하며 다음과 같은 주요 유형이 있다.

① 거간

거간(brokers)은 중개상이라고 하며 구매자와 판매자에게 쌍방의 요구조건, 시장조건, 가격조건 등에 관한 정보를 제공하여 거래협상을 도와주는 역할을 수행하고 판매자와 구매자 양쪽에서 판매성사에 대한 수수료를 받는다. 거간은 재고를 보유하지 않고 금융에도 관여하지 않으며 식품 · 부동산 · 보험 등을 주로 취급한다.

② 경매회사

경매회사(auction companies)는 위탁받은 상품을 일정한 규칙을 적용하여 경매를 붙여 판매하는 대상으로 서비스와 설비 사용에 대한 수수료를 받으며, 주로 청과물 · 수산물 등을 취급한다.

③ 객주

객주(commission houses)는 생산자 또는 생산 공급자가 위탁한 상품을 직접 보관 · 관리하면서 판매상담과 판매활동을 수행하는 대리중간상으로 위탁상이라고도 한다. 객주는 항상 판매자만을 대표하며 상품의 부패성이 강하거나 신속히 처분해야 할 필요가 있어 급히 판매해야 할 경우에 트럭 등을 이용하며, 주로 농수산물시장에서 활동하는 대리 중간상이다.

④ 제조업자 대리상

제조업자 대리상(manufacture's agents)은 제조업자와 가격, 영업지역, 주문처리 절차, 배달서비스, 품질보증, 수수료율 등에 관하여 장기계약을 하고 제조업자를 대표한 대리상으로 취급상품은 주로 기계 등 산업제품, 주방기기, 의류, 가구 등의 계열이며, 제조업자가 판매활동을 새로 시작할 경우나 제조업자 고유의 판매활동을 수행할 수 없을 때 제조업자 대리상을 이용하는 것이 유리하다.

⑤ 판매 대리상

판매 대리상(selling agents)은 생산자와 장기계약을 통해 지역적인 한계 없이 생산자의 마케팅 활동을 전담하는 대리상으로 생산자가 재정적으로 약한 경우에 많이 활용되며 주로 석탄, 섬유, 목재, 식료품 등을 취급한다.

⑥ 구매 대리상

구매 대리상(purchasing agents)은 구매자와 장기간 계약을 하여 구매자 대신 상품을 구입하고 상품을 인수·검사하며, 창고보관기능을 수행하여 구매자에게 상품을 보낸다.

⑦ 수출입 대리상

수출입 대리상(import-export agents)은 거간, 제조업자 대리점, 판매 대리점들이 해외시장과 상품매매를 하는 기능을 특화하여 국제무역에서 중요한 역할을 담당한다.

2-2. 소매기관

1) 소매업의 정의

소매업(retailing)이란, 상품이나 서비스를 개인적 혹은 비영리적인 목적으로 사용하려는 최종 소비자에게 직접 판매하는 것과 관련된 모든 활동이다. 소매업은 주로 소매 점포에서 이루어지지만 인적 판매나 우편, 전화 또는 자동판매기 등과 같은 무점포 소매업도 폭발적으로 성장하고 있다. 이러한 소매업을 개념적으로 분류하면, 넓은 의미로는 상품(소비재와 생산재) 및 서비스를 최종 소비자에게 유통시키는 기능을 수행하고, 좁은 의미로는 소비재상품(생활용품)과 서비스를 최종 소비자(일반가계)에게 유통기능을 수행한다.

2) 소매업의 기능

소매상은 생산자→도매상→소매상→소비자로 구성되는 유통경로상의 마지막 단계로서 최종소비자와 직접 접촉한다는 점에서 생산자와 도매상의 영업활동에 큰 영향을 줄 수 있으며, 주로 소매 점포에서 판매가 이루어지나 인적판매나 우편, 전화 및 통신, 자동판매기와 같은 무점포 소매상도 상당수 활동하고 있다. 이와 같은 소매상이 수행하는 기능을 공급업자와 소비자를 위한 기능으로 세분하면 다음과 같이 분류할 수 있다.

(1) 공급업자를 위한 기능

① 최종 소비자의 필요한 욕구를 파악하여 공급업자에게 정보제공
② 상품을 보관 및 수용하여 소량판매 실시
③ 공급업자에게 시장정보 제공 및 인적판매와 광고업무 대행

(2) 소비자를 위한 기능

① 상품 및 서비스에 대한 품질과 특성에 대한 조언 및 지도
② 상품의 보관 및 배달과 신용판매
③ 일정량의 상품을 보관·진열하여 구매하기 편리하도록 소량판매
④ 상품 및 서비스에 대한 소비자 욕구와 요구에 대한 정보를 입수하여 상품정보와 유행 등 생활정보 제공
⑤ 상품에 대한 품질보증과 애프터서비스 기능 수행

3) 소매상의 유형

소매상의 유형으로는 규모의 대소에 따라, 취급상품에 따라, 서비스방법에 따라, 영업방법에 따라, 소유형태에 따라, 입지조건에 따라 각기 다음과 같이 분류할 수 있다.

(1) 규모에 따른 분류

① 대규모 소매상

대규모 소매상에는 백화점, 양판점, 쇼핑센터, 쇼핑몰, 메가몰(쇼핑몰과 테마파크 및 놀이시설을 합친 것), 연쇄점, 통신판매점, 슈퍼마켓, 슈퍼스토어, 하이퍼마켓, 일반할인점, 회원제 창고점(membership wholesale club), 아웃렛(out-let) 등이 있으며, 대규모 소매상의 특징으로는 분업, 관리능력, 구매력, 광고매체 이용의 효율성, 재무능력 등에서 소형 소매상보다 유리하다.

② 소규모 소매상

소규모 소매상은 일반 독립소매상으로 잡화점, 한정판매점, 편의점(convenience store), 전문점, 파파마마 스토어(papa-mama store–구멍가게–생계형 근린가게), 행상(pedding), 노점상(road-side store), 이동트럭판매점 등으로 적은 자본만으로도 경험의 유무와 관계없이 경영할 수 있으며, 상품의 진열, 취급상품, 서비스 면에서 간접비용이 적으므로 운영비용 등이 적게 들어가는 장점 등이 있다.

(2) 취급상품 계열에 따른 분류

① 일반상품점

일반상품점(general merchandise store)은 전통적인 소매상의 형태로 식료품,

일용잡화를 중심으로 여러 계열의 상품을 취급, 판매한다. 현대 슈퍼마켓의 형태로 점차 대형화되는 경향이 있다.

② 한정상품점

한정상품점(limited-line merchandise store)은 몇 가지 한정된 상품계열만 취급하는 소매상으로 귀금속점 등이 이에 속한다.

③ 단일상품점

단일상품점(single-line merchandise store)은 한 가지 상품계열만 취급하는 소매상으로 카메라점, 제과점, 화원 등이 이에 속한다.

(3) 서비스의 수준에 의한 분류

① 셀프서비스의 소매점

셀프서비스의 소매업(self-service store)은 미국이 대공황 기간에 급속도로 발전한 소매업이다. 소비자들은 가격을 절감하기 위하여 직접 매장에 가서 물건을 비교해 보고 선택하여 가격 절감효과를 얻는 것으로 패스트푸드나 편의품의 경우에 주로 활용된다.

② 한정서비스의 소매점

한정서비스의 소매점(limited-service store)은 소비자들이 많은 정보를 필요로 하는 선 매품을 주로 취급하며 많은 판매서비스를 제공하며, 따라서 운영비가 높아지게 되어 가격이 비싼 편이다.

③ 최대서비스 소매점

최대서비스 소매점(full-service store)은 전문점이나 상류계층의 백화점에서 볼 수 있는 형태로서 판매원들은 고객이 여러 제품을 비교하고 선택하는 전 과정을 돕는다. 최대서비스 점포에서는 대체로 전문품을 취급하고 있으며, 이에는 주로 사진기, 보석, 유행상품과 같이 소비자들이 오랫동안 살펴보고 구매하는 제품들을 주로 취급하므로 가격 면에서는 고가품이 많다.

(4) 영업방법에 의한 분류

① 점포소매업

점포를 가지고 소매업을 하는 소매상의 주요 형태로는 백화점, 연쇄점, 슈퍼마켓, 하이퍼마켓, 편의품점 등이 이에 속한다.

② 무점포소매업

무점포판매 소매상은 근래에 들어 급속한 성장을 보이고 있는데 우편판매, 방문판매, 자동판매기, 인터넷쇼핑 등이 있다.

(5) 소유형태에 의한 분류

① 독립소매점

입지 면에서 우위를 가지고 그 지역 주민과의 친분관계를 경쟁력으로 하는 소유자가 직접 경영하는 소매점이며 대부분의 소매점이 이에 속한다.

② 회사연쇄점

회사연쇄점(corporate chain store)은 동일한 상품계열을 취급하는 다수의 점포가 본사에 의해 소유되고 관리되는 형태로 상품구입과 판매촉진 등에 있어보다 경제적이므로 독립소매상보다 저렴한 가격으로 판매가 가능하다. 회사형 연쇄점은 슈퍼마켓, 할인점, 잡화상, 백화점, 전문점 등 모든 종류의 소매상에서 찾아 볼 수 있다.

③ 임의 연쇄점

임의 연쇄점(voluntary chain store)은 도매상을 중심으로 모인 개별 소매상들의 그룹으로 이들은 단체구입과 공동판매를 추진한다.

④ 소매상 조합 연쇄점

소매상 조합 연쇄점(retailer corporate chain store)은 독립적인 소매상들이 하나로 뭉쳐서 공동 소유의 중앙 구매조직을 만들어 판매를 추진하고 공동으로 촉진활동을 한다.

⑤ 소비자 조합

소비자 조합(consumer cooperative)은 소비자들이 소유하고 있는 소매회사로서 그 지역 소매상인들이 가격을 너무 비싸게 받고, 제품의 질이 나쁘다고 느낄 때 소비자들이 직접 소비자조합을 만들어 운영하는 점포이다.

⑥ 프랜차이즈 조직

프랜차이즈 조직(franchise organization)은 프랜차이즈 본부(제조업자, 도매상, 서비스 조직 등)와 프랜차이즈 가맹점 사이에 맺어진 계약에 의한 조직이다. 프랜차이즈 조직은 그들의 독특한 제품이나 서비스, 사업방법, 사업명, 영업권, 본부의 특허권 등을 가지고 있으며, 가맹자는 본부에 대해 가입비, 매출액에 대한 로열티, 설비, 장비에 대한 임대료, 영업허가권 등의 의무가 있다.

(6) 입지에 의한 분류

점포의 입지위치에 따라 분류하는 방법으로 도심지역 상가, 부도심지역, 주택가지역, 쇼핑센터, 고립지역 등으로 나눌 수 있다.

소매업 경기지수란?

국내의 7개 소매업태(백화점, 할인점, 편의점, 방문판매업, 통신판매업, 전자상거래업, 슈퍼마켓)의 주인들이나 판매관리업자에게 설문조사를 하여 작년 동기대비 또는 전월 대비하여 앞으로 판매상황에 대한 그들의 의견을 물어 그 결과로 앞으로의 체감경기를 지수화 한 것을 말한다. 대한상공회의소에서는 소매업 경기지수를 작성할 때 전국 855개 업체에 설문조사를 하여 그 결과를 가지고 소매업 경기지수를 작성한다고 한다.

보통 100을 기준으로 100보다 높으면 판매상황이 좋아질 것으로 보고, 100 이하이면 나빠지는 것인데, 전월에 조사를 했을 때는 150이었다가 이번 달 조사를 했을 때는 130으로 나왔다면 전월보다는 미래의 판매상황을 부정적으로 보고 있는 사람들이 많다는 것을 보여준다. 즉 전월에 150이었으면 이것이 기준치가 된다. 즉

$$\frac{130}{150} \times 100(\%) = 86.7$$

4) 소매업의 변천과정

소매업의 환경변화에 따라 매우 다양한 소매 업태들이 생성되고 사라졌으며 또는 분화·통합되면서 새로운 업태가 생성·발전되어 왔다. 여기에는 주로 미국 소매기관이 발전과정을 중심으로 그 중 특히 많이 인용되는 소매업 수레바퀴가설을 중심으로 소매발전의 변천이론들에 대해 몇 가지 이론들을 간략하게 설명하면 다음과 같다.

(1) 소매기관의 변천이론

① 소매 수레바퀴가설

소매 수레바퀴가설(the wheel of retailing hypothesis)에 대한 맥네어(M. D.

McNair)[5] 및 홀랜더(S. C. Hollander)[6]의 이론에 의하면, 혁신적인 소매상은 항상 기존 소매상보다 저가격, 저이윤 및 저서비스라는 가격소구 방식으로 신규 진입하여 기존 업체의 고가격, 고마진 및 고서비스와 경쟁하면서 점차로 기존 소매상을 대체하게 된다는 이론으로, 그러나 이같은 혁신적인 소매상 역시 성숙과정에 접어들면 경쟁우위를 확보하기 위해 보다 세련된 설비와 추가서비스를 통해서 가격을 인상하지 않을 수 없어 결국 기존 소매상과 같이 고가격, 고비용 및 고서비스화 되고 이렇게 되면 또 신규소매상이 등장하여 이러한 순환이 반복적으로 일어난다는 이론이다. 소매 수레바퀴가설은 미국의 소매업태 변천과정에서 전문점→백화점→할인점 순으로 소매점 유형이 등장하고 있는데 대해서 부분적으로 입증되었지만 모든 국가에서 모든 유형의 소매발전과정을 일률적으로 설명하기에는 어렵다.

② 소매 아코디언이론

소매 아코디언이론(retail accordion theory)은 홀랜더(S. C. Hollander) 교수가 주장한 이론으로서 소매상의 변천을 제품구색의 변화에 초점을 맞추어 제품구색이 넓은 소매상(종합점)에서 제품구색이 좁은 소매상(전문점)으로 다시 종합점으로 수레바퀴 돌듯이 변천한다는 이론이다. 이 이론의 특징으로는 종합점 → 전문점 → 종합점의 과정을 되풀이하는, 즉 아코디언처럼 제품구생이 늘었다 줄었다 하는 과정을 되풀이한다는 것이다.

---

5) Malcom D. McNair, "Significant Trends and Developments in the Postwar Priod", in A. B. Smith ed., *Competitive Distribution in a Free High-Level Economy,* Univ. of Pittsburgh Press, 1958.
6) Stanley C. Hollander, "The Wheel of Retailing", *Journal of Marketing, No. 24, July* 1960, pp. 37~42.

③ 변증법이론

변증법이론은 소매상의 변증법적 발전과정을 주장한 이론으로 정-반-합(正-反-合)의 변증법이론을 소매변천이론에 적용하고 있다. 여기서 기존 소매상은 이에 대응하는 경쟁적인 새로운 소매상이 생기게 되면 그 장점을 기존 기구에 적용하게 된다. 이 같은 과정은 혁신적인 새로운 소매기관도 마찬가지로 적용하여 상호 협상과정을 거침으로서 결과적으로 상호 적응에 의한 새로운 형태의 소매상이 탄생한다.

이 같은 사례를 보면, 미국의 경우 전문점→할인점→전문할인점 또는 백화점(종합점)→식품점(슈퍼마켓)→식품을 판매하는 종합점(슈퍼 스토어)으로 변천하는 과정으로 설명되고 있다.

④ 적응행동이론

적응행동이론(adaptive theory)은 이상의 세 가지 이론은 소매상의 순환적 이론으로서 소매상의 환경을 무시하고 있는데 비해 적응행동이론은 소매변천 원인을 환경적 변수에서 찾고 있다. 이 이론은 소매기관을 둘러싸고 있는 환경변화, 즉 소비자의 구매행동, 구매욕망, 과학기술 그리고 법적환경 등에 가장 효율적으로 적응할 수 있는 소매상만이 살아남아 번창할 수 있다는 것을 강조한 일종의 다윈의 진화론에서 설명한 자연도태설에서 추출한 이론으로서 환경에 적응하는 소매상만이 생존, 발전한다는 이론이다.

⑤ 라이프사이클이론

라이프사이클이론(life cycle theory)은 소매 수레바퀴가설의 한계점과 단점을 보완하기 위하여 만든 소매상의 진화과정적 이론이다. 여기서 상품의 라이프사이클 이론을 소매상의 변천이론에 응용하여 소매상 역시 상품처럼 도입기 →성장기→성숙기→쇠퇴기를 거쳐 발전을 할 수 있다고 설명한다.

5) 소매업태의 발전과정

(1) 특화과정과 통합과정

① 특화과정

소매업태의 특화과정은 원시적 형태의 행상에서 시작하여 잡화점, 다양품종점, 한정품종점, 전문점 순으로 상품 취급품목의 범위가 한정 및 특화되어 점진적으로 저가품에서 고가품으로, 그리고 소규모에서 대규모점으로 발전해 왔다는 것이다.

② 통합과정

소매업의 통합과정은 한정 특화품 취급점에서 다품종 대량으로 취급하는 형태의 대규모점 소매업, 즉 백화점, 할인점, 연쇄점 등으로 통합하고 있다.

6) 소매경로의 변천

일반적으로 소매유통은 소매경로의 조직을 통해 소매유통기구로 구성하게 된다. 버클린(L. P. Bucklin)[7]은 소매시장의 변천을 소매경로를 중심으로 구분하여 비상설시장→상설시장→분화시장→통합시장의 단계를 거치면서 발전해 왔다고 설명한다.

(1) 비상설시장

비상설시장은 가장 원시적인 단계의 시장으로서 우리나라의 경우 시골의 5일장 또는 7일장 같은 정기시장이 여기에 속하며, 여기서는 주로 잉여농산물이나 부산물 같은 농산물, 축산물, 식품류, 의류, 잡화 등 생필품을 거래하며,

7) Louis P. Bucklin, *Competition and Evolition in the Distribution Trade,* Prentice-Hall, 1972.

농부와 상인의 분화가 제대로 이루어지지 않은 초기단계이다.

(2) 상설시장

상설시장(premanent market)은 직업적인 중간상이 생겨나고 일정한 지역을 중심으로 소매상들이 모여 상업 활동을 하는 시장이지만, 도매와 소매를 연결하는 수직적 계열화나 상품을 중심으로 한 수평적인 전문화는 이루어지지 않는 시장이다.

(3) 분화시장

분화시장(fragmented market)은 유럽에서 15세기부터 19세기 사이에, 미국은 19세기 중반에 등장한 시장으로서 산업중기에 대량생산체제의 구축을 중심으로 유통기관이 기능별·상품별로 수직적 · 수평적 분화가 전문화되는 현상으로 근대화된 통합시장구조의 모습을 갖추기 이전의 시장이다. 이러한 배경으로는 소득의 증가, 도시화, 교통 통신이 발달, 생산량과 품목의 증가, 소매전문점 등장 등을 들 수 있다.

(4) 통합시장

통합시장(integrated market)은 산업 후기 20세기에 들어오면서 소매기관의 대형화와 수직적 통합(계열화, 조직화) 현상이 일어난 단계로 최초의 통합시장은 백화점이며 대형연쇄점, 슈퍼마켓이 그 한 예다. 특징으로는 자본축적, 대량생산과 판매, 전문경영 등이다.

소매유통업의 경로에서 산업화가 진행됨에 따라 잡화상은 점점 줄어들게 되고 분화소매상이 증가하며 산업화의 고도성장에 따라서 통합소매상이 증가하였으며, 후기 산업사회에서는 통합소매상이 총 소매 매출액이 크게 증가할 것이다.

7) 소매상의 종류 및 특징

(1) 잡화점

잡화상(grocery store)은 식료품 및 각종 생필품인 일용잡화를 제한된 지역 내에서 독점적으로 운영하던 가장 오래된 소매상으로 교통이 발달하지 못하고 경쟁이 제한된 상태에서 주로 가족에 의해 운영되고 있다. 이러한 잡화점의 특징에는 소규모 점포를 점주가 직접 소비자를 상대하기 때문에 우호적인 관계를 유지하는 반면에, 가격할인 등 경제적인 면에서 비효율적인 점포운영으로 상품지식이 부족한 점 등이다.

(2) 백화점

백화점(department store)은 대규모 소매기관으로 도시의 중심지역에 위치하여 전문경영인에 의해서 운영되는 대규모 소매상이다. 백화점의 특징에는 많은 종류의 상품, 다양한 상품과 서비스취급 등으로 일괄구매시스템(one stop shopping system)과 비교구매(comparison shopping)를 할 수 있도록 다양한 종류, 다양한 상품과 서비스의 부문별 관리를 하고 교통 편리한 지역에 입지하고 있어 접근성이 매우 좋다.

(3) 슈퍼마켓

슈퍼마켓(super market)은 초기에는 셀프서비스를 도입한 식료품점으로, 특징은 부문별 관리방식을 토대로 경영하는 종합식품 소매업으로 셀프서비스에 의해 인건비의 절감, 대량 판매에 의한 낮은 이윤폭과 저가주의를 강점으로 들 수 있다.

(4) 하이퍼마켓

하이퍼마켓(hyper market)은 1970년 프랑스에서 시작되었다. 슈퍼마켓에 일반상품 할인제도를 결합시킨 형태로 매장 크기가 슈퍼마켓의 2~3배이며, 낱개 판매보다 박스단위 판매, 대형주차장 운영, One stop shopping 방식을 취하고 있다. 이러한 하이퍼마켓의 특징으로는 교외에 입지하여 점포면적은 약 1만 평방미터, 넓은 주차장, 셀프서비스로 저마진과 고회전 경영을 지향하며, 상품구색은 주로 식료품이지만 비식품의 비중이 점차 높아지고 있다.

(5) 할인점

할인점(discount store)은 박리다매를 원칙으로 상품을 일반 상점보다 항상 저렴한 가격으로 판매하는 대규모 점포(유통산업발전법에 의하면, 매장면적 3,000㎡(909평) 이상의 크기)를 말한다. 할인점의 특징은 저렴한 가격, 인지도 높은 브랜드 판매, 셀프서비스, 대지 및 건물임대료가 저렴한 지역에 위치, 평범한 내부시설 등을 들 수 있다.

할인점은 상품구색에 따라 디스카운트 스토어 · 슈퍼센터 · 하이퍼마켓 · 회원제 도매클럽 · 아울렛 등의 다양한 형태로 재분류되지만, 현재 우리나라의 경우 이와 같은 분류방식이 적용되기 어렵다. 이는 선진국 할인업태가 국내에 도입되면서 국내 소비자의 특성에 맞추어 이를 변형 및 운용한 한국형 할인점이 도입되고 있기 때문이다. 한국형 할인점은 미국의 슈퍼마켓, 유럽의 하이퍼마켓, 일본의 슈퍼스토어 등을 토대로 하여 국내소비자의 쇼핑정서와 구매 관습에 맞도록 변경한 것이다.

국내 할인점의 도입은 1993년 11월 신세계에 의해 출점된 서울 도봉구 창동의 이마트로 볼 수 있다. E-마트는 점포시설 투자와 고객서비스 부분을 대폭 축소하는 대신 식료품과 생활용품을 중심으로 연중 소매가격보다 20~30% 정도 할인된 가격으로 판매하는 항시저가격(EDLP : every day low price) 정책을 채택함으로써 가격파괴 기폭제가 되었다.

(6) 편의점

편의점(CVS : convenience store)은 상대적으로 소규모 매장(대략 60㎡ 이상 230㎡ 이하)으로 인구밀집지역에 위치하여 연중무휴로 24시간 영업을 하며 재고회전이 빠른 식료품과 편의품, 문방구 등의 한정된 제품계열을 주로 취급한다. 편의점의 특징에는 연중무휴 24시간 영업으로 시간 편리성, 접근이 용이한 지역에 위치하는 공간 편의성, 브랜드 상품의 다품종 소량판매로 상품의 편의성 등이 있으며, 판매가격 면에서는 슈퍼마켓보다 다소 높은 가격으로 판매하고 있다.

(7) 전문점

전문점(specialty store)은 편의품 및 전문상품을 집약적으로 취급, 판매하는 소매업으로서 단일품종 중 극히 한정된 품종만을 전문적으로 취급하는 특정 판매점을 말한다. 전문점은 주로 도심에 입지하고 있으며 비교적 고급품을 전문상품으로 구체화하여 구색을 갖추는 동시에 전문적인 서비스를 고객에게 제공한다. 이러한 전문점에는 고급 귀금속상 · 시계점, 고급 여성의류점 · 남자양복점 · 악기점 · 오디오점 · 가구점 스포츠용품점 · 혼수점 등 다양한 품종을 선택하여 운영하고 있다. 전문점의 특징에는 특정 상품군에 대해 상품구색을 갖추기 때문에 취급상품의 폭이 깊다는 점, 특정 상품군을 대량으로 구매할 수 있어 구매비용을 절감할 수 있다는 점과, 나아가 상품에 대한 전문적인 서비스로 고정고객을 획득할 수 있는 장점을 가지고 있다.

(8) 체인스토어

체인스토어(chain store)는 한 개의 기업이 다수의 점포를 체인화 하여 전개하고 있는 종합 슈퍼와 같은 대규모 소매점이다. 특히 다품종, 다양한 상품을 종합적으로 취급하여 한 개 기업에 의해 소유하고 관리하는 특징을 지니고 있으며, 중앙관리센터라고 하는 체인본부를 설치하여 상품의 집중매입이나 광고・선전, 종업원의 교육 및 연수, 점포운영에 따른 자금조달 등의 역할을 하고 있는 업태이다. 또 다수의 점포를 가지고 가능한 한 소비자와 가까운 장소에 위치한다는 점에서는 백화점과 다르지만, 매출이 크고, 대규모 소매점이 많다는 것이 백화점과 유사하다.

(9) 전문할인점

전문할인점(specialty discount store :category killer)은 카테고리 킬러라고도 하는데, 한 가지 한정된 상품군을 깊게 취급하며 할인점보다 훨씬 저렴한 가격으로 판매하는 소매점을 의미한다. 전문할인점의 특징은 저가격과 한정된 상품군 내의 다양하고 풍부한 구색을 들 수 있으며, 전문할인점은 1970년대에 미국에서 처음 등장하였다.

우리나라의 경우 특정 부류의 제품을 대량으로 저가 판매하는 전문할인점은 1994년 4월경 서울 영등포구 당산동에 개점한 2001아울렛의 등장을 효시로 패션용품, 사무용품, 스포츠용품 등 상품별로 전문할인점이 도입되고 있으며, 전자제품 전문할인매장인 하이마트와 전자랜드21, 장난감 할인매장인 토이월드, 스포츠용품 할인점인 이마트의 스포츠데포 등을 전문할인점의 예로 들 수 있다.

(10) 회원제 도매클럽

회원제 도매클럽(membership wholesale club)은 일정한 회비를 정기적으로 내는 회원들에게만 30~50% 할인된 가격으로 정상적인 제품들을 판매하는 유통형태를 말한다. 취급품목은 가공식품을 비롯하여 잡화 · 가정용품 · 가구 · 전자제품 등으로 매우 다양하고 많은 품목을 취급하고 있으며, 매장은 거대한 창고형으로 실내장식은 거의 없으며 진열대에 상품을 박스단위로 쌓아 진열한 후 고객이 직접 고르게 하는 묶음판매로 인건비를 최소화하고 있다.

회원제 도매클럽의 시작은 1976년 미국의 캘리포니아 샌디에이고 교외에 개점한 프라이스클럽(price club)이 그 시초이고, 이어서 1983년 월마트의 샘즈클럽(sam's club), 1994년 코스트코(costco), K-Mart의 페이스(pace) 등이 등장하였다.

우리나라에서의 회원제 도매클럽의 시초는 1994년 10월 신세계백화점이 미국 프라이스 코스트코와 기술제휴로 서울 영등포구 양평동에 개설한 프라이스클럽(현재의 costco wholesalers)을 들 수 있다.

(11) 양판점

양판점(GMS : general merchandising store)은 의류 및 생활용품을 중심으로 다품종 대량 판매하는 체인형 대형소매점으로 점포형태 및 상품구성은 백화점과 유사하지만 대량매입과 다점포화, 중간상 상표개발 등으로 가격측면에서 백화점보다 저렴한 점에서 차이가 있다.

그러므로 양판점은 백화점과 할인점의 중간 형태로서 규모는 백화점이나 운영은 할인점 형태를 유지하는 소매점이다.

일반적으로 미국의 양판점은 식품을 제외한 다양한 일상생활용품을 취급하며 주로 중저가 브랜드를 판매하는 종합소매점을 지칭하는 반면, 일본의 양판점은 슈퍼마켓에서 발전되었기 때문에 식품을 중심으로 구매빈도가 높은 의류나 잡화 등의 일반 생활소모품을 취급하는 체인형 소매점을 의미한다.

우리나라에서 양판점이 처음 시작된 곳은 1988년에 롯데백화점이 잠실롯데월드에 새나라백화점 개점을 시초로 해태유통의 해태마트, 한양유통의 한양마트를 개점하여 운영하고 있으며, 가전분야에서는 가정양판점으로 하이마트를 들 수 있다.

이밖에도 사람이 많이 모이는 곳에 주로 설치하며 셀프서비스로 운영하는 자동판매기(automatic vending), 화장품, 보험상품 등을 주로 판매하기 위하여 고객의 집을 직접 방문하여 판매하는 방법인 방문판매, 상품광고나 카탈로그에 의한 우편주문으로 판매하는 방법인 우편 또는 통신판매 등이 있다. 또 전화로 표적 소비자층에 제품정보를 제공한 후 제품판매를 유도하거나 고객이 TV・라디오 광고나 우편광고를 보고 주문하는 텔레마케팅(telemarketing), TV 광고를 통해 제품구매를 유도하는 홈쇼핑(home shopping) 판매방법, 인터넷을 이용하여 판매하는 온라인 인터넷쇼핑 판매방법 등이 폭발적으로 증가하고 있다.

03 식자재 유통

3-1. 식품의 유통

1) 식품의 유통제도

(1) 정부주도형

정부가 유통조직에 직접・간접적으로 개입하여 강력한 영향력을 행사하여 시장기능을 조정하는 역할을 수행하는 형태이다. 그러므로 정부는 시장시설

투자에서 유통조직이나 활동 및 공정가격형성 등 소비자위주의 가격안정에 이르기까지 직접 개입한다. 이러한 정부주도형 유통제도를 채택하고 있는 국가에는 한국 · 일본 · 대만 등 주로 동남아시아 국가들이다. 정부주도형 유통제도의 장점으로는 공익성이 강하고 투자규모는 큰 반면, 재무투자수익률이 낮아 민간부분이 투자하기 어려운 유통시설 및 하부구조를 활성화하고 유통정보 · 규격 · 포장화 · 교육훈련 등의 시장조성 기능을 강화할 수 있는 장점이 있는 반면, 단점은 유통산업의 경쟁력을 약화시키므로 장기적인 안목에서 볼 때 자원의 효율적인 배분을 저해할 우려가 있으며, 정부의 지나친 유통활동에 대한 개입은 부분적으로는 공급과잉이나 수요부족 현상을 초래하여 수급에 차질을 빚을 수 있다는 점이다.

(2) 마케팅 보드형

마케팅 보드형(marketing board)은 모든 농산물 유통을 품목별로 관리 · 운영하는 유형으로 그 목적은 농산물의 수급균형을 유지하고 가격을 안정시키며 판로의 공동개척에 있다. 마케팅보드의 주요기능은 각종 자료를 근거로 하여 품목의 생산량을 계획하고 개별농가의 생산 및 출하쿼터를 배정하며, 운송 · 가공 · 저장 · 감독 · 대금결재 · 광고 및 선전 · 연구지도 등을 수행한다.

특히 해외진출과 잉여품목의 활용방안, 생산성제고, 품질개선, 연구개발 등과 광고 · 홍보 · 인적판매 · 판매촉진 등을 중심으로 마케팅업무까지 수행하는 특징이 있으며, 마케팅 보드형은 주로 호주 · 뉴질랜드 · 캐나다 등 영연방 국가에서 채택 운영하고 있는 유형이다.

(3) 민간주도형

민간주도형의 유통형태는 미국과 같은 민간기업의 활동을 최대한 보장하고 정부나 단체의 개입을 최소화함으로서 자유경쟁에 의한 효율의 극대화를 꾀하는데 그 목적이 있으며, 생산자 · 상인 · 소비자가 시장원리에 의해서 농수산물을 유통시키고 정부는 경쟁가격 유지, 독점가격 방지, 유통인에 대한 각종 서비스 제공, 소비자보호 등에 관한 규제를 법률로서 실시할 뿐으로 직접 유통에 참여하지 않는 유통제도이다.

이러한 민간주도형 유통구조가 활성화되기 위해서는 경제규모가 크고 시장이 광범위하며 생산에 있어서도 완전경쟁을 추구할만큼 충분한 요소를 갖춰야 하며, 통신수단 등의 유통산업의 간접자본이 충분히 발달되고 유통정보의 수급이 원활하고 등급화·표준화가 잘 이루어져 일반에게 보급되어야만 한다.

(4) 혼합형

정부주도형 · 마케팅 보드형 · 민간주도형의 유통제도가 부분적 혹은 전체적으로 혼합된 형태로 서부 유럽의 여러 나라가 이 혼합형 유통제도로 운영되고 있다. 이들 국가에서는 정부가 유통시설을 사회간접자본으로 인식하고 적극 지원하고 있으며, 공동시장의 형성과 외국 무역량의 증대 등으로 개별기업의 자유경쟁이 최대로 보장되고 있다.

2) 농수산물 유통상의 특징

농수산물의 유통은 생산구조 · 유통구조 · 상품 및 거래운영 측면에서 몇 가지의 특징이 있다. 특히 이러한 여러 특성 때문에 농수산물 유통은 공산품에 비해 유통단계가 복잡하고 유통비용이 많이 소요되어 가격이 불안정한 근본적인 특징을 안고 있으며, 이러한 농수산물 유통의 구체적인 특징은 다음과 같다.

(1) 농수산물 생산구조 측면의 특징

농수산물은 다수생산자에 의해 소규모로 넓은 지역에서 분산적으로 생산되기 때문에 수집과 분산단계가 필요하다. 기상조건 등 외부여건의 변동에 따른 생산 및 공급량의 변동이 심하며, 생산의 계절성 때문에 연중생산의 한계가 있다.

(2) 농수산물 상품 자체의 특징

농수산물은 생산된 이후에 상품화가 이루어지며, 상품의 부패가 빠르게 진행되고 유통과정에서 품질손상의 위험이 있으며, 소재 중심형 생산물이기 때문에 유통경로가 중요하고 개별적 독자적인 경로활동이 중심이 되고 있다. 특히 농수산물의 품질적인 표준화 및 선별과 혼합의 조절작업이 필요하며, 품질차이에 따른 선별과 혼합을 통해 상품화하여 소비자에 대응한다. 또 농수산물은 상품의 규격화의 어려움으로 유통정보의 정확성 감소와 유통과 정상품질과 물량에 의한 불공정거래의 가능성이 높다.

(3) 농수산물 유통구조상의 특징

농수산물 생산자의 대부분이 기업형보다는 생업적인 가내주도형의 형태를 가지고 있다. 생산자와 소비자 간의 배분원리에 의한 유통기관 개입의 다양성이 내재되어 있다. 농수산물의 거래는 주로 도매시장에서 이루어지고 있으며, 도매상과의 거래빈도가 높기 때문에 도매시장에서 가격형성, 수급조절, 상품유통방향이 결정되어지고 있다. 특히 농수산물은 공산품과 비교하여 수요와 공급이 단기적이며 비탄력적이다.

(4) 농수산물 거래운영 측면의 특징

농수산물 생산은 기후와 계절적인 영향이 매우 크고 영세성 등에 따른 계획적인 생산의 어려움으로 가격 변동폭이 농수산상품의 보관·운송에 따른 유통경로가 길고 복잡하여 이에 소요되는 유통비용과 시간이 많이 걸린다. 또 농수산물 상품의 규격통일화 등 표준화가 어렵고, 짧은 저장수명(self life) 및 품질 선도유지가 어렵다. 나아가 농수산물은 수확량에 따른 가격 변동 폭의 큰 차이로 인하여 일괄구매 혹은 분산구매에 대한 구매자의 대응 문제가 중요하다.

3) 농수산물 유통상의 문제점

농수산물은 공산품과는 다른 상품적 특성 때문에 유통상에 많은 문제점을 가지고 있다. 이 중에서도 주요 문제점은 다음과 같다.

(1) 농수산물 생산·공급의 불안정

농수산물은 기후·천재지변 등에 직접적으로 영향을 받으며, 이러한 영향은 통제 불가능하기 때문에 생산량을 조절하지 못한다. 그러므로 생산과 공급 불안정에서 오는 영향으로 가격도 불안정하다.

(2) 농수산물의 계절에 따른 가격변동 심화

농수산물은 계절에 따라 생산량이 크게 다르고, 또 생산의 성수기와 비수기가 뚜렷하게 구분되므로 이에 따라서 비수기에는 저장·보관 등으로 품질은 떨어지지만 비용 상승으로 인하여 가격은 높아지며, 성수기에는 생산량 증가로 인한 공급과잉에 따라 가격이 하락하므로 농수산물은 계절 간의 가격변동 폭이 큰 특징을 가지고 있다.

4) 농수산물 상품성 유지 및 관리의 어려움

농수산물은 저장수명이 짧아 빠르게 변질되거나 부패되고 시간이 경과함에 따라 품질이 저하되기 때문에 상품으로서 유지 및 관리의 어려움으로 인하여 농수산물의 유통과정에는 냉동 및 냉장과 같은 특별한 장치나 시설이 필요하다.

(1) 농수산물 규격화 · 표준화의 어려움

농수산물은 같은 조건 같은 품종이라고 해도 생산량과 품질이 균일하지 않기 때문에 공산품과 비교하여 표준화 및 등급 규격화의 어려움에서 오는 저장 · 보관과 더불어 유통에 많은 제한을 주게 된다.

(2) 농수산물 운송비의 과나

대부분의 농수산물은 지방에서 생산되고 소비는 인구가 많은 도시에서 소비되고 있으며, 또 농수산물은 부피가 상대적으로 크고 균일하지 않기 때문에 적재 · 운송 · 수송에 많은 비용이 소요되고 농수산물의 품질 및 신선도 유지를 위해 운송시설의 확보 및 신속한 유통시스템이 요구된다.

(3) 농수산물 농어가별 유통 활동의 영세성

농수산물은 생산지가 전국에 분산되어 있고, 생산 규모 또한 영세하기 때문에 시장교섭이 미약하여 농어가별 유통 활동이 어렵다.

5) 식품유통체계의 기능

(1) 농수산물의 저장보관기능

농수산물은 산지에서 생산된 후 농수산물이 지니고 있는 계절성과 부패성 등은 수급의 불균형과 가격의 불안정을 초래한다. 그러므로 농수산물의 저장보관은 생산자의 소득증대와 소비자 저해를 완화하여 주는 기능을 갖는다. 이러한 농수산물의 저장보관의 필요성으로는 생산과 소비 시기의 시차에서 오는 수급 불안정에 대비하여 시장가격이 생산가격 이하일 때 적정가격의 형성을 위한 출하 조정의 기능을 수행하며, 또 대량거래 및 수송상의 이점과 상품가공상의 과정으로서 저장 보관한다.

(2) 농수산물의 가공기능

농수산물 가공부문은 생산과 소비를 연결시키는 유통기능의 일부로서 지역적・시간적 수급의 불균형을 완화시키고 안정적인 판로를 제공함으로서 가격안정 및 수급조절 기능을 담당한다.

(3) 농수산물의 운송기능

농수산물의 운송은 장소적 효용을 창조하는 기능으로서 생산자와 소비자의 간격을 연결하는 교량적 역할을 하며, 생산지와 소비지 간의 경제적 거리를 단축시킴으로서 타 지역 경제권의 확대나 생산유통 활동에 기여하게 된다. 또 농수산물의 생산과 소비에서 발생하는 장소적인 효용을 경제적인 거리의 단축을 통해 지역 간 경제권의 확대와 유통활동의 활성화, 나아가 농수산물의 생산활동 촉진을 통하여 생산의 고도화・전문화・집중화 등으로 유통비용의 절감까지 이룰 수 있게 된다.

3-2. 식자재 품목별 유통구조

1) 야채 · 청과의 유통경로

청과물과 야채는 부패성이 높기 때문에 신속한 유통이 필요하며, 청과물과 야채는 계절에 따라 생산되는 종류와 수량이 다르기 때문에 유통경로가 매우 중요하다. 또한 청과물과 채소시장은 거래되는 자유시장 조직으로써 다수의 농가에 의해 소규모로 분산 생산되기 때문에 수집과정이 필요하며 수집된 청과물 및 야채를 소비지역으로 중개하는 중개과정을 거쳐 최종소비자에게 분배시키는 분산과정이 필요하다. 이와 같은 야채 및 청과물은 다음과 같은 유통경로가 있다.

① 야채 · 청과 생산자 → 정기시장 → 소비자
② 야채 · 청과 생산지 → 공판장 →소매상 → 소비자
③ 야채 · 청과 생산자 → 도매시장 →소매상 → 소비자
④ 야채 · 청과 생산자 → 수집상 →공판장 → 소매상 → 소비자
⑤ 야채 · 청과 생산자 → 반출상 →도매상 → 소매상 → 소비자
⑥ 야채 · 청과 생산지 → 단협 · 출하단지 → 공판장 → 도매상 → 소매상 → 소비자

2) 육류의 유통경로

소 · 돼지 같은 축산물의 유통경로도 품목에 따라 많은 차이가 있으나, 이들의 유통에는 반드시 도축장을 통하여 유통되는 공통점이 있다. 일반적으로 지방 도축장에서는 정육업자가 가축시장에서 가축을 구입하여 도축의뢰를 하고 대도시의 경우 도매시장이나 축협공판장은 출하된 가축을 도축하여 경매를 통하여 유통되고 있다. 이러한 육류의 유통경로 유형은 다음과 같은 경로가 있다.

① 사육농가 → 축협단협 → 도축장 → 축협공판장 ┬→ 축협직매점 → 소비자
└→ 일반정육점 → 소비자

② 사육농가 → 가축시장 → 반출상 → 도축장 → 도매시장 ┬→ 일반정육점 → 소비자
└→ 대량수요자

③ 사육농가 → 수집상 → 도축장 ┬→ 대량수요자 → 소비자
└→ 정육점 → 소비자

④ 기업목장 → 가축시장 → 수집상 → 도축장 ┬→ 일반 도매시장 → 소비자
└→ 일반정육점 → 소비자

3) 육계의 유통경로

육계의 유통경로는 일반적으로 수집상을 겸한 도・소매상이 도계기능까지 수행하면서 소비자에게 판매하는 경로와, 축협이나 수집반출상이 육계를 구매하여 도축을 의뢰하여 이를 직매점 또는 정육점 등에 공급하는 경로가 있다. 이와 같은 육계는 다음과 같은 유통경로 유형이 있다.

① 사육농가 → 축협(생산자단체) ┬→ 도계장 → 직매점 → 소비자
├→ 정육점 → 소비자
├→ 군납
└→ 가공업체 → 소비자

② 사육농가 → 수집반출상 → 도계장 ┬→ 대량수요처
├→ 소매상 → 소비자
├→ 가공업체 → 소비자
└→ 군납

③ 사육농가 → 도계장 ┬→ 소매상 → 소비자
├→ 군납
└→ 가공업체 → 소비자

4) 수산물 유통경로

수산물의 수요는 날로 증가함에도 생산이 영세한 생산자에 의해서 국지적 또는 일시다발적으로 생산되고 수산물 고유의 내재적 특성이 강한 부패성으로 인하여 운송 및 보관상의 어려움이 있으며, 수산물의 계절성과 기후 및 기온의 영향으로 인하여 소량으로 생산되고 있다. 또한 수산물의 소비는 연중 계속적 전국에 걸쳐 소비되기 때문에 수산물의 유통은 다른 식자재보다도 더 많은 유통상의 어려움이 있으며, 이러한 수산물의 유통경로 유형에는 다음과 같은 경로가 있다.

① 생산자(선주) → 수협위판장
- → 수협공판장 → 도매상 → 소매상 → 소비자
- → 도매시장 → 도매상 → 소매상 → 소비자
- → 중매인 → 도매상 → 소매상 → 소비자

② 생산자(선주) → 중매인 → 반출상 → 중매인 → 소매상 → 소비자

③ 원양어선→1차 업자→2차 업자
- → 전국시장출하(위탁중매인) →중간도매상인
- → 소매상 → 소비자

④ 원양어선 → 원양어선자회사 → 2차 업자
- → 전국시장출하(위탁중매인) → 중간도매상인
- → 소매상 → 소비자

5) 양곡의 유통경로

양곡의 유통경로는 상인조직을 통한 유통경로와 농협조직을 통한 유통경로가 있으며, 정부관리 양곡의 유통경로로 구분할 수 있다. 최근 양곡의 유통경로의 여건변화에 산지 및 소비지의 양곡시장에는 많은 변화가 있었으며, 특히 통신수단과 더불어 수송수단 및 교통여건의 개선에 따라 생산자나 소비자 모두가 여러 형태의 유통정보를 이용한 직거래가 증가하고 있은 추세이다. 그러나 대규모 양곡의 유통경로는 다음과 같은 유통경로를 이용하고 있다.

① 생산농가 → 민간도정업자 ┬→ 도매시장 → 양곡소매점 → 소비자
├→ 양곡소매점 → 소비자
└→ 대량소비자

② 생산농가 → 농협 → 공판장 ┬→ 농협판매점 → 소비자
├→ 양곡소매점 → 소비자
└→ 농협판매점 → 소비자

제3장 식자재 구매의 개요

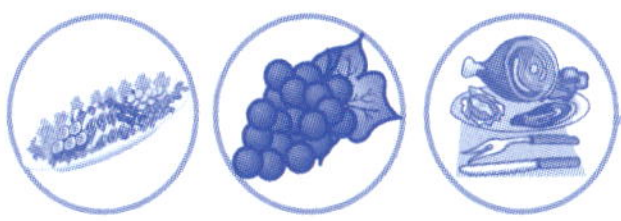

1. 식자재 구매의 개념
2. 구매업무의 중요성과 구매시장
3. 식자재 구매시장 조사

식자재 구매의 개요

Food Material Management & Purchasing

03

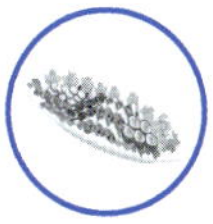

01 식자재 구매의 개념

1-1. 구매의 개념

구매란 일반적으로 구매자가 물품을 구입할 목적으로 계약을 체결하여 그 계약에 따라 물품을 인수하고 대금을 지불하는 일을 의미한다. 또한 이를 경영관리상의 실제 활동면에서 보면 구매란 "경제 주체가 그의 기능을 수행하기 위하여 일정한 시기에 필요로 하는 지정된 물자 또는 용역을 그에 상당하는 일정한 대가를 지불하고 다른 경제 주체로부터 획득하는 경제 행위"로 정의한다.[1] 구매 활동에 있어서 넓은 의미의 구매는 재료의 구매와 함께 토지・건물・기계・비품과 모든 설비 및 노동력 등의 조달을 포함하며, 좁은 의미에서 구매활동은 원재료와 제품의 구매 행위만 포함하고, 그 밖에 기계와 설비는 생산관리 부서에서, 노동력은 인사 부서에서 수행하고 있다.

1) 박운성, 「현대구매관리」, 박영사, 1990, p. 16.

1-2. 구매와 조달과의 관계

구매(purchasing)와 조달(procurement)과의 차이에서 구매는 구매행위가 이루어질 때는 일정한 대가가 지불되지만, 조달의 경우에는 반드시 대가가 수반되지는 않는 경우가 있으며, 이에는 무상조달과 자급자족하는 경우가 이에 속한다. 또 구매에서는 주로 화폐와 같은 유가물로서 가치가 교환되지만, 조달은 그 대가가 꼭 화폐나 유가물은 아닐 수 있으며, 구매의 대상은 물자와 용역에 국한되지만 조달의 대상은 물자, 용역뿐만 아니라 자금까지도 포함한다. 이와 같은 차이에서 보듯이 조달은 구매를 포함한 광의의 개념을 가진다.

02 구매업무의 중요성과 구매시장

2-1. 구매업무의 중요성

1) 구매업무의 의의

구매업무의 의의는 물품의 구매에 있어서 경영상 필요한 조건(사용용도 · 용법과 경제적인 면에서 적합한 것)과 품질에 맞는 구매품을 선정하여 물품을 공급할 능력이 있는 적절한 거래처 또는 공급자를 선정하여 거래가 원활하게 이루어질 수 있도록 교섭하는 데에 있다.

또 물품을 구매함에 있어 구매 조건에서 가격 · 대금의 지불조건 · 배달 · 검수 등 모든 서비스 측면에서 유리한 조건 · 혹은 적절한 조건으로 계약하는 데 있으며, 구매물품이 필요한 시기에 필요한 양이 납품 및 반입이 원활하게 이루어지도록 관리와 더불어 구매활동에 관계되는 배달 · 검수 · 대금 계산 및 지급 등의 사무처리가 정확하고 원활하게 이루어지도록 관리하는 데에 그 의의가 있다.

2) 구매업무의 목적

구매업무의 일반적인 목적은 구매물품의 적정한 품질과 필요한 수량을 적정한 시기에 적정한 가격으로 적정한 공급원으로부터 구입하여 필요로 하는 장소에 공급하는 것이라고 할 수 있다.

3) 구매업무의 목표

구매업무의 수행은 경영활동에 필요한 특정물품의 지속적인 공급과 적정한 품질과 적정한 가격 및 제반 서비스 등에서 최적상태를 유지하고 구매물품의 입고와 출고 및 저장보관 관리에서 발생하는 손실의 최소화를 달성하는데 있다. 또 구매활동의 표준화·전문화·단순화(3S) 체계를 확립하고 구매업무에 필요한 정보수집과 자료 및 시장조사를 통한 경쟁력의 확보를 그 목표로 한다.

4) 구매업무의 중요성

기업을 경영하는데 있어서 생산 활동으로 생산된 상품의 원가구성요소 중 재료비가 차지하는 비중이 다른 요소에 비하여 크다 할 것이다. 특히 외식경영의 상품에서 식재료 원가가 차지하는 비중은 더욱 크므로 이러한 원가 부담률이 큰 식재료 구입업무를 담당하고 있는 구매업무는 원가관리 측면에서 매우 중요하며 나아가서는 매출의 증가와 경쟁력에도 영향을 미칠 것이다.

5) 구매업무의 인식 변화

구매업무를 수행함에 있어서 과거의 구매업무는 업무 협조차원인 보조기능과 업무협조기능으로 비전문직 직원이 구매업무를 담당한 반면에, 현대의 구매업무는 구매에 대한 전문적인 지식을 보유한 구매 전문직원에 의한 구매 업무를 수행하여 기업의 경쟁력과 기업 영업이익을 창출하는 기능으로 기업 경영의 주요역할을 담당하고 있다.

6) 구매활동의 기본조건

구매활동에 있어서 구매담당자가 수행해야 하는 필수 업무에는 다음과 같은 것이 있다.

① 경영 관리상 필요로 하는 구매 최적조건과 물품의 선정
② 구매계획에 따른 구매량의 결정
③ 정보자료 및 시장조사를 통한 공급자의 선정
④ 유리한 구매조건으로 협상 및 계약체결
⑤ 필요한 시기에 필요량이 공급되도록 관리
⑥ 구매활동에 따른 검수 · 저장 · 원가관리 등 통제관리

7) 구매업무의 활동 면에서의 중요성

구매업무의 수행에는 다음과 같은 중요한 업무 내용을 포함한다.

① 구매하기 위한 상품의 철저한 분석 및 검토
② 적절한 구매를 통한 상품구입
③ 서비스는 납기 · 포장 · 운송 · 지급조건 · 품질보증 · 거래조건 등의 토털서비스의 의미를 포함한다.
④ 가능한 싼 값으로 필요한 양을 적기에 구입하고 공급자의 경쟁적 상관관계 유지
⑤ 구매의 경쟁을 위해 세밀하고 치밀한 시장조사 실시

⑥ 독과점 상태의 상품도 공급자를 복수거래 상태에서 경쟁적인 구매체계 확립

8) 효율적인 구매업무의 기대효과

구매담당자가 효율적인 구매업무를 수행하여 기대할 수 있는 효과는 다음과 같다.

① 물품공급의 전문성 및 체계성의 향상을 이룰 수 있다.
② 원가절감을 달성할 수 있다.
③ 양질의 제품생산 및 품질관리가 용이하다.
④ 투자의 최소화 및 제경비의 감축에 기여할 수 있다.
⑤ 고객만족 및 매출증대에 기여할 수 있다
⑥ 효율적인 경영관리에 도움을 줄 수 있다.

2-2. 구매시장

1) 시장의 일반적인 정의

시장(market)이란 "상품이 생산자로부터 소비자에게 인도되고 그 소유권이 이전되는 장소"이다.[2] 시장은 항상 변화되고 동적인 특성을 가지고 있으므로 시장과 관련한 업무는 항상 시장의 움직임에 주목해야 한다.

2) Warfel, M. C., & Cremer, M. L. 「Purchasing for Food Service Managers」, 1985, p. 15.

2) 시장의 기능

시장은 항상 변화하고 역동적인 특성을 가지고 있으므로 식자재 구매자는 이러한 시장의 움직임과 동향을 늘 주시하여야 한다. 이와 같이 시시각각으로 변하는 시장의 기능은 일반적으로 다음과 같이 네 가지로 요약할 수 있다.

① 판매자와 소비자 간의 정보교환 장소로 시장은 판매자나 구매자에게 국내 · 외의 물자공급에 관한 물량이나 품질에 관한 내용 및 이에 영향을 주는 기후 조건 등과 가격에 대한 정보를 지속으로 제공하고 교환하는 역할을 담당한다.
② 시장은 판매자에게서 소비자로의 소유권 교환 장소이며, 시장은 소비자가 판매자로부터 물품을 구매하는 방법과 수단을 제공하는 역할을 수행한다.
③ 시장은 판매자에게서 소비자로의 물품이동 및 교환 장소이다.
④ 시장에서 이루어지는 경영활동의 내용에는 장부정리 · 대금지불 · 신용기간 연장 · 연체대금 수금 · 문서전달 등의 경영활동의 수행 장소이다.

3) 식품시장의 종류

시장은 그 기능에 따라 여러 가지로 분류할 수 있으며, 시장의 일차적인 기능은 가격을 형성하고 품질의 기준을 확립하며 상품의 이동과 판매를 촉진하는 역할을 담당한다. 농수산물 식품시장의 종류는 유통되는 장소에 따라서 일차시장 · 이차시장 · 지역시장으로 분류할 수 있다.

(1) 일차시장

일차시장은 물품공급의 기본적인 원천이 되는 곳으로, 즉 주로 산지 근처에서 형성되며 산지시장이라고도 한다.

산지시장은 소비시장에 대립되는 개념이며, 농촌지역이나 해안가에서 수행되는 유통시장을 의미한다. 상품에 있어서의 각종 유통개념을 포괄하는 광의의 개념으로 사용되기도 한다. 따라서 상품의 거래가 이루어지는 특정한 장소를 나타내는 구체적 시장이 아닌 각종 유통기능이 수행되고 가치전환이 이루어지는 추상적 시장의 성격을 갖는다. 이러한 산지시장의 종류에는 광의의 추상적 시장으로 생산자 판매시장이 있으며, 협의의 구체적 시장으로는 곡류시장・농산물시장・축산물시장・수산물시장・화훼시장 등이 있다.

(2) 이차시장

이차시장은 일반적으로 소비지역에 근접해 있으며 도매시장이라고도 한다. 이차시장은 산지시장(일차시장)에서 물품을 대량으로 구입하여 이를 지역시장의 소매업자에게 소량씩 분배하는 역할을 한다.

(3) 지역시장

지역시장은 소비지에서 형성되는 소비지시장으로서 소매시장이라 하며, 소매시장은 유통과정의 최종 단계로서 생산된 상품을 최종 소비자의 욕구와 기호에 맞추어 공급하고 각종 서비스를 제공하는 역할을 수행하는 시장이다.

2-3. 도매시장

1) 도매시장의 역사 및 의의

(1) 농수산물 도매시장의 역사

농수산물 도매시장(wholesale market)은 1923년에 서울을 시작으로 일제식

민지 하에서 일제가 기존의 사회적 · 경제적 민중의 생활기반인 재래시장의 민족자본을 탈취하고 말살하기 위해 식민지 정책의 수단으로 일본식 중앙도매 시장법에 의해서 강제로 시작하였으며, 그 후 1951년에 식민지 하의 중앙도매시장법을 폐지하고 우리나라 법으로 중앙도매시장법을 제정하였고, 1953년 동법의 일부를 수정하여 시행령을 공포한 이래 현재 전국적으로 도매시장이 개설되었다.

(2) 도매시장의 의의

도매시장의 조직은 소규모 분산적인 생산과 소비 간의 농수산물의 질적 · 양적 모순을 조정하고 대량 거래를 함으로써 유통경비를 절감할 수 있는 점에서 그 존재 가치를 인정받고 있다. 도매시장 조직의 근본적인 의의는 사회적 유통경비의 절감에 있고, 이러한 유통비용 절감의 가능성은 거래 총수 최소한의 원리와 대량 준비의 원리에 있다.

거래 총수 최소한의 원리란 일정기간에 특정 농수산물의 거래가 생산자와 소매업자가 직접 거래할 때의 거래 총수보다 도매시장 조직이 개재함으로서 생산자와 도매조직 · 도매조직과 소매업자의 거래 총수가 적어져서 유통경비가 절감된다는 원리이며, 대량 준비의 원리란 도매조직의 개재가 비연속적인 수급을 조절하기에 필요한 일정한 보유 총량을 도매시장에서 보유함으로써 각 소매시장이 보유하는 것보다 보유 총량을 감소할 수 있다는 것이다. 즉 최소의 보유량으로 수급을 조절하려고 할 때 이 보유량을 소매시장이 보유하는 것보다 도매시장에서 보유하는 것이 수급변동에 민감하게 적응할 수 있는 것이다.

(3) 도매시장의 일반적인 필요성

농수산물의 유통에 있어서 도매시장의 일반적인 역할은 농수산물의 생산자와 소비자를 중개함으로써 적절한 수급·결합·상품의 집배·판매대금의 신속한 결제 등 전문적인 상업기능을 수행하며, 나아가 많은 농수산물의 현물을 특정한 장소에 집하해서 집중 거래함으로써 신속한 가격형성과 능률적인 분산을 담당한다. 또 농수산물의 생산자에 대한 계속적이고 안정적인 출하를 촉진시켜 안정된 가격의 거래주선과 구매자에게는 다양한 종류와 수량을 안정적으로 공급역할을 수행한다.

2) 도매시장의 기능

도매시장은 유통 단계에 있어 다른 시장 기구에 의해서 대체될 수 없는 다음과 같은 고유의 기능을 가지고 있다.

① 가격형성의 기능

도매시장의 가격형성 기능은 한 시장 내에서 수요자와 공급자, 즉 생산자의 판매대행기관인 도매업자와 소비자를 대표하는 중매인·매매 참가인 사이에 품질·선도·생산물의 수급 동향을 파악하여 공정한 방법으로 두 개 이상의 가격형성을 방지하기 위하여 공개 경매제도에 의한 가격을 형성함으로써 적정가격이 형성될 수 있도록 하는 역할을 수행한다.

② 수급조절의 기능

도매시장을 통해서 대량집하·대량분산이 가능하므로 수급을 원활하게 할 수 있으며 신속한 거래를 촉진할 수 있다. 특히 도매시장은 농수산물의 수급조절을 위해 저장도 할 수 있고 표준화나 등급화가 가능하여 거래를 촉진하고 공정거래를 유도할 수 있다.

③ 배급의 기능

도매시장으로 집하된 농수산물은 수급을 고려하여 적절하게 배급될 수 있다. 특히 국내의 경우 농수산물의 도매시장은 주로 대도시에 소재하고 소비시장도 대도시에 분산되어 있어 도매시장에 집하된 농수산물은 소매시장의 수요를 감안하여 적절하게 분산될 수 있기 때문에 소비시장 간의 가격 평준화에 기여할 수 있으므로 이러한 도매시장의 역할은 국민경제와 개개인의 경제면에서도 유효하다.

④ 유통경비를 절약할 수 있는 기능

도매시장은 대다수의 구매자와 판매자가 한 장소에 모여 여러 종류의 상품을 거래할 수 있으므로 판매자 측에서 보면 일괄 대량판매가 가능하여 운임 및 기타 경비를 절감할 수 있고, 구매자 측에서도 필요한 상품을 한 장소에서 구매할 수 있어 구매경비를 절감할 수 있으므로 전체적으로 보면 대량거래를 통한 거래경비를 절약할 수 있다.

⑤ 거래상의 안전기능

도매시장의 시설 및 운영 등이 법에 의하여 정해지고 운영되기 때문에 공공위생시설 및 처리과정에 있어 안전성을 확보할 수 있다.

⑥ 국가세금징수의 기능

도매시장의 운영은 법에 의하므로 모든 거래가 음성적이지 않고 양성화되므로 불법거래가 어렵다. 그러므로 도매시장 내에서 이루어지는 모든 거래는 합법적인 절차에 따라 이루어지므로 거래에 대한 탈세를 방지할 수 있다.

2-4. 소매시장

소매시장(detail market)은 유통과정의 최종 단계로서 생산된 상품을 최종 수요자인 소비자의 욕구와 기호에 맞추어 공급하고 각종 서비스를 제공하여 주는 시장이다. 소매시장의 활동주체는 소매상이다. 소매상은 도매상의 가장 중요한 상품 구매자로서 소비자의 욕구를 파악하여 품질 좋은 상품을 가장 적정한 가격으로 공급하고 서비스를 제공하고 있다. 이러한 소매시장의 일반적인 특성과 사회경제적 기능은 다음과 같다.

1) 소매시장의 특성과 기능

① 생산자의 생산품을 소비자 요구에 맞춰 분산·공급하는 기능을 담당한다.

② 소비자를 대상으로 하는 판매활동이므로 소비자의 공간적 이동의 집결점을 찾아 점포 및 시장이 입지하며, 일반적으로 시장의 규모가 시장권의 인구에 비례하여 그 형태 및 유형의 다양화를 추구한다.

③ 소매시장은 오랜 역사를 가지고 있으며, 소비자의 욕구에 따라서 그 유형이 변하여 왔기 때문에 매우 다양한 형태로 구성되어 소비자의 욕구 충족 및 새로운 욕구의 창출에 있다.

④ 소매시장은 소비자에게 계속적으로 새롭고 다양한 상품을 소개하여 소비자들의 새로운 생활유형 창조의 선도적 역할을 담당하고 있다.

03 식자재 구매시장 조사

3-1. 구매시장 조사

1) 구매시장 조사의 의의

구매시장 조사(purchase market survey)는 구매활동에 필요한 자료들을 수집하여 기업에 필요한 적정 품질의 물품을 가능한 적정한 가격으로 생산에 필요한 시기에 조달하여 생산 활동을 원활하게 운영하도록 하는 데 의의가 있을 것이다. 이를 정리하면 다음과 같다.

① 신제품 개발에 필요한 물품의 종류·가격·품질의 적격성·물품의 적합성·구입처·구입 시기 등을 조사하는 데 의의가 있다.
② 구매시장 조사를 통하여 기존 상품의 품질개선 및 품질향상을 꾀하고자 할 때 시장조사의 의의가 있다.
③ 기존 상품의 원가절감을 위하여 대체 재료를 발굴을 통하여 그 재료의 활용으로 공정개선을 통한 원가절감을 하고자 할 때 구매시장 조사의 의의가 있다.
④ 상품의 품질·가격·선도 등에 있어서 경쟁력 우위 확보로 경제적 유리성을 달성하고자 할 때 구매시장 조사의 의의가 있다.
⑤ 상품생산의 작업 및 공정개선으로 수율의 향상 및 생산 공정의 개선을 하고자 할 때 구매시장 조사의 의의가 있다.
⑥ 새로운 상품계획으로 재료의 구입가격 및 판매가격 책정을 기준으로 한 재료의 품질·가격·수급상황 등을 파악하고자 할 때 구매시장 조사의 의의가 있다.
⑦ 경영계획에 따른 효율적인 계획수립을 위하여 공급처·구매시기·구

매가격 · 구매수량 등을 조사가 필요할 때 구매시장 조사의 의의가 있다.

2) 구매시장 조사 내용

구매시장(purchase market survey) 조사는 구매활동에 필요한 자료들을 수집하기 위하여 일반적으로 다음과 같은 내용에 대해 조사가 이루어진다.

① 구매품목 : 구매할 품목 또는 대체품목 등의 조사
② 구매품질 : 가격과 품질과의 가치 비교 등의 조사
③ 구매수량 : 물품의 수급사항 등을 조사하여 구매량의 결정 등을 조사
④ 구매가격 : 물량의 상태, 가격의 변동환경 등을 고려한 결정 등의 조사
⑤ 구매시기 : 구매시기의 결정은 가격 · 물량 · 품질 · 자금사정 등의 고려 등을 조사
⑥ 구매 거래처 : 기존 거래처의 신뢰성, 대체 거래처의 존재여부 등의 조사
⑦ 구매 거래조건 : 거래의 조건과 가격과의 관계 또는 기업경영에 유리한 거래조건 발견 등의 조사

3) 구매시장 조사의 목적과 원칙

(1) 구매시장 조사의 목적

구매업무와 관련하여 시장조사 목적을 효율적으로 달성하기 위해서는 시장조사의 원칙을 갖고 행하는 목적에는 구매 예정가격을 결정하기 위한 것과, 합리적인 구매계획을 수립하기 위한 것으로 볼 수 있다.

① 구매 예정가격은 원가계산 가격과 시장에서의 구매가격의 두 가격을 기초로 하여 결정하게 된다. 따라서 시장조사는 예정가격의 기초로서 시장가격을 파악하기 위한 것뿐만 아니라 원가계산에 의해 예정가격을

결정할 때도 필요한 것이다.

② 합리적인 구매계획의 수립 내용에는 구매의 요건에 따라 구매의 대상이 되는 품목의 품질 · 구매거래처 · 구매시기 · 구매수량 등의 내용이 필요한데, 이러한 기초자료에 대한 시장의 변동상황을 항상 정확히 조사 · 분석되어야만 합리적인 구매계획을 수립할 수가 있다.

또 그 외에도 신제품의 개발 · 기존 제품의 개량 등 필요에 따라서 구매시장조사를 행할 수 있다.

(2) 구매시장 조사의 원칙

① 조사비용 경제성의 원칙

시장조사는 조사의 목적에 맞추어 소요되는 인적 · 시간적 · 조사비용 등의 효율적인 측면에서 소요비용이 최소가 되도록 하며, 시장조사에 소요되는 비용과 구매의 효용성 간에 상호 조화가 이루어지도록 한다. 이는 시장조사의 비용이 구매 후 발생되는 효용이익을 초과해서는 안 되며, 상호 효용적 경제성이 있어야 함을 의미한다.

② 조사 적시성의 원칙

구매시장 조사는 구매활동의 필요한 시기의 일정기간 내에 조사가 이루어져야 한다. 구매업무에 따라 적시에 수행되지 않을 때 불필요한 비용발생과 더불어 기업경영에 손실을 발생시킬 수 있다. 또 조사기간이 너무 길면 조사비용의 증가와 적절한 구매 시기를 지나칠 수 있다.

③ 조사 탄력성의 원칙

구매시장 수급상황과 가격은 여러 가지 요건에 따라 역동적으로 변화하기 때문에 이러한 상황 변동에 탄력적으로 대처할 수 있도록 적절하게 조사가 이루어져야 한다.

④ 조사 정확성의 원칙

구매시장 조사내용은 구매활동에 있어 원가관리·경영관리·생산관리·품질관리 등의 측면에서 상당한 영향을 미치므로 시장조사 내용에 있어 객관적이고 정확성을 기해야 한다.

⑤ 조사 계획성의 원칙

시장조사를 나가기 전에 조사방법과 내용 등에 대해서 미리 계획하여 조사의 효율을 높이도록 한다.

4) 구매 시장조사의 종류

구매 시장조사는 그 목적과 목표 및 시장조사 수립계획에 따라 다음과 같은 네 가지 항목으로 나눌 수 있다.

(1) 기본 시장조사

기본 시장조사란 경제 동향을 기회가 있을 때마다 가격·수급의 변동·공급처의 사정·대금결재 조건 등을 조사하여 구매정책을 결정하는데 자료로 활용하기 위해서 조사한다. 그러므로 기본시장 조사는 경제 동향을 예측하기 위해 실시하는 것이므로 계속적·주기적으로 실시되어야 한다.

(2) 품목별 시장조사

현재 구매하고 있는 품목에 대해서 가격·수급의 변동·품질 등의 동향을 파악하고자 시행하는 조사이다. 이러한 품목별 시장조사 항목은 직접 구매가격 산정의 자료나 구매 시기 · 구매수량 결정을 위한 자료로 활용된다.

(3) 구매 거래처의 업태조사를 위한 시장조사

현재 거래하고 있는 구매거래처에 대해서 거래를 지속 또는 중단하고자 할 때 금융 · 판매 · 노무 · 생산 · 설비 · 품질 · 원가 등의 필요로 한 정보를 얻어 앞으로도 계속하여 안정한 거래의 가능 여부에 대해서 거래처의 실태를 조사하는 것이다.

(4) 유통경로의 조사

농수산물 및 식품의 유통경로는 구매가격에 직접적으로 영향을 주므로 유통경로를 조사하여 적절한 합리적인 구매를 하고자 할 때 실시하는 조사이다.

5) 구매 시장조사의 방법

(1) 시장조사의 담당부문

일반적으로 시장조사는 시장조사의 목적을 원활히 달성하기 위해서는 구매업무 관련 부서, 즉 구매부서, 구매물품의 사용부서, 구매물품의 저장관리부서, 구매물품 대금지급부서 등의 직원들로 시장조사팀을 구성하여 시장조사를 실시해야 한다. 또 특수한 품목에 대해서는 조사 전문가를 두고 활용하는 방법도 있다.

(2) 구매 시장정보의 활용방법

구매업무 및 시장조사와 관련하여 일상적인 정보를 활용하는 방법이 있으며, 이에는 다음과 같은 정보원이 있다.

① 시장조사의 목적에 따라 신제품・대체품・할인매장 등에 관한 카탈로그(catalogue)・팸플릿(pamphlet)・설명서 등과 함께 관련업계에서 발행하는 업자명부・정보지, 각종 간행물을 이용한 정보, 통계청・은행・증권・연구소・정부 등의 공신력 있는 조사기관에서 발행하는 자료를 통해 수집한 정보를 활용하는 방법이 있다.

② 정보의 수집방안 : 시장조사를 할 때 구매업무와 관련된 모든 관계자는 일상 업무를 통해서 얻은 정보, 즉 경쟁사와 더불어 다른 기업체 동종업계의 친구・선배・동료・다른 구매업자 등 다양한 경로를 통해서 정보를 활용한다. 이렇게 수집한 정보에 대해서는 종합적으로 냉정하게 분석하여 활용해야 하며 입수한 정보에 대해서는 출처를 분명하게 밝히며, 계속적인 정보의 입수를 위해서 비밀을 유지하고 인터넷・전화 등을 잘 활용하며, 지속적으로 끈기 있게 수집하여야 하며, 통계나 숫자에 대해서 너무 과신하지 않아야 한다.

제4장

식자재 구매발주 및 업무관리

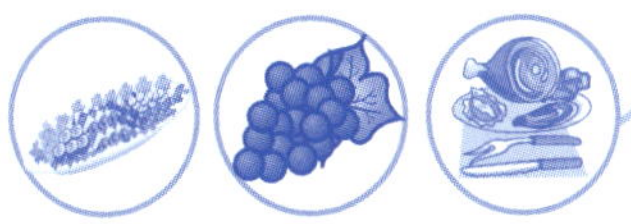

1. 식자재 구매계약
2. 식자재 수요예측
3. 식자재 구매업무
4. 식자재 가격결정

식자재 구매발주 및 업무관리

Food Material Management & Purchasing

04

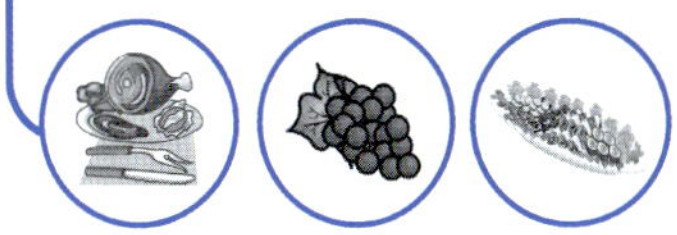

01 식자재 구매계약

1-1. 구매계약의 개념

1) 계약의 의의

계약이란 넓은 의미로는 사법상의 효과를 발생시킬 목적으로 2개 이상의 의사표시가 합의에 도달함을 의미하며, 계약당사자 일방이 제시한 의사표시를 상대방이 승낙함으로써 성립하게 되며, 좁은 의미로는 채권의 발생을 목적으로 서로 대립되어 있는 2개 이상의 의사가 청약과 승낙으로 합치함으로써 성립하는 법률행위를 의미한다. 그러므로 계약은 법률행위이므로 상호 대립하는 2개 이상의 의사표시가 존재해야 한다.

복수의 의사표시가 합치하여야 하며, 의사표시는 서로 다른 의의를 가지고 있어야 한다.

특정인 간에 채권·채무의 문제가 발생시키는 것을 목적함으로써 계약이 성립될 수 있다.

2) 계약의 성립

계약은 법률행위이므로 구매할 물품에 대한 청약행위와 더불어 청약행위에 대한 상대방의 승낙으로 성립된다. 여기서 청약이란 어떤 특정한 내용의 계약을 성립시키기 위하여 상대방에게 요청하는 의사표시이며, 승낙이란 청약자가 제시한 계약내용에 합의를 표명하여 계약을 성립시키고자 하는 의사표시를 의미한다.

3) 계약의 효력

계약의 효력은 입찰이라는 청약행위가 낙찰에 의해 승낙된 사실을 낙찰자에게 통보하여 낙찰자가 이를 접수한 순간부터 발생한다.

4) 계약의 해제

계약의 해제는 계약체결로 인하여 발생하는 법률 효과를 소급하여 무효로 함을 말하며 상대방의 동의를 필요로 하지 않고 해제권을 가지고 있는 자의 일방적인 의사표시로 이루어진다. 즉 납품업자의 계약조건 불이행 및 완전하게 이행하지 않을 때 최고(催告)를 거처 해제할 수 있다. 또 구매자 측의 사정으로 인한 경우 계약을 해제할 수 있으나 이때는 해제보상금을 지급해야 한다.

5) 계약의 해지

계약의 해지는 계약의 효력이 소멸한다는 것은 해제와 같으나, 미래에 대한 법률효과를 무효로 함을 말한다. 즉 계약체결 당시로 소급되지 않고 다만 장래에 대해서만 그 효력이 소멸되는 것이다. 해지의 경우에도 역시 손해배상을 청구할 수 있다.

6) 계약의 성립부터 해지까지의 법률적 행위

① 성립 : 특정물품의 구매에 대한 청약행위와 상대방의 승낙행위로 성립

② 청약 : 특정물품에 대해서 상대방에게 계약을 요청하는 의사표시

③ 승낙 : 청약자가 제시한 요청에 합의표명의 의사표시

④ 효력 : 입찰이라는 청약행위가 낙찰되는 경우

⑤ 해제 : 계약에 따른 법률효과를 소급하여 무효로 하는 행위

⑥ 해지 : 미래에 대한 법률효과를 무효화 하는 행위(현재까지의 법률효과 있음)

7) 구매계약의 유형

구매계약의 유형으로는 모든 입찰희망자에게 응찰기회를 주어 완전경쟁을 통하여 가장 합당한 가격의 응찰에게 낙찰시키는 방법인 경쟁입찰계약방법과, 이와는 반대로 완전경쟁방법에 의하지 않고 유리하다고 판단되는 특정인에게 계약을 체결하는 수의계약방법으로 나눈다. [그림 4-1] 참조

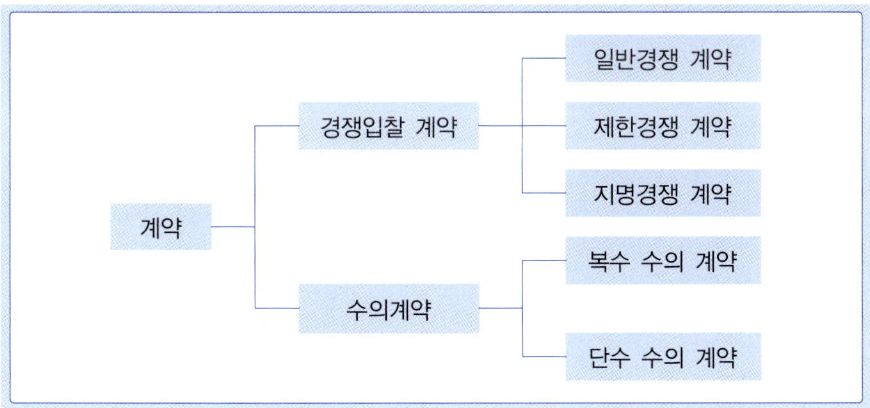

[그림 4-1] 구매계약 유형

(1) 경쟁입찰 계약

가. 일반경쟁 계약

일반경쟁 계약이란, 입찰 및 계약에 관한 사항을 신문 · 관보 · 게시판 등을 이용하여 일정기간 동안 일반인에게 널리 공고함으로써 응찰자를 모집하며, 입찰에 있어 상호 경쟁시킴으로써 가장 타당성 있는 입찰가격을 제시한 응찰자에게 낙찰시키는 계약방법이다. 여기서 타당성 있는 입찰가격이란 예정가격과 비교하여 가장 타당한 입찰가격을 의미하며 구매 시에는 최저 입찰가격을 의미한다.

① 일반경쟁 입찰계약 체결절차

㉠ 입찰공고 : 계약내용 · 조건 · 자격 등을 매체를 통해서 공고하며 공고기간은 최소한 5~10일 정도이다.
일반적인 공고내용에는 계약조건 · 입찰자격 · 입찰장소 · 입찰보증금에 관한 사항 · 입찰기간 등이다.

㉡ 입찰등록 : 입찰공고에 응한 상대자를 중심으로 소정서류 및 입찰 보증금(입찰금의 약 10%)의 점검 및 확인을 통하여 입찰등록을 한다.

㉢ 입찰 : 입찰대상자가 희망하는 조건을 제시하는 행위로 경쟁의 대상은 일반적으로 입찰가격이 된다.

㉣ 개찰 : 사전 공고된 일시와 장소에서 입찰자 입회하에 개찰을 실시한다.

㉤ 낙찰 : 가장 타당한 가격과 조건으로 입찰한 응찰자를 선정하여 낙찰가를 결정하고 입찰 참가자 입회하에 낙찰을 선언한다.

㉥ 계약체결 : 계약서에는 계약의 목적 · 금액 · 이행기간 · 보증금액 · 계약위반시의 조치내용 · 위험부담 등의 필요한 사항을 기술하여 계약을 체결함으로써 일반경쟁 입찰계약 절차가 완료된다.

② 일반경쟁 입찰계약의 장점과 단점

㉠ 장점 : 기회를 균등하게 부여한다.
입찰부정과 의혹을 배제할 수 있다.
타당한 가격으로 구매할 수 있다.
새로운 거래처를 발굴할 수 있다.

㉡ 단점 : 불성실한 거래처의 참여를 방지할 수 없다.
긴급을 요하는 경우 소요시간에 맞추어 구매하기가 어렵다.
입찰자 담합으로 낙찰이 어려운 경우가 발생할 수 있다.
절차가 길고 복잡하며 입찰비용이 발생한다.

나. 제한경쟁에 의한 계약

제한경쟁에 의한 계약은 계약을 공고할 때 일정한 자격요건을 구비한 상대방만이 경쟁 입찰에 참여할 수 있도록 그 자격을 제한하여, 자격조건을 충족한 상대방만으로 경쟁하게 하여 가장 유리한 상대방을 선정하여 계약을 체결하는 방법이다. 이러한 제한경쟁은 특수한 기술・계약기구・생산설비를 요하는 경우・풍부한 자산과 신용을 요하는 경우・상당한 경험과 실적을 요하는 경우에 적합하다.

① 제한경쟁 계약체결 절차

제한경쟁 계약절차 절차는 일반경쟁과 같으나 입찰 참가자격을 제한요건을 두고 있다는 점이 다르다.

다. 지정경쟁에 의한 계약

지명경쟁에 의한 계약은 사전에 특정한 자격요건을 구비한 상대방을 지정하여 선정하거나 가장 유리한 상대방에게 일방적으로 계약을 체결하게 하는 방법이다. 이러한 지명경쟁 계약은 계약의 성질이나 목적상 경쟁자가 소수인 경우나 일반경쟁에서 불리하다고 인정되는 경우에 적합하다.

지명경쟁에 의한 계약절차는 유리한 상대방을 선정하여 지명하고 지명통지 후 등록을 거친 다음 계약을 체결하게 된다.

① 제한경쟁 및 지명경쟁에 의한 계약의 장점과 단점

㉠ 장점 : 자격미달이나 불성실한 거래처의 경쟁참가를 배제할 수 있다.
계약이행의 확실성을 보장할 수 있다.
절차의 간소로 경비절감이 가능하고 경쟁에 의하여 유리한 가격으로 계약할 수 있다.

㉡ 단점 : 독단적인 계약을 배제할 수 없다.
일반경쟁과 비교하여 경제성 확보가 곤란하다.
입찰업자 간의 업무내용이 동일함으로써 업자의 담합 우려가 많다.
새로운 거래처를 발굴할 수 있는 기회가 상실된다.

라. 수의계약

수의계약은 경쟁방법을 거치지 않고 계약내용을 수행할 자격요건을 가진 특정인과 계약을 체결하는 방법이다. 특히 계약수행에 가장 적합하다고 판단되기 때문에 소량구매의 경우나 개인적인 주문, 전화주문을 통한 신속한 구매의 경우에 주로 활용하는 방법이며, 이러한 수의계약에는 단수계약(견적)과 복수계약(견적)이 있다.

수의계약의 절차는 유리한 상대방을 선정, 지명하고 견적서를 요구한 후 계약보증금의 납부여부 결정에 대한 협의를 통하여 계약을 체결하게 된다.

일반적으로 다음과 같은 상황일 때 주로 수의계약 방법을 많이 사용한다.

㉠ 구매량이 너무 작아 공식구매 절차에 필요한 시간이 적절하지 않을 경우
㉡ 물품에 대한 납품업자가 하나 또는 둘일 경우
㉢ 긴급한 구매가 필요하고 즉각적인 배달이 요구될 경우
㉣ 시장의 물량수급과 가격의 안정성이 불확실한 경우
㉤ 업체의 규모가 너무 작아서 공식 구매절차가 적합지 않은 경우
㉥ 경쟁 입찰에 의한 계약체결에 실패한 경우와 낙찰자가 없는 경우

① 수의계약의 장점과 단점

㉠ 장점 : 비용절감과 구매절차의 간편성
인원 최소화와 확실한 신용거래처 선정의 용이성
거래처의 안전성과 구매의 신속성

㉡ 단점 : 구매공정성의 결여 및 경쟁력 미흡
불리한 가격체결에 의한 비경제성
유능하고 경제적인 거래처 발굴의 어려움 등

02 식자재 수요예측

2-1. 수요예측의 의의

외식업체의 업무계획은 수요예측(forecasting)에서 시작되며, 이는 예산 설정과 구매단계에 크게 영향을 준다. 이러한 결과로 잘못된 수요예측은 과소·

과잉생산 또는 과소 · 과잉구매를 할 수도 있으며, 이는 경영에 크고 작은 손실을 의미한다. 그러므로 수요예측은 수치해석이나 수학적 모델 등을 이용하여 미래의 일들을 예측하는 기술 또는 과학이다. 수용예측은 구매시기 및 구매량과 조리시기 및 조리할 양에 대한 미래의 수요를 정확히 파악하는데 그 의의가 있다.

2-2. 외식업체의 예측업무

외식업체에 있어서 예측업무는 미래의 특정 일자에 제공되는 식수예상과 생산해야 할 음식량에 따른 식자재의 구매시기와 구매량을 예측하는 것이다.

1) 외식업체에서의 수요변동의 양상

일반적으로 외식업체의 수요는 시기의 변화에 따라 여러 가지 양상으로 변동하는데, [그림 4-2]는 이러한 수요변동 양상을 나타낸 것이다. 이러한 수요변동 양상의 형태에는 다음과 같다.

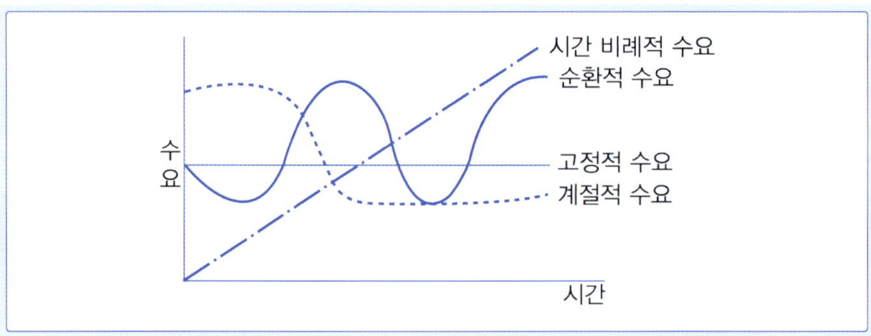

[그림 4-2] 수요변동의 양상

(1) 고정적 수요

고정적 수요는 어떠한 시점에서도 수요량이 변하지 않고 일정하게 유지되는 수요이다.

(2) 시간 비례적 수요

시간 비례적 수요는 시간의 변화에 따라 직선적으로 비례하여 증가되는 형태이다.

(3) 계절적 수요

계절적 수요는 계절적인 변동 형태로서 이는 특정 메뉴에 대한 수요가 계절에 따라 변동되는 형태이다.

(4) 순환적 수요

순환적 수요는 변동이 주 단위 · 월 단위로 등의 시간 변화에 따라 수요가 순환적 · 주기적으로 변하는 형태의 수요이다.

2-3. 수요예측의 수행

외식업체에서의 수요예측을 수행하기 위해서 가장 기본적인 자료로 사용되는 것이 정확하고 완벽하게 작성된 과거의 영업 자료이다. 과거의 영업 자료가 수요예측에 사용되기 위해서는 연 · 월 · 주 · 일단위로 매일매일 기록되어져야 하고, 날짜 · 요일 · 식사를 제공한 시간 · 제공한 날의 특수상황 · 날씨 등이 자세히 기록된 자료가 있어야 한다.

이러한 수요예측을 위한 수요예측 체계의 개발과정 흐름을 나타내면 다음과 같다.

외식업체의 수요예측 체계의 목표설정 → 외식업체의 기본적인 성격기술 → 과거 영업자료 확인 → 문헌 및 자료를 이용한 현재 수요예측 체계검토 → 과거 영업자료 수집과 요약 → 필요한 수요예측 체계개발 → 자료처리 →수요예측 결과 분석 및 평가 → 수요예측 체계 수정 및 보완 → 수정 보안된 수요예측 체계의 흐름도 구상 → 미래 외식업체에 기대되는 변화 예상 → 확정된 수요예측 체계 실행 → 실행결과 평가 → 수요예측 모델의 보완 및 수정

2-4. 수요예측 모델

외식 및 급식업무를 위한 다양한 수요예측 모델이 개발되어 왔으며, 최근에는 컴퓨터의 정보체계를 사용한 정교하고 다양한 모델들이 개발되어 이용되고 있는 추세이다. 이렇게 다양한 모델을 선택할 때 고려해야 할 점으로는 예측비용 · 예측 정확도 · 과거 자료의 타당성 · 예측기간 소비행동의 유형 등을 고려하여야 한다.

1) 예측비용의 적절성

예측 모델을 도입하기 위해서 소요되는 비용에는 예측모델 개발비와 운영비가 포함된다. 예측 모델 개발비용에는 모델을 만들고 그 성능을 확인하기 위한 시험 운영비용과 모델을 사용하는 관리자들의 교육에 소요되는 비용까지를 의미하며, 모델 운영비용은 실제로 예측업무에 소요되는 비용으로써 이러한 예측업무에 소요되는 총비용은 예측업무를 통하여 획득할 수 있는 수익과 균형을 이룰 수 있도록 예측비용의 적절성이 요구된다.

2) 예측의 정확성

예측 모델의 우수성이란, 미래에 발생할 업무를 얼마만큼 정확하게 예측하는가에 따라 평가된다. 많은 비용을 투자해서 만든 정교한 모델이라도 예측의 정확도가 떨어진다면 필요 없는 무용지물이 되므로 모델을 선택할 때 예측업무의 종류·형태·자료의 특성 등을 고려하여 신중한 선택이 필요하다.

3) 과거 자료의 타당성

대부분의 예측모델은 과거의 행동 유형이 미래에도 계속 지속될 것이라는 일반적인 가정에 근거하고 있다. 그러므로 수요예측에 과거 자료를 사용할 경우 그 자료가 미래의 행동유형에도 영향이 지속될 것이라는 가정이 성립되어야 한다. 만일 과거와 미래 간의 명확한 관련성이 존재하지 않는다면, 과거 자료를 예측 모델로 개발하는 데 사용하는 것은 적절하지 못할 것이다. 이러한 경우에는 이에 관해 경험이 풍부한 사람의 견해에 의지하는 주관적인 접근방법이 보다 정확할 경우도 있다.

4) 예측기간

예측기간(forecasting lead time)이란, 예측에 필요한 미래의 시점을 의미한다. 대개 이 기간은 단기·중기·장기로 분류되며, 이 기간은 예측해야 할 내용이 무엇인가에 따라 달라진다. 예를 들면, 비저장 물품의 생산에 관한 예측이라면 단기 예측이 필요할 것이며, 가공식품처럼 저장식품이라면 중·장기 예측이 필요할 것이다.

5) 소비행동의 유형

소비행동은 여러 가지 요인의 영향을 받아 불규칙적으로 그 유형의 변화를 나타내며, 아울러 이러한 소비행동은 이미 알려진 유형으로서 발생할 것이라는 가정에 근거하고 있으므로, 수요예측은 이러한 상황에 맞는 적합한 모델을 잘 선택해야 한다.

2-5. 수요예측 방법

수요예측의 방법에는 크게 주관적인 예측방법과 객관적인 예측방법이 있다. 주관적인 예측방법에는 시장조사법 · 델파이기법 · 위원회 합의법 · 판매원의견조사법 · 라이프사이클 유추법 · 자료유출법 등이 있으며, 객관적인 예측방법에는 시계열분석 예측법과 인과형 예측법으로 나누어지는데, 시계열분석 예측법에는 최소자승법 · 이동평균법 · 지수평활법이 있다.

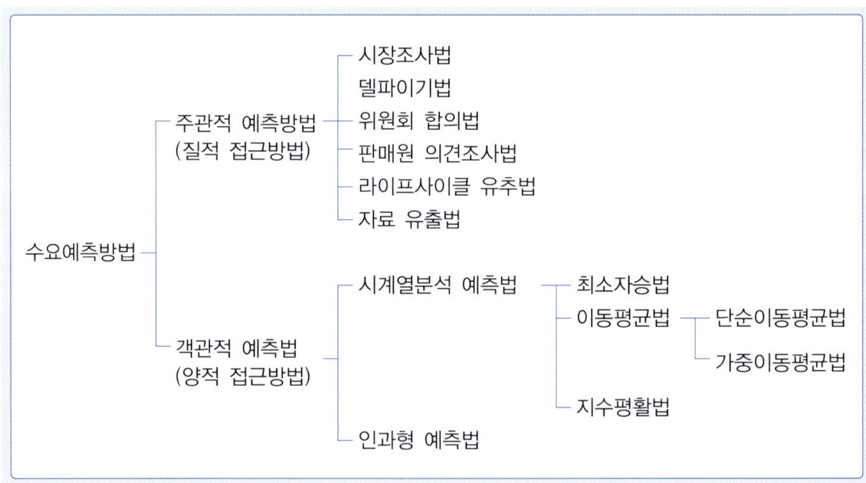

[그림 4-3] 수요예측방법

1) 주관적 예측방법

주관적 예측방법(subjective method)은 질적 접근방법이라고도 하며, 기술예측이나 신제품 등의 출시로 예측에 필요한 자료가 없거나, 과거의 자료가 시간적 흐름에 따라 일치되지 않는 상황일 때 많이 사용된다. 이러한 주관적 예측방법에는 다음과 같은 예측방법들이 있다.

(1) 시장조사법

시장조사법(market research)은 실제로 시장에 관한 가설을 도출하고 이를 시험하는 체계적·공식적 방법으로 조사·분석하는 방법이다.

(2) 델파이기법

델파이기법(delphi method)은 전문가에게 몇 가지 선정된 내용을 의뢰하여 각자의 의견과 그에 관한 가정을 제출하도록 하여 기업 측의 분석자가 검토·조정하여 새로운 추정을 계속하도록 하는 기법으로 시간과 비용이 많이 소용되므로 식당경영의 예측에는 적합하지 않다.

(3) 위원회 합의법

위원회 합의법(panel consensus)은 다수의 전문가 그룹이 단독의 한 사람보다 더 나은 예측을 할 수 있다는 가정 하에 위원회 구성원 상호간 자유로운 의견교환과 논의로써 예측을 끌어내는 기법이다. 이렇게 위원들 간에 자유로운 의견 교환이 가능하다는 점에서 델파이기법과는 다르다.

(4) 판매원 의견조사법

판매원 의견조사법은 예측하고자 하는 상품이나 물품을 실제로 소비자에게 직접 판매하는 판매원들의 의견을 조사 · 취합하여 예측하는 방법이다.

(5) 라이프사이클 유추법

라이프사이클(life cycle) 유추법은 상품이나 제품의 출시에서부터 도입기 · 성장기 · 성숙기 · 쇠퇴기 등의 과정을 적용하여 예측하고자 하는 상품 등에 적용하는 방법이다.

(6) 자료 유출법

자료 유출법은 예측하고자 하는 상품의 과거자료를 활용하여 미래의 수요 및 판매 등에 관한 상황을 예측하는 방법이다.

2) 객관적 예측방법

객관적 예측방법(objective method)은 양적 접근방법이라고도 하며, 이 방법은 과거의 시간적인 시계열, 즉 연도별 · 월별 · 주별 · 일별 · 요일별의 자료와 더불어 분기별 등의 축적된 자료를 이용하여 예측하고자 하는 상품이나 제품 등의 추이나 혹은 경향 · 판매량 · 수요량에 대한 미래수요를 예측하는 것이다. 이와 같은 객관적 예측방법에는 다음과 같은 예측방법들이 있다.

(1) 시계열 분석예측법

시계열 분석예측법(time series method)은 외식업체나 급식업체에서 수요량 및 판매량 예측업무에 가장 많이 사용되는 시계열 분석은 과거행동의 발생 유형이 미래에도 지속된다는 가정 하에 사용하고 있다. 따라서 시계열 분석이란 시계열, 즉 연도별 · 월별 · 주별 · 일별 · 요일별의 자료와 더불어 분기별 등의 시간간격에 따라 과거의 자료로부터 그 추세나 경향을 분석하여 미래를 예측하는 방법이다. 그러므로 시계열 분석에서는 과거의 자료를 미래예측의 선행지표로 이용하는 것이므로 시간이 독립변수가 되며, 예측하고자 하는 예측치, 즉 수요량은 종속변수가 된다. 이와 같은 시계열 분석법은 과거와 미래의 자료를 시간의 함수로 취급하고 있는데, 이는 시간에 따른 자료 간의 격차가 예측을 어렵게 하는 요인이 되기도 한다. 이러한 시계열분석 예측방법에는 이동평균법(moving average method)과 지수평활법(exponential smoothing method)이 있다.

가. 이동평균법

이동평균법(moving average method)은 최근의 일정기간동안의 기록을 평균하여 수요를 예측하는 방법으로, 이것은 새로운 기록이 발생할 때마다 가장 오래된 기록을 제외시키고 최근의 기록평균만을 가지고 산출하며 단체급식업체에서 주로 사용한다. 이 방법에는 단순이동평균법(simple moving average method)과 가중이동평균법(weighted moving average method)이 있다.

① 단순이동평균법

단순이동평균법(simple moving average method)은 과거의 여러 기간 동안의 자료에 동일한 가중치를 적용하여 평균을 내어 예측치를 계산하는 방법이다. 이 방법은 최근의 자료와 과거의 자료가 똑같이 가중치를 적용하기 때문에 시간에 따른 자료 간의 격차에서 발생할 수 있는 오류를 극복하는데 어려움이 있다.

② 가중이동평균법

가중이동평균법(weighted moving average method)은 최근의 자료에 가장 높은 가중치를 부여하여 예측치를 계산하는 방법으로, 가중치는 물가동향・경기지수 · 계절성 등에 따라 변경이 가능하다. 이러한 이동평균법을 실제로 적용하여 수요를 예측한다. 예를 들면 〈표 4-1〉과 같다.

〈표 4-1〉 외식업체의 1월부터 6월까지의 판매량 자료

월	판매량(명)
1월	446
2월	441
3월	449
4월	433
5월	449
6월	439

* 〈표 4-1〉의 자료로 단순이동평균법(simple moving average method)을 적용하여 7월의 판매량을 예측해 보면,

$$\frac{(446+441+449+433+449+439)}{6}=442.83$$

이므로 7월의 예상 판매량은 443명으로 예측치를 산출할 수 있다.

또 이와 같은 방법으로 가장 최근의 자료에 의해서만 판매량을 예측할 수도 있는데, 최근 3개월의 단순이동평균법(3-month moving average method)을 적용한다면 과거 3개월간의 자료만을 이용하여 산출하면 아래와 같이 7월의 예상 판매량은 441명으로 예측치를 산출할 수 있다. 6개월의 평균과 최근 3개월 평균의 차이(443−441=2명)는 과거의 자료를 사용할 때 시간에 따른 자료간의 격차에서 오는 것임을 알 수 있다.

$$\frac{(433+449+439)}{3}=440.33$$

* 또 가중이동평균법(weighted moving average method)을 적용하여 7월의 판매량을 예측하고자 할 때는 각각의 과거 기록에 대해 가중치를 다르게 적용하여 계산한다. 〈표 4-1〉의 자료를 이용하여 가장 최근의 자료인 6월의 기록에 0.7, 5월에는 0.2, 4월에는 0.1의 가중치를 계산한다면, 아래와 같이 7월의 판매량을 440명으로 예측할 수 있다.

$$\frac{0.7(439)+0.2(449)+0.1(433)}{1}=440.4$$

이 때 가중치를 부여할 때 가중치의 합은 언제나 1.0이어야 하고, 가중치는 가장 최근의 자료에 더 많이 부여한다. 가중치의 배분은 외식업체를 운영하는 경영자의 판단에 의하여 결정하며 일반적으로 0.7, 0.2, 0.1 등으로 배분한다.

나. 지수평활법

지수평활법(exponential smoothing method)은 과거의 자료 중 시기별로 가중치를 두어 평균을 내어 예측치를 계산하는 방법으로, 가장 최근자료는 가장 높은 가중치를 두고 기간이 오래될수록 대수적으로 감소되는 가중치를 둠으로써 최근의 자료가 미래 수요예측에 가장 큰 영향을 주도록 하는 방법이다.

이러한 지수평활법은 단기적 수요예측에 가장 좋은 방법이 될 수 있으며, 그 이유는 지수평활 계산과정 내에 과거기록이 모두 포함되며, 오래된 자료보다는 최근의 새로운 자료에다 많은 가중치가 주어지고, 예측하는 데에 많은 자료를 필요로 하지 않으며, 컴퓨터를 이용한 전산화가 용이한 예측모델로 사용가치가 뛰어나다.

* 예) 지수평활법(exponential smoothing method)에 의한 수요예측계산법

예측량 = $\alpha \times D + (1-\alpha) \times F$

α 평활계수

D 가장최근의 수요량

F 가장 최근의 예측량

α는 0~1사이의 값이며, 새로운 상품(메뉴) 또는 신제품의 경우 0.7, 0.8 또는 0.9의 값을 적용하며, 그리고 수요가 안정된 상품(메뉴)이나 제품인 경우에는 0.1, 0.2, 0.3의 값을 적용하고 수요가 불안정한 상품(메뉴) 또는 제품에는 0.4, 0.5, 0.6의 값을 적용한다. 앞에서 예로 든 〈표 4-1〉의 자료를 이용하여 지수평활법(exponential smoothing method)에 의한 수요량을 예측해 보면 〈표 4-2〉와 같이 산출된다.

〈표 4-2〉 지수평활법(exponential smoothing method)에 의한 예측 판매량 산출

월	판매량(명)	예측 판매량(명)
2월	441	440
3월	449	442
4월	433	445
5월	449	442
6월	439	445
7월	-	444

* 예) 지수평활법(exponential smoothing method)에 의한 예측

2월의 예측 판매량 = 0.3(446) + 0.7(440) = 441.8

3월의 예측 판매량 = 0.3(441) + 0.7(442) = 441.7

4월의 예측 판매량 = 0.3(449) + 0.7(442) = 444.1

5월의 예측 판매량 = 0.3(433) + 0.7(445) = 441.4

6월의 예측 판매량 = 0.3(442) + 0.7(442) = 444.1

7월의 예측 판매량 = 0.3(439) + 0.7(445) = 443.2

이러한 지수평활법(exponential smoothing method)에 대하여 피츠시먼과 슬리반(Fitzsimmons and Sullivan)은[1] 단기적 수요예측에 가장 좋은 방법이라 하며, 지수평활 계산과정에서는 과거의 모든 자료가 포함되고, 자료 중 오래된 자료보다는 최근의 새로운 자료에 더 많은 가중치가 부여되고, 수요를 예측함에 있어서 많은 자료를 필요로 하지 않으며, 컴퓨터를 이용한 전산화하기에 용이한 모델로 그 사용가치가 뛰어나다고 그 이유를 들고 있다.

다. 최소자승법

최소자승법(least squares method)은 회귀분석의 이론적 배경으로, 즉 지금 체중과 신장의 두 변수에 대해서 n명분의 데이터가 얻어졌다고 한다. 체중은 y, 신장은 χ라고 한다면 χ로부터 y를 예측하는 식을 만들고 싶다. 여기서 n명의 데이터에서 i = 1, 2, ..., n라 할 때 y=a+bχ이며, 즉 예측치 실제 값은 Y라 하면 예측 치와 실제 값과의 차이는 y − Y=±e가 되므로 이를 잔차라고 한다. 실제 값과 가장 잘 들어맞는 직선이란 '잔차의 합계가 최소가 되는 직선'이라고 생각할 수도 있지만, 이와 같은 직선은 y 평균을 말하는 것으로 이것은 χ와 무관하고 의미가 없다. 그래서 잔차 e를 거리처럼 생각해서 +, −의 부호가 사라지도록 이를 자승해서 평가하여 e의 자승의 합계가 최소가 되는 직선이 데이터에 가장 잘 들어맞는 직선이라고 생각하기로 한다. 이와 같은 방법을 최소자승법(least squares method)이라 부르고, 이 사고방식이 회귀분석의 이론적 배경이 되고 있다.

1) Fitzsimmons, J. A., and Sullivan, R. S., 「Service Operation Management」, New York : McGraw Hill Book Co., 1982.

라. 인과형 예측법

인과형 예측법(causal method)은 여러 가지 요인들이 미래의 수요에 영향을 미친다는 가정에 근거하고 있다. 이러한 요인들로는 판매가격, 종사원의 수와 같이 기업내부 및 환경 요인들과 같은 실제적으로 예측에 영향을 주는 항목들이 포함된다. 시계열 분석법에서와 마찬가지로 과거의 자료로부터 얻어낸 관계들이 미래에도 지속될 것이라는 가정 하에 미래의 수요를 예측하는 방법인데, 시계열분석에서는 변수를 시간의 함수로 보고 시간변화에 따라 변수가 어떻게 변하는가를 알아내는 방법인 반면에, 인과형 예측법은 예측하려는 변수와 인과관계가 있는 변수를 서로 연관시켜 예측하는 방법이다.

인과형 예측법(causal method)은 그 개발과 사용에 많은 비용이 소요되므로 단기보다는 중 · 장기 예측에 더 자주 사용되고 있으며, 인과형 예측법에 가장 많이 사용하는 방법으로는 회귀분석법으로서 이는 예측치를 종속변수(F)로 하고 이를 수요에 영향을 주는 여러 개의 독립변수(X_1 ....X_n)의 함수로서 설명하고자 한다.

03 식자재 구매업무

3-1. 식자재 구매를 위한 서식의 종류

호텔의 식음료부서와 외식업체의 구매부에서 물품을 구매하기 위하여 사용하는 구매서식에는 구매청구서(purchase request-PR) · 구매명세서(purchase specification-spec)와 더불어 매일매일 반복적으로 구매하는 식자재를 간편하게 구매하기 위하여 사용하는 일일시장 리스트(daily market list, market list)와 구매발주서(purchase order-PO)가 있다.

3-2. 구매 청구서

구매 청구서(purchase request; PR)는 일명 PR이라고도 하는데, 이는 구매하고자 하는 식자재 품목을 사용하는 부서에서 품목과 수량을 적어 넣고 관련 부서장의 재가를 받은 다음 구매부서로 보내는 서류이다.

1) 구매 청구서의 작성절차

구매 청구서(purchase request-PR)의 작성절차는 일반적으로 다음과 같은 두 가지 방법에 의해 작성되어진다.

첫째, 저장된 식자재는 저장창고 담당자가 구매하고자 하는 식자재의 재고가 구매 발주점에 도달하면 구매 청구서를 작성하여 그 식자재를 사용하는 부서장과 관리자의 재가를 받은 후 구매부서로 송부하여 구매를 의뢰하는 방법이 있다.

둘째, 실제로 식자재를 사용하여 식음상품을 생산하는 각 조리장에서 관리하는 식자재는 생산현장 관리자가 구매 청구 작성하여 담당부서장(단위 주방장)과 관리자(총주방장)의 재가를 받은 후 구매부서로 송부하여 구매를 의뢰하는 방법이 있다.

2) 구매 청구서 작성법

〈표 4-3〉의 구매 청구서 양식의 작성 항목과 같이 구매 청구서 작성 내용에는 구매 품목 · 수량 · 단가 · 총금액 · 필요한 날짜(입고 날짜)와 기타 필요한 사항 내용 등을 1조 2매로 된 구매 청구서 양식을 작성하여 관련 부서장의 재가를 득한 후에 한 장(원본)은 구매부서로 송부하여 구매 의뢰를 하고, 나머지 한 장(사본)은 청구부서에서 보관한다.

〈표 4-3〉 구매 청구서 양식

PURCHASE REQUEST

(구매의뢰서)

DATE:____________ No.____________

LAST PURCHASE				ON HAND	EXPECTED CONSUMPTION PER MONTH	ITEM NO	QUANTITY WANTED	ARTICLE AND DESCRIPTION	DATE WANTED	PURPOSE FOR REQUEST
DATE	QUANTITY	UNIT PRICE	DEALER							
					/WON					
					/WON					
					/WON					
					/WON					
					/WON					
					/WON					
					/WON					
					/WON					
					/WON					
					/WON					
					/WON					
					/WON					
					/WON					
					/WON					
					/WON					

BUDGET		ATTACHED	1. DESIGN ( )	2. SPECIFICATION ( )
AMOUNT ESTIMATED			3. SAMPLE ( )	4. OTHER:
AUTHORIZED			REQUESTED BY: DEPARTMENT: NAME: EXT:	
DEPT. HEAD	CONTROLLER	G. M.		
			REMARK	PURCHASING DEPT.
/	/	/		

3-3. 일일시장 리스트

일일시장 리스트(daily market list)란, 식자재의 신선도와 저장 · 보관의 문제로 생산부서(조리부)에서 매일매일 사용하는 품목(Daily Item), 즉 생선류 · 야채류 · 과일류 · 난류 · 유제품류 등을 〈표 4-4〉와 같은 일일시장 리스트 양식을 작성하여 부서장의 재가를 받은 후에 구매부서로 구매의뢰하는 서류로서 일일시장 리스트는 보통 1조 4부로 구성되며, 1부(원본)는 구매부서로 송부하여 구매의뢰하고, 1부는 단위 청구부서, 1부는 검수부로 송부하여 식재료 반입 때 검수에 사용되고, 1부는 Daily Store에서 구매한 식재료의 출고에 사용하도록 보내진다. Daily Item의 구매에 있어서 공급자 계약은 사전에 구매부에서 몇 개의 거래처에 대해서 공급가격과 물량에 대하여 사전에 내부입찰(지명입찰)을 통해 가장 합리적인 입찰가격을 제시한 업체를 선정한 다음 2주 또는 4주 단위로 공급계약을 체결하여 계약기간 동안에 시장가격에 변동이 있어도 계약된 가격으로 납품할 수 있도록 하여 안정된 구매량과 구매가격을 확보하여 생산부서에서 매일매일 필요로 하는 식자재를 공급할 수 있도록 한다.

〈표 4-4〉 일일 시장 리스트(daily market list) 양식

Additional Daily Market List

(일일 시장 리스트)

Date:

Kitchen: Delivery Date:

No.	Item	Unit	On hand	QTY wanted	Unit Price	Amount	Remark

Order by :	Approved by :	Purchasing :

3-4. 구매명세서

구매명세서(purchase specification-spec)는 구매하고자 하는 식자재의 품질 및 특성에 대하여 기록한 양식이다. 구매명세서의 작성은 일반적으로 구매자가 작성하여 물품 공급업체에 구매발주서와 함께 송부하여 구매명세서에서 요구하는 식자재를 공급하도록 하며, 구매자는 구매식자재를 검수할 때 구매명세서에서 요구하는 품목·품질·크기·등급·산지(원산지)·형태·모양·상표명·포장방법·무게·총 중량·실 중량·가격 등을 확인하는데 필요로 한다.

1) 식자재 구매명세서 작성의 필요성

식자재 구매명세서는 식자재를 구매할 때 다음과 같은 업무수행의 효율성을 기하고 오류 및 실수를 줄이는 데 있다.

① 식자재 주문의 용이성이다. 주문의 용이성이란 구매품목에 대하여 사전에 구매 스펙이 정해져 있다면 전화·팩스·메일 등 다양한 방법을 통한 식자재 구매가 가능하다.

② 구매명세서는 식자재를 구매할 때 의사전달의 오류에 의해 발생할 수 있는 오해와 실수를 방지한다.

③ 구매명세서는 식자재를 구매할 때 의사전달의 오류에 의해 발생할 수 있는 오해와 실수를 방지함으로써 식음료원가 및 식음상품의 품질관리가 용이해진다.

④ 구매명세서는 구매지점에서부터 원가관리가 이루어지도록 한다.

⑤ 식자재를 구매할 때 구매명세서는 구매업무와 검수업무를 효율적이고 신속·정확하게 수행할 수 있다.

⑥ 구매명세서는 경쟁입찰 시에 구매 식자재의 견적기준을 명확하게 제시

할 수 있어 입찰업무에 도움을 준다.

⑦ 구매명세서는 구매한 식자재가 반입될 때 검수기준을 정확하게 명시화 함으로써 검수의 효율성을 높이는 데 활용된다.

⑧ 구매명세서는 식음상품의 판매가격을 사전에 추정할 수 있게 한다.

2) 식자재 구매명세서의 작성 내용

구매명세서는 구매자와 공급업체 간에 의사전달을 명확하게 할 수 있도록 서로 이해를 쉽게 할 수 있는 내용으로 구성되어야 하며, 일반적으로 식자재 구매에 사용되는 양식은 〈표 4-5〉와 같은 내용으로 되어 있으며, 필요에 따라 그 내용을 가감할 수 있다.

〈표 4-5〉 구매명세서 형식 보기

1. Product name :
2. Product use for : Clearly indicate product use(such as pickle garnish for beverage, hamburger patty for grill, frying for sandwich)

3. Product general description : Provide general quality information about desired product. For example, "iceberg letter; heads to be green, firm without spoilage, excessive dirt or damage. No more than 10 outer leaves; packed 24 heads per case."

4. Detailed description : Purchaser should state other factors which help to clearly identify desired product. Examples of specific factors, which vary by product being described, include : -Geographic -Grade -Density -Variety -Size -Medium of pack -Type -Style -Specific gravity -Brand name -Portion size -Container size
-Edible yield, Trim

5. Product test procedures : Test procedures occur at time product is received and as/after product is prepared/used. Thus, for example, products to be at a refrigerated temperature upon delivery can be tested with a thermometer. Portion-cut meat patties can be randomly weighed. Lettuce packed 24 heads per case can counted.

6. Special instructions and requirements : Any additional information needed to clearly indicate quality expectations can be included here. Example include bidding procedures, if applicable, labeling and/or packaging requirements and delivery and service requirements.

(1) 식자재 구매명세서의 구성 내용

① 상품명(product mame)

② 생산자 상표

③ 상품의 용도

④ 상품에 대한 일반적인 내용으로 상품의 생산지(geographic origin) · 등급(grade) · 밀도(density) · 다양성(variety) · 규격(size) · 유형(type) · 포장방법 · 포션의 크기(portion size) · 브랜드 이름(brand name) · 스타일(style) · 수율(edible yield) 등

⑤ 상품의 검수절차

⑥ 숙성정도

⑦ 특별한 요구사항이나 지시사항으로 산지지정 · 수확시기 · 총 수량 등

⑧ 기타 필요한 사항

3) 식자재 구매명세서에 영향을 주는 요인

식자재 구매명세서의 작성은 가급적 간단 · 명료하고 현실적이면서 구매자와 거래처 간의 신뢰성 확보 측면에서 작성되어야 한다. 호텔과 외식업체 및 급식업체에서는 구매명세서에 포함되어야 할 정보가 무엇인가를 결정하게 하기 전에 아래와 같은 구매명세서 작성에 영향을 미치는 내용들을 검토하여 식자재 구매업무 수행의 경제적 효율성에 대한 검토가 필요하다.

① 호텔·외식업체 및 급식업체의 경영지침에 대한 목표와 정책의 검토
② 구매명세서 작성에 소요되는 시간과 소요비용의 합리성 검토
③ 호텔·외식업체 및 급식업체의 상품생산량·조리방법·사용하는 시기 등에 대한 검토
④ 호텔·외식업체 및 급식업체의 창고·냉동·냉장 등 식자재를 보관·저장시설의 용량 등에 대한 검토
⑤ 호텔·외식업체 및 급식업체의 종사원의 기술과 숙련도에 대한 검토
⑥ 호텔·외식업체 및 급식업체의 생산하는 메뉴의 특성 및 요건에 대한 검토
⑦ 호텔·외식업체 및 급식업체에서 생산하는 상품의 판매가격 및 예산상의 제한점에 대한 검토
⑧ 호텔·외식업체 및 급식업체의 상품판매서비스 유형에 대한 검토

4) 식자재 구매명세서 작성의 유의사항

식자재 구매명세서를 작성할 때 가능하면 간단·명료하고 융통성 있게 작성되어야 하며, 시장상황을 고려하여 현실적이어야 한다. 나아가 모든 공급업체에 대한 공평성을 유지하고 많은 공급업체가 구매자가 제공하는 구매명세서에 응할 수 있도록 작성되어야 한다.

5) 식자재 구매명세서 작성의 장·단점

(1) 장점

① 식자재 구매명세서를 활용함으로써 적절한 식자재 품목을 구입할 수 있는 방법이 발견될 수 있다.
② 구매명세서는 많은 공급업체가 경쟁 입찰에 응찰하도록 촉구하는 측면

이 있으므로 구매하고자 하는 식자재를 보다 유리한 가격으로 구매할 수 있다.

③ 식자재를 구매할 때 구매명세서를 활용함으로써 정확한 품질검사와 더불어 균일한 품질의 식자재를 구매할 수 있다.

④ 식자재가 반입될 때 구매명세서는 정확하고 명료한 검수를 할 수 있도록 함으로써 검수에 대한 공정성과 신뢰성을 유지할 수 있다.

(2) 단점

① 구매하고자 하는 식자재의 양이 적을 때는 구매명세서는 오히려 복잡성을 유발하며, 또 구매명세서가 구매하고자 하는 식자재에 대해서 너무 구체적이고, 생산하고자 하는 상품의 특성에 대하여 불필요한 내용은 비싼 구매가격을 초래하여 비경제적인 측면이 있다.

② 작성되어 구매시장의 변화에 대처하지 않고 오래 사용하고 있는 구매명세서는 역동적인 시장의 변화, 즉 식자재의 품질 · 성능 · 기술적인 면 · 특허 등의 변화에 대응하지 못하여 오히려 구매명세서가 부적당한 경우가 있다.

3-5. 구매발주서

구매발주서(purchase order; PO)는 구매청구서(purchase request; PR)에 의하여 구매부에서 구매를 위해 작성하는 최종 서류이다.

구매부서는 구매 청구서가 송부되어 오면 그 내용에 의하여 구매명세서를 공개 또는 비공개로 경쟁 공급업체에게 제공하여 경쟁입찰 또는 지명입찰을 통해서 그 중에서 가장 경쟁력 있는 가격으로 응찰한 공급업체를 선정한 다음 구매발주서를 작성하여 구매 청구 부서장과 관리자의 재가를 받은 후 구매발주를 하는 서류이다.

1) 구매발주서의 작성

구매발주서(purchase order; PO)는 주로 〈표 4-6〉과 같은 형식으로 된 양식을 사용하며, 그 내용에는 청구부서(requested by) · 구매 청구서 번호 · 공급자(suppler) · 납일 날자 · 납품장소 · 구매품명 · 수량 · 단가 · 구매명세서 첨부 여부 등을 기재한다.

일반적으로 호텔 및 외식업체는 구매발주서를 1조 5매(업무의 편의성을 도모하기 위하여 각 매수마다 종이의 색을 달리함)로 구성하여 다음과 같은 용도로 사용한다.

① 원본은 구매부서에 보관하여 구매자료로 활용된다.
② 사본 1매는 식자재 공급업체로 송부한다.
③ 사본 1매는 식자재 청구부서로 송부하여 물품이 생산부서로 반입될 때 활용된다.
④ 사본 1매는 검수부서로 송부하여 식자재가 납품될 때 검수에 활용된다.
⑤ 사본 1매는 식음료원가관리부(food & beverage cost control office)로 송부하여 원가관리에 활용할 경우도 있다.

〈표 4-6〉 구매발주서(purchase order; PO) 양식 보기

PURCHASE ORDER

(구매발주서)

DATE:____________ No.________

Requested by :

P. R. No.

Suppler/contractor :

To deliver until :

To deliver place:

Payment terms :

No.	Article and Description	Quantity	Unit	Unit Price	Amount	Remark

Attached	1. Design( )	2. Specification( )	Total net value	/WON
	3. Sample( )	4. Other:	V. A. T	/WON
			Total value of order	/WON

AUTHORIZED			REQUESTED BY:	
DEPT. HEAD	CONTROLLER	G. M.	DEPARTMENT: NAME: EXT:	
			REMARK	PURCHASING DEPT.
/	/	/		

2) 긴급구매

긴급구매(urgent order) 또는 현금구매(petty cash)는 호텔 · 외식업체에서는 긴급한 상황에 능동적으로 대처하고자 긴급구매제도를 채택하여 사용하고 있다. 이러한 긴급구매제도는 긴급한 상황이 발생하면 통상적인 구매절차가 생략되며, 긴급한 상황이 발생한 부서에서는 〈표 4-7〉과 같은 긴급구매양식(urgent order sheet)에 필요한 내용을 기재하여 부서장의 제가를 득한 후 구매부서로 송부하여 긴급구매를 의뢰하게 된다. 이에 근거하여 구매부서에서는 현금 또는 신용으로 식자재를 우선적으로 구매한 다음 사후에 일상적인 구매절차에 따라 업무를 처리한다.

〈표 4-7〉 긴급구매 요구서

Urgent Order Sheet
(긴급구매 요구서)

Dept : Date :

No.	Item	Unit	On hand	Q'TY wanted	Unit Price	Amount	Remark

Order by : Approved by : Purchasing :

3) 발주업무관리

식자재를 사용하여 상품을 생산하는 생산부서에서 요구되는 식자재 품목과 소요량을 구매 청구서에 의하여 구매의뢰 되면 구매발주업무 담당자는 창고의 현재 재고량을 고려하여 구매업체와 공급업체 간의 합의에 의한 경제적인 최적 발주량을 결정하게 된다. 이 때 구매업체에게는 경제적인 발주량이 되어야 하며, 공급업체 입장에서는 경제적인 수주량이 되어야 한다.

4) 적정 발주량의 결정

적정 발주량은 저장비용과 주문비용의 두 가지 요인의 비용에 의해서 영향을 받는다. 저장비용은 재고를 보유하기 위해 소요되는 비용의 총합계액이며, 이에는 저장시설 유지비 · 보험비 · 부패나 변패로 일어난 손실비용 · 자본의 비용, 즉 기회비용 등이 이에 속한다. 주문비용은 주로 인건비가 많으며 업무처리 비용 · 통신비 · 교통비 등이 이에 속한다.

이와 같이 저장비용이나 주문비용은 발주량에 따라 변화하며, 연간 소요되는 비용으로 산출할 때 1회당 발주량이 커지면 연간 저장비용은 증가하고, 그만큼 주문횟수가 줄어들게 되므로 주문비용은 저하된다. 반대로 1회의 발주량이 적으면 재고 유지비용은 줄어드는 반면에, 연가 주문횟수는 증가되어 주문비용은 증가되게 된다. 그러므로 재고 유지비용과 주문비용이 최소가 되도록 적정 발주량을 찾게 되는데, 이 적정 발주량을 경제적 발주량(economic order quantity; EOQ)이라 한다.

다음 [그림 4-4]는 이러한 구매적정 발주량을 산출할 때 주문비용과 저장비용과의 관계를 나타낸 것으로, 여기서 주목해야 할 점은 연간 주문비용 및 재고유지 비용을 최소화하는 적정 발주량의 크기이다. 너무 적은 발주량은 주문비용을, 반대로 너무 많은 발주량은 저장비용을 증가시키게 되므로 경제적 발주량은 이 두 비용의 교차점에서 이루어짐을 보여주고 있다.

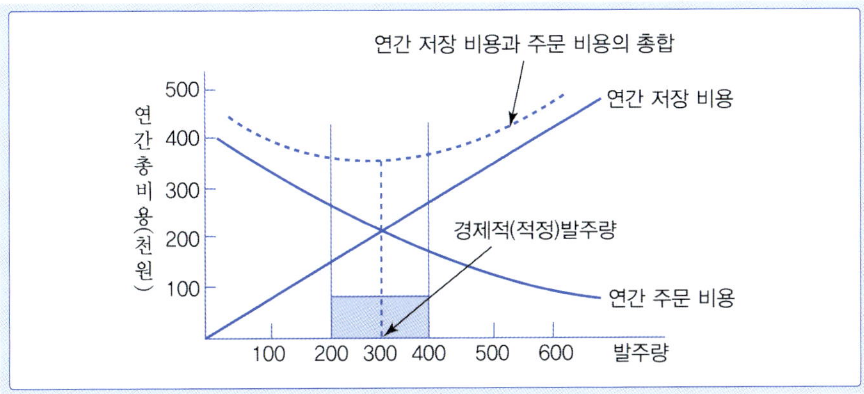

[그림 4-4] 발주량에 따른 연간 저장 비용과 주문비용

(1) 경제적 발주량(economic order quantity; EOQ) 계산법

$$경제적\ 발주량(EOQ) = \sqrt{\frac{2FS}{CP}}$$

F = 1회 주문에 소요되는 주문비용(고정비용)

S = 연간 사용량(또는 매출액)

C = 재고 유지비(보험 · 이자 · 저장비용 등으로 총재고 금액에 대한 백분율)

P = 단위당 구매단가

경제적 발주량 계산 사례

예) 외식업체에서 A품목의 연간 사용량이 12,000kg이고 이것의 재고유지 비용이 총재고 금액의 20%이며, 단위당 구매가격은 20원이다.

㉠ 이 때 1회 발주에 소요되는 주문비용이 60원이라고 하면 1회 발주에 필요한 경제적 발주량은 몇 kg이 되는가?

$$\text{경제적 발주량(EOQ)} = \sqrt{\frac{2\times 60\times 12{,}000}{0.2\times 20}} = \sqrt{\frac{1{,}440{,}000}{4}}$$

$$= \sqrt{360{,}000} = 600(\text{kg})$$

그러므로 예제의 자료에 따른 1회 경제적 발주량은 600kg이 된다.

㉡ 1년에 발주횟수는 몇 번이 되겠는가?

연간 발주횟수 = 12,000(kg) ÷ 600(kg) = 20(회)

즉 1년에 발주횟수는 20회가 된다.

㉢ 매 발주간격은 몇 일만에 이루어지는가?

매 발주간격 = 365(일) ÷ 20(회) = 18(일)

즉 매 발주는 18일 간격으로 발주된다.

(2) 주문량 결정시 고려해야 할 사항

경제적인 주문량을 산출하기 위한 공식에는 다음과 같은 요소가 고려되어 있지 않으므로 발주량을 결정할 때는 경제적인 주문 수량과 아울러 고려해야 한다.

① 가격의 변화 : 가격상승이 예측될 때 주문량을 늘리고 가격이 안정적으로 내릴 것으로 예측될 때 주문량은 줄일 필요가 있다.

② 수량할인율 : 구매량에 따라 가격의 할인율을 검토해야 한다. 할인율이 재고유지 비용보다 크면 주문량을 늘리고, 재고유지 비용보다 낮거나 같다면 경제적 주문량만큼만 주문해야 한다.

③ 주문 재료의 특성 : 물품의 내구성 · 유효기간 · 재고기간 등을 고려하여

주문량을 결정해야 한다.

④ 계절적인 요인 : 특정 계절에만 시장에서 구입할 수 있는 계절 식자재들은 성수기에는 저렴한 가격으로 구입할 수 있고, 반면에 비수기의 경우 가격이 상승하므로 이러한 경우를 고려하여 구매량을 결정해야 한다.

5) 발주방법

발주방법에는 정기발주방식(fixed-order period system)과 정량발주(fixed-order quantity system)방식이 있는데, 발주해야 할 품목이 정해지면 두 방법 중 어느 것이 적합한가를 결정해야 한다.

(1) 정기발주방식

정기발주방식(fixed-order period system)은 일정한 시점마다 정기적으로 발주하는 방식으로, 즉 정기적으로 발주시기에 이르면 부족량(최대재고량－현재재고량)을 발주하는 유형으로 P시스템 혹은 정기실사방식(periodic inventory system)이라고도 한다. 그러므로 정기발주 방식은 [그림 4-5]와 같이 발주주기·최대재고량·평균소비량·안전재고량·조달기간 등에 의해서 작용된다. 정기발주방식(fixed-order period system)은 가격이 고가이어서 재고부담이 큰 것이나, 조달기간이 오래 걸리는 품목, 소비량이 항상 일정하여 수요예측이 가능한 품목의 경우에 적합하다. 그러므로 정기발주방식의 발주는 정기적으로 이루어진다.

① 정기발주방식(periodic inventory system)에 의한 발주와 발주량(주문량) 산출방법, 주문하는 시기, 즉 발주시기를 1주일 또는 1개월이라는 식의 기간을 정하고 그 시점에서 소비량을 예측하고 주문량을 산출하게 된다.

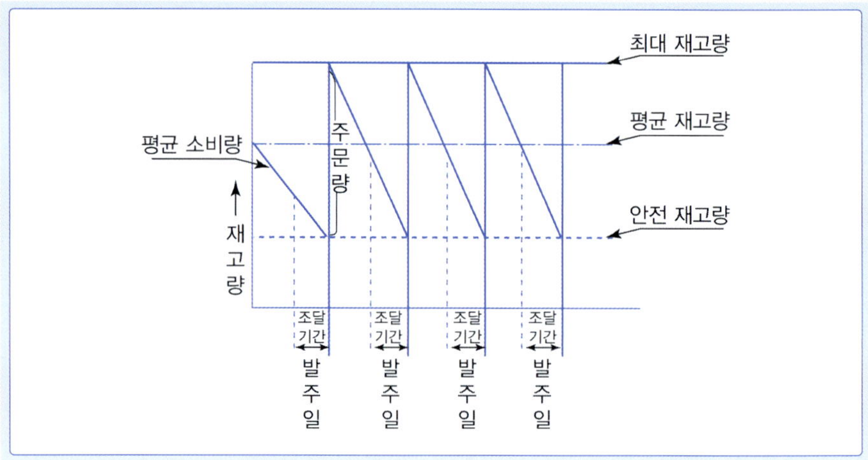

[그림 4-5] 정기발주 방식

* 발주량(주문량) = 최대재고량 - (현재재고량 + 발주 중의 미입고량)
* 최대재고량 = 발주주기 중의 수요량 + 조달기간 중의 수요량 + 안전재고량 = 수요율(발주주기 + 조달기간) + 안전재고량
* 적정발주주기 = 경제적 발주량 ÷ 수요량으로 구한다.

(2) 정량발주방식

정량발주방식은 일명 발주점방식(order point system)으로 알려져 있는 것으로 재고가 일정 수준(발주점)에 이르면 일정 발주량, 즉 경제적 발주량을 발주하는 시스템이다. 이와 같이 발주량 중심의 방식이라 하여 Q시스템(quantity system)이라고 불리기도 하며, 또 이러한 발주방식은 계속적인 실사를 전제로 하므로 계속실사방식(perpetual inventory system)이라고 분류하기도 한다.

정량발주방식은 [그림 4-6]과 같이 발주량 · 발주점 · 안전재고량 조달기간 · 평균재고량 등에 의해서 작용된다. 이 경우 발주량은 경제적 발주량이 되며, 발주점은 발주해서 입고되기까지의 조달기간(lead time) 중에 소비되는 재고량과, 이 기간에 대비한 안전재고와의 합만큼의 재고량이 있을 때를 의미한다. 즉 경제적 발주량과 발주점이 정해지면 재고량이 발주 점에 도달했을 때 미리 정해놓은 경제적 발주량을 발주하면 된다.

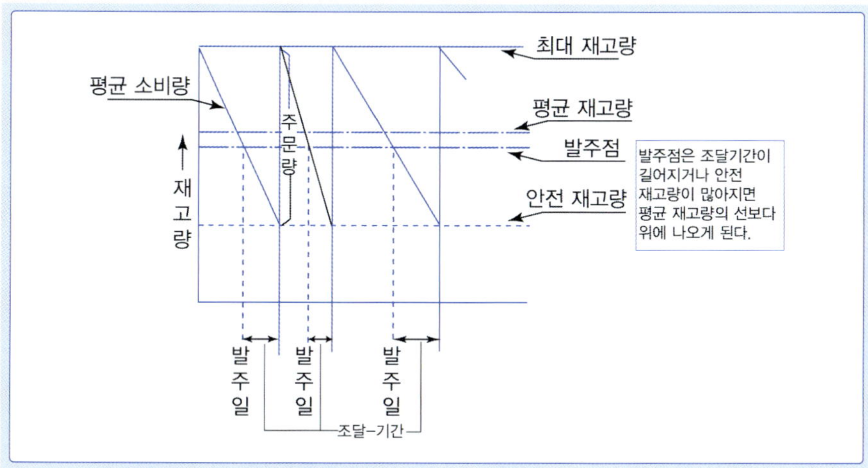

[그림 4-6] 정량발주방식

정량발주방식은 저가품목이어서 재고부담이 적고 항상 수요가 있기 때문에 일정한 양의 재고를 보유해야 하는 품목이나 수요예측이 어려운 것이라도 사장품이 될 우려가 적은 물품의 구매에 유리하다.

① 정량발주방식에 의한 발주량 계산은 발주점을 정한다.

발주점 = 평균소비량 × 조달기간 + 안전재고량

경제적 주문량을 결정한다.

이렇게 경제적 발주량과 발주점이 정해지면 재고량이 발주점에 도착했을 때 미리 정해둔 경제적 발주량을 발주하게 된다. 그러므로 발주일은 부정기적이 된다.

(3) 정기발주방식과 정량발주방식의 비교

정기발주방식과 정량발주방식을 요약하여 비교하면 〈표 4-8〉과 [그림 4-7]과 같다.

〈표 4-8〉 정기발주방식과 정량발주방식의 비교

구분방식	정기발주방식	정량발주방식
개 요	정기적으로 부정량을 발주	재고가 발주점에 이르면 정량을 발주
발주시기 발주량 재고조사방법 안전재고	정기적 부정량(최대재고량-현재재고량) 정기적인 실사방법 조달기간 및 발주주기의 수요변화에 대비	부정기적(발주점에 도달 시에) 정량(경제적 발주량 : EOQ) 계속적인 실사방법 조달기간 중의 수요변화에 대비

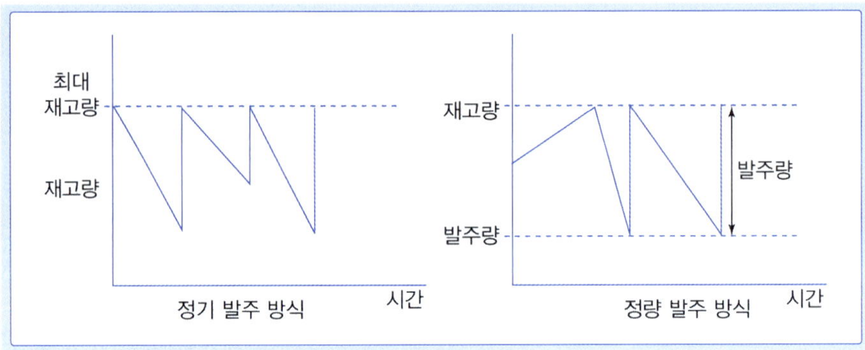

[그림 4-7] 정기발주방식과 정량발주방식의 비교

6) 발주절차

구매발주업무 수행의 흐름은 먼저 발주품목을 결정한 후 다음과 같은 요소들에 대한 검토를 한 다음 발주방법을 결정해야 한다.

(1) 정기발주방식이 알맞은 경우는 다음과 같다.

① 가격이 비싸다.
② 조달이 어렵다(기간이 오래 걸린다).
③ 재고부담이 크다.
④ 수요예측이 가능하다.
⑤ 설계변경의 위험이 있다.

이상과 같은 요소가 내재되어 있다면 정기발주방식을 선택한다.

(2) 정량발주 방식이 알맞은 경우는 아래와 같다.

① 가격이 싸다.
② 항상 일정량의 재고를 유지하고 싶다.
③ 조달하기가 쉽다.
④ 재고부담이 적다.
⑤ 수요예측이 어렵다.
⑥ 연간소비량이 비교적 안정되어 있다.
⑦ 사장품이 되지 않는다.

이상과 같은 요소가 내재되어 있다면 정량발주방식을 선택하며, 그 밖에도 아래와 같은 상황에 대한 충분한 검토가 이루어진 후 발주량을 결정해야 한다.

① 가까운 장래에 가격이 오르지 않을까?
오른다면 주문량을 늘린다.
② 가까운 장래에 가격이 내려가지 않을까?
내려간다면 주문량을 줄인다.

③ 수량 할인율은 어떻게 되는가?

수량을 다소 늘려서 가격이 합리적으로 내려간다면 주문량을 늘린다.

④ 재고로 두면 품질이 저하되지 않겠는가?

품질이 떨어지고 부패가능성과 더불어 유효기간에 문제가 있다면 주문량을 줄인다.

⑤ 계절요인은 없는가?

비계절품이 되어 값이 오른다면 주문량은 늘린다.

⑥ 일반거래 단위를 밑돌지는 않겠는가?

밑돌고 있으면 상습관에 맞게 주문 수량을 늘린다.

⑦ 보관장소는 충분한가?

충분하지 않다면 보관할 수 있을 만큼의 양으로 줄인다.

⑧ 자금사정을 고려하여 발주량을 결정한다.

04 식자재 가격결정

4-1. 가격의 의의

경제학적인 의미에서 가격은 화폐의 교환비율이면서 상품의 교환가치를 의미하므로, 구매가격이란 일반적으로 구매자가 물품을 획득하고 그 대가로 지불하는 화폐금액을 의미한다.

1) 가격의 종류

가격결정은 경쟁관계와 원가를 포함하여 상품생산에 투입된 제비용의 보상 및 이익창출을 위해서 이루어지며, 이러한 가격의 종류는 다음과 같다.

(1) 시장가격

상품의 가격이 일정한 때 일정한 시장에서 형성되어 실제로 상품이 거래되는 가격을 말한다. 시장가격은 시장의 수요와 공급에 따라 변화하게 되며 가격결정도 수요와 공급의 관계에 의해 이루어진다. 농수산물의 가격결정은 이러한 시장의 수요공급에 따라 주로 그 가격이 결정되고 있다.

(2) 개정가격

상품의 가격이 명확히 결정되어 있지는 않으나 일정한 범위의 가격이 잠정적으로 정해져 있는 상태의 가격을 의미한다. 그러므로 이 가격은 일반적으로 판매자들이 판매 당시의 환경이나 조건 등에 따라서 결정하는 가격이다.

(3) 정가가격

생산자나 판매자들의 판단에 따라서 결정하는 판매가격을 말한다. 그러므로 이 가격은 대체로 전국적으로 시장성이 강한 상품의 경우에 사용한다.

(4) 교섭가격

구매자와 판매자가 서로 절충에 의해 결정되는 가격으로 구매자의 절충능력에 따라 가격이 높게 또는 낮게 결정된다.

(5) 협정가격

동업의 판매자들이 자유경쟁에 의하여 초래되는 가격의 하락을 방지하고, 기업이윤을 확보하기 위하여 서로 단합하여 결정되는 판매가격을 가리킨다. 이와 같은 단합에 의해 결정되는 가격은 자유경쟁에 따라 결정되는 가격보다는 그 수준이 일반적으로 높게 결정되는 경우가 많다.

(6) 관리가격

불완전경쟁 상태에서 독과점업자가 가격결정을 지배적으로 관리할 때 형성되는 가격이다.

(7) 통제가격

정부가 공익성을 띤 서비스나 상품의 가격을 인위적으로 통제하여 형성되는 가격이다.

(8) 공정가격

공공기관에서 판매되는 상품의 가격을 정부가 결정하여 형성되는 가격을 말한다.

2) 가격결정에 영향을 미치는 요인

가격결정은 많은 복잡한 요인들의 영향을 받게 되며, 가장 큰 요인으로는 비용 · 경쟁 · 상품 · 수요 · 공급 등이다. 이 밖에도 시장관습 · 판매방법 · 법적규제 · 환경요인 등에 따라 영향을 받게 된다. 일반적으로 구매가격결정에 영향을 미치는 요인에는 다음과 같은 것이 있다.

(1) 상품의 원가 및 성질

상품의 가격결정에 가장 기본적인 요인은 상품생산에 투입되는 원가이다. 이러한 원가의 구성에는 재료비 · 노무비 · 경비를 말하는 것으로, 이들의 합계액에 이윤을 더하면 그 상품이 판매가격이 되는 것이며, 또한 상품의 성능이나 품질 · 속성 등도 가격결정에 많은 영향을 주게 된다.

(2) 시장의 특수성

상품 거래시장의 환경, 즉 시장의 규모・시장의 지리적 위치・시장의 성격 등과 더불어 상품거래의 빈도 및 시장의 관습과 전통 등의 시장특수성은 가격 결정에 많은 영향을 미치며, 특히 상품의 거래빈도는 판매 및 생산업체의 이익에 직접적인 영향을 주게 됨으로 가격결정에 큰 영향 요인으로 작용된다.

(3) 시장수요의 탄력성

일반적으로 어떤 상품의 수요탄력성이 작을 경우에는 높은 가격으로 결정되며, 이와 반대로 수요탄력성이 큰 경우에는 그 상품의 가격은 낮게 결정된다. 그러므로 시장의 수요타력성은 상품의 가격결정에 있어서 직접적인 영향을 주게 된다.

(4) 경쟁업체의 가격

상품의 생산과 판매에 있어서 시장점유율이 높은 경쟁업체의 판매가격은 동종 다른 기업의 가격결정에 중대한 영향을 미치게 된다.

(5) 유통과정의 마진

상품의 유통과정은 그 상품의 가격에 직접적인 영향을 주게 된다. 즉 복잡하고 긴 유통과정은 각 단계마다 유통마진이 발생하므로, 이러한 유통마진은 결국 상품의 가격을 높이는 결과를 초래하며, 특히 각 유통단계별 이윤의 폭은 판매가격에 결정적으로 영향을 주게 된다.

(6) 마케팅 전략

상품 생산기업의 마케팅 전략은 판매가격 결정에 직접적인 영향을 준다.

새로운 상품을 출시하여 시장진입을 위한 마케팅 전략, 특정 상품의 시장점유율을 높이기 위한 마케팅 전략과 더불어 재고 상품의 판매를 위한 판매촉진 마케팅전략 등은 판매가격 결정에 영향을 주게 된다.

(7) 심리적 요인

가격결정에서의 심리적인 요인은 특정상품의 수급관계가 앞으로 지속적으로 유지될 것으로 심리적 신뢰가 형성될 때 일반적으로 그 상품의 가격은 높게 결정되는 경향이 있다.

3) 가격의 기능

(1) 가치척도로서의 가격

가격이란 일반적으로 구매자가 상품을 획득하고 그 대가로 지불하는 화폐금액을 의미함으로, 가격은 상품가치의 척도로서의 역할을 하고 있다. 이러한 상품의 가치는 일반적으로 그 상품의 품질에 따라 다름을 의미하나 다른 측면으로는 상품의 품질보다 먼저 그 상품의 인지도, 즉 상표 및 생산자 브랜드의 가치가 가격결정에 더 큰 영향을 주는 경우도 있다.

(2) 수요공급 조절기능으로서의 가격

일반적으로 완전경쟁시장에서는 상품 및 물품의 가격은 수요와 공급에 의하여 결정되고 있다. 특히 농수산물의 가격결정은 시장의 수급에 전적으로 의존하고 있으며, 수요가 공급보다 많을 때는 가격이 높게 결정되고, 반대로 공급이 수요보다 많으면 가격은 낮게 결정된다. 이와 같이 결정되는 가격은 시장에서의 수요와 공급을 조절하는 기능을 갖게 된다.

(3) 생산 및 유통원가의 조정기능으로서의 가격

상품의 가격결정에 가장 기본적인 요인은 상품생산에 투입되는 원가, 즉 재료비・노무비・경비로 이들의 합계액에 이윤 및 유통마진을 더하여 그 상품의 가격을 결정한다. 그러나 이렇게 결정한 가격이 판매시장에서 소비자들이 느끼는 그 상품의 가치에 비하여 또는 경쟁상품의 가격과 비교하여 높게 인식된다면 이는 판매와 생산에 직접적인 영향을 주게 된다. 그러므로 상품의 생산자 및 판매자는 시장에서 소비자에게 소구할 수 있는 가격을 위한 방안으로 생산원가 및 유통원가를 조정하게 된다.

(4) 상품화 정책의 반영으로서의 가격

상품의 생산원가나 판매비로 나타나는 가격과 실제 소비자에게 판매되는 가격과는 상당한 차이가 있는 경우가 있다. 이는 새로운 특정 상품을 판매시장에 진입할 때 그 상품의 가치와 브랜드 확장, 판매시장에서의 위치선점 등을 위하여 생산원가나 판매비와는 무관하게 상품화를 위하여 정책을 반영한 가격을 말한다.

4) 가격결정의 원리

상품 및 물품의 가격결정 원리에는 원가기준 가격결정법(원가법)・수급기준 가격결정법(시장법)・경재기준 가격결정법 등이 있다. 이와 같은 가격결정 원리는 다음과 같이 설명된다.

(1) 원가기준 가격결정법(원가법)

일반적으로 가장 많이 이용되는 가격결정법으로 생산에 투입된 원가계산에 의한 방법으로 재료비・노무비・경비 등의 총원가에 이익을 더하여 가격을 결정하는 방법이다.

(2) 수급기준 가격결정법(시장법)

완전경쟁시장에서 수요와 공급의 경제원칙에 따라 시장이 어떤 상품에 대해 지불하고자 하는 가격을 기준으로 가격결정이 이루어지는 방법으로 소비재의 가격결정에 많이 이용되고 있다. 이 가격결정법은 상품의 생산자와 구매자의 입장이 함께 고려됨으로써 가격에 융통성이 있다.

(3) 경쟁기준 가격결정법(모방가격결정법 · 입찰가격결정법)

경쟁기준 가격결정법에는 모방가격결정법과 입찰가격결정법이 있으며, 모방가격결정법은 경쟁시장에서 수급에 따라 가격결정이 되는 경우, 어떤 상품의 높은 시장점유율로 과점 및 독과점일 때 그 상품의 가격에 따라 가격결정이 되는 경우 등의 판매시장 환경에 따라 가격을 결정하는 것이다.

입찰가격결정법은 상품이나 물품의 납품과 구매할 때 동종업체와 경쟁 입찰을 통해서 결정되는 가격결정법이다.

5) 가격할인의 종류

가격할인은 시장의 여건이나 유통경로 및 유통단계 · 구매수량 · 대금지급방법 · 상품인도 장소에 따라 가격할인 요인이 발생하게 되는데, 그 종류는 다음과 같다.

(1) 거개할인(기능할인)

상품 유통과정에서 중간상은 소매상에 비해 다양한 기능수행으로 인해 소매상보다 저렴한 가격으로 구매가 가능하다.

(2) 촉진할인

중간상은 생산자의 상품을 촉진활동 대가로서 가격할인의 혜택을 받을 수 있으므로 할인된 가격으로 구매가 가능하다.

(3) 현금할인

현금할인은 상품구매 대금을 현금으로 지급함으로써 어음이나 신용거래에서 오는 이자와 위험부담의 제거로 인해 할인된 가격으로 구매가 가능하다.

(4) 수량할인

상품을 구매할 때 소량 구매보다는 대량 구매에 따른 비용, 즉 주문비용·재고관리비·운송비 등의 절감에 따른 가격할인을 받을 수 있다.

(5) 상품 인도 장소에 따른 가격할인

구매한 상품을 인도하는 장소에 따라 구매자가 노력한 대가만큼 가격할인이 이루어진다.

제5장 식자재 검수 및 입출고 관리

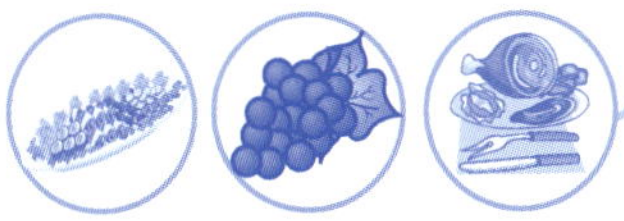

1. 식자재 검수관리의 개념
2. 식자재 검수의 기준 및 고려사항
3. 검수방법과 절차
4. 식자재 입고관리 및 출고관리

Food Material Management & Purchasing

05

식자재 검수 및 입출고 관리

01 식자재 검수관리의 개념

1-1. 검수관리

1) 검수관리의 의의

검수관리는 발주에 따른 구매물품이 납품될 때 주문 내용과 일치하는지를 확인하고 검사하여 물품을 받아들이는 일체의 관리과정이다. 즉 계약된 가격에 의해 주문한 물품의 품목·품질·수량·중량·크기·원산지·납기일 등이 구매발주서와 구매명세서에서 제시한 대로 납품되었는가를 확인·검사하는 것이다.

일반적으로 검수업무의 절차는 납품된 물품에 대하여 크게 주문한 물품을 인수(accepting)한 후 확인 또는 검사(validating)한 다음 서명(signing)의 순서로 진행된다.

2) 검수업무의 목적 및 기능

검수의 기본목적은 구매자의 구매명세서와 공급처의 거래명세서(송장-invoice)를 대조하여 다음과 같은 목적과 기능에 따라 확인 · 검사를 수행한다.

① 납품된 물품의 품목 및 수량을 확인하고 검사한다.
② 납품된 물품의 품질 특성검사로 크기 · 중량 · 선도 · 위생상태 · 유통기간 등을 확인한다.
③ 납품된 물품의 납품가격의 적부성 및 대금지급방법 등을 확인한다.
④ 납품된 물품의 부족여부 및 불량품 등 반품여부를 결정한다.
⑤ 구매명세서와 거래명세서를 대조하고 확인한다.
⑥ 납품된 물품의 검사를 통해서 공급처의 성실도와 신뢰도 등을 파악하여 그 정보를 구매부에 제공한다.

02 식자재 검수의 기준 및 고려사항

2-1. 검수업무의 수행요건

물품을 구매하여 납품된 물품에 대한 검수가 효율적으로 이루어지기 위해서는 다음과 같은 검수업무 수행요건이 필요하다.

① 검수대상의 물품에 대한 전문지식과 경험을 소유한 유능한 검수원이 있어야 한다.
② 검수업무 수행에 필요한 시설 · 설비 · 기기 등이 갖추어져 있어야 한다.
③ 효율적인 검수업무를 수행할 수 있도록 미리 검수계획과 스케줄 등 검

수와 관련된 제반 매뉴얼 시스템의 구축을 해야 한다.

④ 구매요구서 사본과 명확하고 구체적인 구매명세서의 사본에 의한 검수가 이루어져야 한다.

⑤ 신속・정확한 검수를 위해 과학적이고 통계적인 검수시스템 개발이 필요하다.

2-2. 검수원의 자격요건

검수업무를 수행하기 위해서는 검수업무의 전문지식을 갖춘 책임감이 강한 검수요원(receiving clerk)이 필요하며, 특히 검수원은 검수에 대한 지식(intelligence)・성실(integrity)・관심(interest)・정보(information about foods) 등을 갖추고 있어야 한다. 이러한 검수업무를 수행해야 할 검수원의 자격요건을 기술하면 다음과 같다.

① 검수해야 할 식품 품목에 대한 세부명세 및 품질특성 등 전반적으로 전문적인 지식과 경험이 풍부해야 한다.

② 검수대상 물품에 대하여 평가・분석・실험을 할 수 있는 능력이 요구된다.

③ 검수업무와 더불어 구매 및 생산 업무에 대해서도 일정수준의 지식을 갖추어야 한다.

④ 검수절차나 클레임처리 등에 대한 업무에 대하여 확실하고 명료하게 알고 있어야 한다.

⑤ 구매발주서・구매명세서・견적서 등의 작성방법과 그 내용에 대하여 정확하게 숙지하고 있어야 한다.

⑥ 구매시장의 동향・신제품 출하・가격 등의 정보수집에 적극적이고 능

동적인 대처가 필요하다.

⑦ 공급 거래처의 평판 · 신용도 · 성실도 등을 파악할 수 있는 정보역량이 필요하다.

⑧ 검수물품의 특성에 따라 저장관리 및 취급방법에 대하여 전문지식을 갖추어야 한다.

2-3. 검수원의 업무내용

검수원은 구매물품이 납품되면 신속 · 정확한 검수가 이루어지도록 해야 한다. 신속 · 정확하게 업무를 수행하는 검수원의 업무내용에는 다음과 같은 업무가 있다.

① 검수원은 검수에 필요한 서류, 즉 구매발주서 · 계약서 · 구매명세서 · 견적서 등에 근거한 검수가 이루어져야 하며, 필요에 따라서는 구매업무 및 물품을 직접 사용하는 관계자 등과 함께 해당물품에 대하여 검수를 할 수 있어야 한다.

② 납품된 물품의 품질 · 규격 · 성능 등과 수량에 관해서 검수한다.

③ 납품된 물품의 검수에 있어서 때로는 시식 또는 시험에 의하여 검수할 때도 있다.

④ 검수원은 검수한 물품에 대한 내용을 기록하며, 일일검수보고서를 작성하여야 해야 한다.

⑤ 검수원은 구매거래에 필요한 자료를 제공하여 구매에 필요한 정보를 제공하는 역할도 한다.

⑥ 납품된 물품의 반품과 미납품된 현황을 해당부서와 구매부서에 보고해야 한다.

⑦ 납품된 업체의 거래명세서에 검수확인을 하여 물품대급 지급이 정상적으로 이루어지도록 한다.

2-4. 검수장소의 위치적인 구비요건

구매발주서에 의하여 납품된 물품을 검수하는 검수장의 위치는 물품을 납품받는 장소로서의 접근이 용이하고 편리한 곳이어야 하며, 식품저장고 및 사용부서, 즉 생산부서(조리장)와 관련하여 운반동선 및 이동거리가 짧고 편리한 곳에 위치함으로써 에너지비용·인건비 등을 절감할 수 있다.

2-5. 검수장의 시설 및 장비와 집기류

검수업무를 원활하고 정확성과 효율성을 기하기 위해서 다음과 같은 검수에 필요한 시설과 설비 및 장비·집기류의 구비가 요구된다.

① 로딩독(loading dock) : 식자재의 하역작업을 위한 적정높이의 하역대가 시설되어 있어야 한다.

② 위생시설 : 급배수시설·해충 및 동물의 방제시설·조명시설 등이 갖춰져야 한다.

③ 저장시설 : 검수물품의 신선도와 부패를 방지하기 위한 냉장·냉동 및 상온보관시설 등을 갖추어야 한다.

④ 검수에 필요한 도구

저울(scale)은 용량별로 준비해야 한다.

측량도구로 계량기·계량컵·온도계·계산기 등이 필요하며, 기타 운반도구·칼·망치·산도계·염도계·당도계 등도 구비해야 한다.

검수에 관한 행정업무를 할 수 있도록 책상 · 서류보관용 캐비닛 등이 필요하다.

03 검수방법과 절차

3-1. 검수방법

물품의 검수는 검사에 소요되는 비용이나 시간을 최대한 줄이기 위해서 다양한 검수방법이 활용되고 있지만 구매자와 공급자 간의 불신을 해소하고 상호신뢰를 바탕으로 이루어져야 한다.

검수방법에는 크게 전수검수법과 발췌검수법이 주로 활용된다. 이러한 검수방법에 대한 내용은 다음과 같다.

1) 전수검수법

전수검수법은 납품된 물품 전체를 각각 하나하나 검사하는 방법으로 물품이 소량이거나 고가품인 경우에 주로 사용된다. 이러한 전수검수법으로 검수를 수행할 때는 시간이 많이 소요되므로 검수의 우선순위를 정하여 이루어져야 한다.

2) 발췌검수법

발췌검수법은 납품된 물품 전체를 하나하나 검사하지 않고 물품의 일부를 무작위로 선택하여 검사하는 방법이다. 이러한 발췌검수법을 이용한 검수는 대량구매의 경우와 중요도가 낮고 저가품인 경우 주로 사용하며, 시간적 · 비용적인 측면에서 유리하다. 특히 이와 같은 검수법으로 검수함으로써 공급자 및 생산자의 의욕을 자극하고 신뢰감을 높이고자 할 때도 이 방법을 활용한다.

3) 물품 검수 시에 주의해야 할 사항

납품된 물품의 검수에 전수검수법이나 발췌검수법을 활용할 때 다음과 같은 사항에 주목하여 검사가 이루어져야 한다.

① 물품이 과대 포장되지 않아야 한다.
② 상자 안의 위아래에 있어서 물품의 크기·품질·색상 등이 균등해야 한다.
③ 물품의 등급표시를 확인하여 등급표시가 없거나 부실하지 않아야 한다.
④ 물품의 가식부분과 불가식부분에 대한 확실한 검사를 해야 한다.

3-2. 검수절차

검수업무를 수행함에 있어서 검수절차의 단계별 과정은 호텔 및 외식업체 또는 급식업체의 검수규정과 규모에 따라 다를 수 있지만, 대체로 [그림 5-1] 같은 흐름 속에서 검수업무가 진행되고 있다.

1) 구매발주서 및 구매명세서의 대조

발주한 구매물품이 납품되면 구매발주서와 구매명세서를 이용하여 납품된 물품의 품목·수량·품질·중량과 냉동 또는 냉장품의 경우, 물품의 온도 등을 구매명세서에 적시된 내용과 일치하는가를 확인한다.

구매물품의 납품

⬇

구매발주서 및 구매명세서의 대조

⬇ 납품된 물품과 구매명세서와 대조

납품된 물품과 거래명세서 대조

⬇ 거래명세서(송장)의 구비요건 확인

납품된 물품의 인수 및 반품처리

⬇ 클레임 발생 시 반품서 작성

택(tag)이나 바코드(bar code) 부착

⬇ 중요물품에 택 또는 바코드 부착

창고입고 및 생산부서로 이동

⬇ 검수물품 저장고 및 생산부서 이동

검수기록 작성

⬇ 검수물품/납품업체에 관한 피드백 작성

평가 및 피드백(feedback)

[그림 5-1] 검수절차의 단계별 흐름도

2) 납품된 거래명세서(송장)의 대조

공급업자는 물품을 납품할 때는 거래명세서를 첨부하는데, 이것을 거래명세서 또는 송장(invoice) · 납품서 · 거래명세표 등이라 한다. 거래명세서는 물품의 납품업자가 발행하며, 〈표 5-1〉과 같은 거래명세서 양식에 납품물품의 품목 · 수량 · 가격 등이 기재된 서류로서 차후 구매자에게 납품물품의 대금지급 청구서로도 사용된다. 이와 같은 구매명세서에 꼭 기재되어야 하는 사항은 다음과 같다.

〈표 5-1〉 거래명세서 양식(송장-Invoice)

RECEIVING RECORD

(거래명세표)

R/No.

Dept: Date:

공 급 받 는 자				공 급 자			
사업자 등록번호				사업자 등록번호			
상호	주)	대표		상호		대표	(인)
주소				주소			

No.	Description	Size	Unit	Q'TY	Unit Price	Amount

Received by :	P. R No :	Sub Total	
Receiving Clerk :	P. O No :	VAT	
Complete, Partial		Grand Total	

(1) 거래명세서(invoice)의 필수 기재사항

물품을 납품하기 위해서는 거래명세서는 다음과 같이 세법으로 그 기재사항이 정해진다.

① 세법상 요구되는 구매자와 납품업자의 상호·주소·사업자등록번호(거래번호) 기재
② 물품명·수량·단가·금액·부가가치세금액 등의 내용 기재
③ 구매발주서(PO)의 일련번호 및 납품기일의 기재
④ 납품업자의 확인 도장

(2) 거래명세서(invoice) 확인 도장 기재사항

검수에서 합격판정을 받게 된 물품은 거래명세서에 〈표 5-2〉와 같은 물품 수령확인(invoice stamp) 도장을 찍으므로 납품이 완료되는데, 이때 확인 도장에는 다음과 같은 내용이 기재된다.

① 물품 수령일자·수령인
② 대금지급승인
③ 검수번호·구매요구서 번호 등이다.

〈표 5-2〉 검수확인도장(receiving stamp)

NO :
Date :
Weight/Count :
Quality :
Temperature :
Price :
Received by :

(3) 거래명세서(invoice)의 용도

호텔 및 외식업체에서 사용되는 거래명세서는 보통 1조 5매로 구성되는데, (업무의 편의성을 도모하기 위하여 각 매수마다 종이의 색을 달리함) 다음과 같이 활용되고 있다.

① 원본 : 검수보고서 작성자료가 되며, 원가관리부서(cost control office)로 보내서 원가계산의 자료로 활용한 다음 납품물품의 대금지급을 위하여 회계부서로 송부되어진다.

② 사본 1 : 검수부서에서 보관하여 검수업무의 자료로 사용한다.

③ 사본 2 : 저장 담당자와 사용부서의 책임자(최초 구매의뢰부서장)에게 송부된다.

④ 사본 3 : 구매부서로 보내서 구매사항을 확인 및 구매자료로 활용된다.

⑤ 사본 4 : 납품업자용으로 대금지급의 청구용 및 증빙서로 활용된다.

(4) 거래명세서(invoice)를 대조하는 방법

납품된 물품과 거래명세서를 대조하는 방법으로는 송장 수령(invoice receiving)과 블라인드 수령(blind receiving)이 있으며, 그 내용은 다음과 같다.

① **송장 수령**

송장 수령(invoice receiving)은 검수요원이 구매발주서와 송장을 비교하여 다른 점을 찾아내는 방법으로 신속하고 경제적인 반면, 오류발생률이 높은 특징을 가지고 있다. 이와 같은 송장 수령(invoice receiving)의 사용은 대량구매나 가격이 낮은 소비재 등의 검수에 주로 사용한다.

② 블라인드 수령

블라인드 수령(blind receiving)은 구매발주서나 송장에 납품물품의 수량을 기재하지 않고 검수할 때 검수 현장에서 직접 기재하는 방법으로, 정확성은 있는 반면 시간이 많이 소요되는 특징이 있다. 이와 같은 블라인드 수령(blind receiving)의 사용은 소량구매나 가격이 고가이면서 희귀한 물품 등의 검수에 주로 사용한다.

3) 납품된 물품의 반품처리

검수를 통해서 납품된 물품에 대해서 이상이 없을 때는 물품을 인수하며, 만일 하자가 발생, 즉 중량부족 · 품질저하 · 가격불일치 · 납품시기 변경 · 위생상태 등 구매명세서 및 거래명세서에 적시된 내용과 일치하지 않아 클레임(claim)이 발생하면 반품처리를 하게 된다.

반품처리를 하게 될 때는 반품서의 양식에 따라 신속하게 원인규명을 하고, 상품생산에 긴급을 요하는 물품에 대해서는 주문부서 및 구매부서와 상의하여 재구매 및 클레임(claim)이 발생한 물품에 대한 가격 등을 재조정하여 생산에 차질이 없게 처리한다.

한편 이상이 있는 물품을 납품한 납품업자에게는 〈표 5-3〉과 같은 크레디트 메모(credit memorandum)에 클레임(claim) 발생 내용을 작성하여 물품배달원의 확인 후 송부하여 납품물품의 클레임(claim) 발생 원인을 해명하도록 한다. 납품업자에게서 하자발생 원인을 규명한 크레디트 메모(credit memorandum)가 오면 이것을 토대로 그 납품업자와의 계약유지 여부는 관계자들과 협의를 거처 물품공급 계약해제 및 계속공급 여부 등을 결정한다.

〈표 5-3〉 Credit Memorandum Form(크레디트 메모 양식)

Suppler :　　　　　　　　　　　　　　　Date :

다음 품목에 대하여 크레디트 메모를 작성하여 주시오.

Quantity	Item Description	Unit Price	Amount

크레디트 요청사유

물품배달인 서명 :

4) 택 또는 바코드 부착

택(tag)이나 바코드(bar code)는 납품물품의 검수가 완료되면 저장고로 물품이 이동하는데, 저장관리의 효율성과 원활한 통제 및 관리를 위해 물품에 〈표 5-4〉와 같은 택, 즉 꼬리표를 달게 된다. 택 또는 [그림 5-2]와 같은 바코드를 물품의 포장이나 겉 표면에 부착하여 아래와 같은 내용을 기입한다.

[그림 5-2] 바코드(bar cod) 샘플(sample)

〈표 5-4〉 택 양식(tag form)

NO :	NO :
Date Received :	Date Received :
Item :	Item :
Cut & Grade :	Cut & Grade :
Weight :	Weight :
Unit Price :	Unit Price :
Purchased From :	Purchased From :
Extension :	Extension :
Issued To :	Issued To :
Issued By :	Issued By :
* Include ahy commments regarding this(quality, yield, thickness ets) on the reverse side	

(1) 1차원 바코드

1차원 바코드(1D, Linear Bar Code)는 1973년 미국 슈퍼마켓특별위원회(U.S. Supermarket Ad Hoc Committee)가 세계상품코드(UPC : Universal Product Code)를 식료품업계 표준으로 제정하면서 일반화되기 시작했다. 미국이 UPC를 제정하여 미국과 캐나다의 슈퍼마켓에서 성공적으로 이용되자, 유럽에서도 이에 자극을 받아 12개국이 모여 1976년 말 13자리로 된 EAN(European Article Number)코드와 심벌을 채택하였다.

우리나라는 1988년 EAN에 가입하여 국가코드 880번을 부여받고 같은 해에 한국공통상품코드(KAN : Korean Artical Number) 체계를 확정하여 현재는 한국유통정보센터에서 각 제조업체 코드를 등록하여 상품에 바코드 심벌을 부착하고 있다. EAN코드는 국제상품코드(European Artical Number)의 약자로서 EAN International(국제상품코드관리협회)에서 제정되어 사용되고 있는 것을 말한다.

① 1차원 바코드(Bar Code)의 구성

[그림 5-2]와 같이 바코드를 보면 흰색 바탕에 굵고 가는 검은색 막대로 구성되어 있는데, 이 막대들은 2진수 0과 1을 나타내며, 막대들의 배열은 0에서 9까지의 10진수를 나타낸다. 결국 바코드 밑에 있는 숫자들을 굵고 가는 막대로 표시한 것인데, 컴퓨터는 우리가 쓰는 숫자를 인식하기에는 어려움이 있기 때문에 바코드를 써서 2진수로 인식할 수 있게 만든 것이다. 바코드에 있는 정보를 읽기 위해선 스캐너를 사용한다. 스캐너는 바코드의 검은 막대부분은 빛을 흡수하여 적은 양의 빛을 반사하고, 반대로 검은 막대 사이의 하얀 부분은 많은 양의 빛을 반사한다. 반사된 빛의 양의 차이는 스캐너 안에 있는 아날로그-디지털 변환기를 통과하면서 빛의 강약에 따라 전기적인 신호로 바뀌고, 이렇게 바뀐 신호는 0과 1로 컴퓨터로 입력되어 우리가 알아 볼 수 있는 문자 및 숫자로 나타나게 된다. 바코드의 왼쪽 네 자리 숫자는 국가식별숫자이며, 가운데 네 자리 숫자는 상품생산에 관한 내용, 마지막 네 자리 숫자는 상품관리에 관한 내용으로 구성된다.

② 1차원 바코드(Bar Code)의 종류

국제표준바코드에는 크게 2가지가 있다. 전 세계 100개국이 넘는 국가가 사용하고 있는 EAN코드와 미국과 캐나다에서 사용하고 있는 UPC코드가 있으며, 우리나라에서는 EAN코드를 사용하고 있다. 과거 국내에서는 KAN코드라는 이름으로 사용되었으나 현재 전 세계 공통으로 EAN코드를 공식명칭으로 사용하기 때문에 한국에서는 대외적으로 EAN KOREA로 불리고 있다.

EAN코드 종류에는 EAN-8, EAN-13, EAN-14, EAN-128코드 등이 있으며, 'EAN-13'이 표준형 코드이다. EAN-13은 제조업체 코드의 부여에 따라 표준형 코드, 다품목 코드, 의약품 코드로 나눌 수 있고, EAN-8은 단축형 코드로서 상품의 인쇄표시 면적이 작은 경우 등에 보통 사용한다. 상품에 표시하는 바코드의 크기는 표준형 가로 3.73cm, 세로 2.7cm 크기를 기준으로, 단축형 가로 2.66cm, 세로 2.20cm 크기를 기준으로 하여 각각 0.8~2배의 범위 내에서 축소, 확대하여 사용할 수 있다.

이러한 1차원 바코드(1D, Linear Bar Code)는 데이터 저장용량의 한계성이라는 문제점으로 인하여 2차원 바코드(2D bar code)가 등장하였다.

(2) 2차원 바코드

2차원 바코드(2D bar code)는 1차원 바코드(1D, Linear Bar Code)의 데이터 저장용량의 한계점을 극복하기 위하여 1980년대에 등장하였다. 이러한 이차원 바코드는 심벌 당 최소 수십 문자에서 수천 문자까지의 데이터를 담을 수 있고, 또 여러 심벌들을 연결시켜 하나의 메시지처럼 읽혀지도록 하는 기능을 가지고 있는 것이기 때문에 대용량의 데이터 표현 및 수집이 필요한 분야에 유용하다.

① 2차원 바코드의 특징

2차원 바코드(2D bar code)의 특징은 상품의 고밀도 데이터를 표현할 수 있다. 즉 부피가 작은 보석 등과 같이 좁은 영역에 그 상품에 필요한 모든 정보를 고밀도로 기록할 수 있다. 또 1차원 바코드는 심벌의 일부분이 오염되거나 훼손되면 데이터를 검색할 수가 없지만, 2차원 바코드는 심벌의 50% 정도가 오염되거나 손상되어도 데이터의 복원이 가능하며, 2차원 바코드는 데이터 암호화 기능을 가지고 있으므로 비밀 및 보안이 필요한 자료의 저장이 가능한 특징들이 있다.

② 2차원 바코드의 종류

2차원 바코드는 데이터를 구성하는 방법에 따라 크게 [그림 5-3]과 같이 적층형(stacked type) 코드와 매트릭스형(matrix type) 코드로 나뉜다. 적층형 바코드는 종래의 1차원 바코드를 종축(Y방향)으로 누적해 놓은 형태이고, 매트릭스형 코드는 장방형의 검고 흰 요소들을 모자이크 식으로 배열한 형태로 적층형 바코드보다 데이터의 밀도가 높다.

이러한 2차원 바코드에는 전 세계적으로 수많은 종류가 있으며, 지금도 계속 증가하고 있다. 그러나 국제표준으로 채택된 2차원 바코드는 PDF417[3], Data Matrix[4], Maxi Code[5] 그리고 QR Code[6]로 모두 4종류가 있다.

(적층형 코드) (매트릭스형 코드)

[그림 5-3] 2차원 바코드 종류

[그림 5-4] PDF417 심벌

- PDF417 : [그림 5-4]와 같은 PDF417은 2차원 바코드는 미국 Symbol Technologies에서 1991년에 Ynjiun Wang에 의해 개발된 가변적인 심벌 높이를 가진 다층형 2차원 바코드로써 현재 가장 많이 사용되고 있다. PDF417 하나의 심벌 문자는 4개의 바와 4개의 스페이스 조합으로 구성되는데, PDF는 Portable Data File이라는 의미를 가지며 그 길이는 17모듈이 되므로 PDF417이라는 이름이 여기서 연유한다. 또 PDF417의 한 심벌은 최대 ASCⅡ 1,850 문자나 1,108바이트(byte) 또는 2,710 수치(digit)를 표현할 수 있다.

- Data Matrix : [그림 5-5]와 같은 Data Matrix는 Data Code라고도 하며, 1989년 미국 International Data Matrix사의 사장인 Dennis Priddy에 의해 개발된 매트릭스형 코드이다. Data Matrix의 심벌은 360도 어떤 방향에서도 판독이 가능하며, 심벌의 크기는 한 변이 0.001 Inch에서 14 Inch까지 가능하다. 또 심벌 당 최대 2,334개의 Alphanumeric 문자나 1,558개의 8비트 바이트 데이터 또는 3,116개의 수치를 표현할 수 있으며 주로 반도체, 의료기기 등의 소형 부품에 사용된다.

[그림 5-5] Data Matrix 심벌

- MaxiCode : [그림 5-6]과 같은 MaxiCode는 1989년 미국의 택배회사인 UPS(united parcel service)사에서 물품운송에 대한 추적관리, 대금청구 등을 신속하고 정확하게 처리하여 내부 물류관리의 효율성을 증대시키고 대고객 서비스를 향상시키기 위하여 개발된 매트릭스형 코드이다. MaxiCode는 256개의 모든 ASCⅡ문자를 표현할 수 있고, 심벌 당 최대 93자의 알파벳 문자와 135자의 수치 문자를 담을 수 있으며, 크기는 가로, 세로 1인치(우표 크기)로 고정된 심벌의 중심에는 심벌 인식패턴이 있다.

[그림 5-6] Maxi Code 심벌

- QR Code : [그림 5-7]과 같은 QR Code(Quick Response Code)는 1994년 일본의 Nippondenso에서 개발한 매트릭스형 2D코드로 신속한 판독을 필요로 하는 물류관리나 공장자동화 부분에 적합하도록 고안되었다.

QR Code 심벌의 좌측 상단과 그 우측과 아래에는 3개의 소형 단면(cutout) 심벌이 있어서 심벌의 방향을 빠르게 파악하고 신속한 판독이 가능하다. 이러한 단면(cutout) 심벌은 어느 각도로 읽어도 Black : White : Black : White : Black =1:1:3:1:1의 비율이 유지되어 이를 가능하게 한다.

[그림 5-7] QR Code 심벌

심벌의 크기는 셀의 배열이 21×21에서 105×105까지 가능하며 최대 2,509개의 수치와 1,520개의 Alphanumeric 문자와 1,045개의 이진수 문자를 포함할 수 있다.

이와 같은 2차원 바코드의 특징을 요약하면 〈표 5-5〉와 같다.

〈표 5-5〉 2차원 바코드(2D bar code)의 종류

심볼리지	DataMatrix코드	PDF417	QR코드
표현가능데이터	128 ASCII문자, 확충된 256문자 사용자 정의의 8비트 문자	128 ASCII문자, 확충된 256문자 사용자 정의의 8비트 문자	128 ASCII문자, 확충된 256문자 사용자 정의의 8비트 문자
종류	매트릭스형 2D	연속형 다층형	매트릭스형 2D
크기	정사각형(가변)	직사각형(가로×세로 : 가변)	정사각형(가변)
데이터 용량	Alphanumenc : 2334자 숫자 : 3,116자	Alphanumenc : 1850자 숫자 : 2,710자	Alphanumenc : 1520자 숫자 : 2,509자
문자검증 기능	있음	있음	있음
정상 "X"밀도 ("X"=가는 바의 두께)	응용분야에 따라 가변	응용분야에 따라 가변	응용분야에 따라 가변
데이터 표현구조 (보정률)	13단계의 오류 검증 및 복원가능	8단계의 오류 검증 및 복원가능	3단계의 오류 검증 및 복원가능
개발호사	미국(International DataMatrix, 1989년)	미국 (Symbol, 1989년)	일본 (Nippondemso, 1994년)
적용분야	전세계적으로 널리 사용	전세계적으로 널리 사용	전세계적으로 널리 사용

(3) 택(tag)이나 바코드(bar code)에 기재되는 사항

택(tag)이나 바코드(bar code)에 기재되는 내용에는 물품명 · 입고일자 · 검수일자 · 납품업자 · 납품일자 · 중량 · 수량 · 저장방법 · 장소 · 가격 · 단가 · 등급 · 유효기간 · 출고일자 등을 기록하여 재고관리와 출고관리에 활용된다.

(4) 택 또는 바코드 부착 목적

택(tag) 또는 바코드(bar code) 부착 목적은 납품업자의 확인으로 차후 발생 가능한 품질 및 수량상의 문제해결에 필요하며, 다음과 같은 용도로 활용된다.

① 물품의 출고시 계량업무의 편리성을 도모한다.
② 물품의 검수업무에 대한 검수원의 정확도 및 책임소재를 파악할 수 있다.
③ 육류에 대한 재고순환자료로 이용된다.
④ 물품의 재고조사의 정확성과 신속성을 기할 수 있다.
⑤ 육류의 출고원가 산출자료와 원가계산자료로 이용된다.
⑥ 물품의 소비량 측정자료로 활용되어 향후 구매량 결정에 이용된다.

5) 창고입고 및 생산부서 이동

납품된 물품에 대한 검수가 완료되면 물품의 품목과 특성, 사용부서 및 사용용도에 따라 지정된 저장고 및 생산부서로 운반되어진다.

호텔 · 외식업체 등에서 구매되어 검수되어진 식자재의 저장 · 보관 및 이동경로를 보면 [그림 5-8]과 같이 흐름도로 나타낼 수 있다.

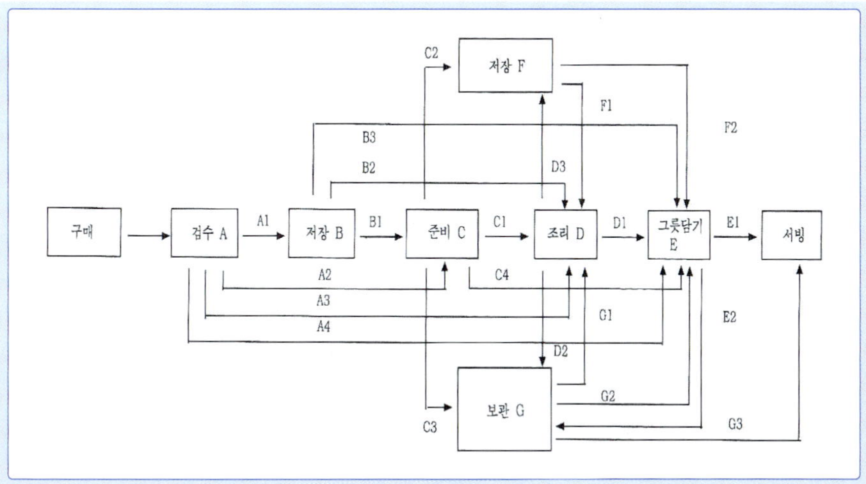

[그림 5-8] 호텔 및 외식업체 식자재 흐름도

(1) 호텔 및 외식업체 식재료의 흐름도

① **검수 A지점에서 식재료 이동 방향**

- A 1 : 비교적 보관기간(shelf life)이 긴 식재료가 종류에 따라 각각 저장장소로 이동한다.
- A2 : 매일매일 일일시장리스트(daily market list)에 따라 구매된 저장기간이 짧은 신선식품(Daily item)으로 예비 준비실로 이동하여 생산에 사용하기 위하여 대기한다.
- A3 : 매일매일 일일시장리스트(daily market list)에 따라 구매된 저장기간이 짧은 신선식품(Daily item)으로, 생산주방(main production)으로 이동하여 당일생산에 사용된다.
- A4 : 매일매일 일일시장리스트(daily market list)에 따라 바로 서빙(Read to serving or read to eat)할 수 있는 Daily item으로 각 영업 주방으로 이동되어 당일생산에 사용된다.

② 저장고 B지점의 식재료 이동(출고) 방향

- B1 : 검수가 완료된 식재료가 예비준비실로 이동된다.
- B2 : 창고에서 출고된 식재료는 생산에 사용하기 위하여 생산주방(main production)으로 이동된다.
- B3 : 출고된 식재료가 당일 생산에 사용하기 위하여 각 영업 주방으로 이동된다.

③ 예비 준비실 C에서의 식재료 이동 방향

- C1 : 예비 준비실에서 사용하기 편리하게 손질된 식재료는 각 생산주방(main production)로 이동되어 각 영업 주방에 공급될 반조리(read to cook) 또는 완전조리(read to eat)된다.
- C2 : 예비 준비실에서 사용하기 편리하게 손질된(read to cook) 식재료는 단기저장실 F로 이동되어 사용 대기상태로 보관된다.
- C3 : 예비 준비실에서 사용하기 편리하게 손질된(read to cook) 식재료는 조리와 즉시 서빙될 수 있는 상태로 보관실 G로 이동하여 보관된다.
- C4 : 예비 준비실에서 사용하기 편리하게 손질된(read to cook) 식재료는 각 영업 주방으로 이동하여 고객에게 제공된다.

④ 조리실 D의 생산주방(main production)에서의 식재료 이동 방향

- D1 : 생산주방(main production)으로 이동된 식재료는 반조리(read to cook) 또는 완전조리(read to eat)되어 각 영업 주방으로 이동하여 고객에게 제공된다.
- D2 : 생산주방(main production)으로 이동된 식재료는 반조리(read to cook) 또는 완전조리(read to eat)되어 조리와 즉시 고객에게 제공될 수 있는 상태로 보관실 G로 이동하여 대기한다.

- D3 : 생산주방(main production)으로 이동된 식재료는 반조리(read to cook) 또는 완전조리(read to eat)되어 단기저장실 F로 이동 대기한다.

⑤ 영업주방 E에서의 식재료 이동 방향

- E1 : 영업 주방으로 이동되어 온 식재료는 당일 상품으로 조리되어 고객에게 제공된다.
- E2 : 영업 주방으로 이동되어 온 식재료는 당일 상품으로 조리되어 즉시 고객에게 제공될 수 있는 상태로 보관실 G로 이동되어 대기한다.

⑥ 저장고 F지점에서의 식재료 이동 방향

- F1 : 저장고 F지점에 즉시 사용할 수 있는 상태로 보관된 식재료는 생산주방(main production)으로 이동하여 반조리(read to cook) 또는 완전조리(read to eat) 상태로 준비되어진다.
- F2 : 저장고 F지점에 즉시 사용할 수 있는 상태로 보관된 식재료는 각 영업방으로 이동되어 당일 조리되어 고객에게 제공된다.

⑦ 저장고 G지점에서의 식재료 이동 방향

- G1 : 저장고 G지점에 즉시 사용할 수 있는 반조리(read to cook)된 상태로 보관된 식재료는 생산주방(main production)으로 이동하여 바로 사용할 수 있는 상태로 완전조리(read to eat)된다.
- G2 : 저장고 G지점에 즉시 사용할 수 있는 반조리(read to cook) 또는 완전조리(read to eat)되어진 식재료는 각 영업 주방으로 이동하여 바로 고객에게 제공된다.
- G3 : 저장고 G지점에 즉시 사용할 수 있는 완전조리(read to eat)되어진 상품은 바로 고객에게 제공되기 위하여 이동된다.

6) 검수기록 및 평가

당일 납품된 물품의 검수가 완료되면 검수원이 최종적으로 수행하는 업무는 당일 수행한 검수결과에 대한 기록과 평가를 하는 것이다. 검수기록과 평가는 검수일지 · 거래명세서 · 검수확인 · 검수표 및 반품서 등의 자료에 따라 이루어진다. 이러한 자료에 의한 검수결과의 기록을 바탕으로 납품업자나 관련부서 그리고 물품에 대한 평가가 이루어지며, 또 검수관리 및 검수물품 특성과 검수시스템의 수정 · 보안을 통하여 경쟁력과 검수의 효율성을 달성하기 위해서 검수결과에 대한 피드백(feedback)이 원활하게 이루어져야 한다.

검수기록과 평가에 사용되는 각 자료에 성격과 기재되는 내용을 보면 다음과 같다.

(1) 검수일지

검수 수령일지라고도 하는 검수일지는 납품된 물품에 대한 검수내용과 검수에 필요한 정보를 기록하는 일지로 날짜 · 납품업자 · 품목 · 수량 · 가격 · 중량과 더불어 물품의 사용부서(구매 청구부서) 등을 기록하며, 검수원이 작성하여 자료로 보관한다.

(2) 거래명세서(송장)

거래명세서(invoice)는 납품된 물품의 거래에 필요한 내용을 구체적으로 기재되어 있는 납품서로서 검수가 완료되면 검수담당자는 검수물품과 관련된 부서로 송부하며, 특히 납입물품의 대금지급과 세무자료로 사용될 수 있도록 회계부서로 송부한다.

(3) 검수표

검수담당자가 납입된 물품을 검수할 때 거래명세서가 없이(긴급구매 경우) 납품될 경우 주로 작성하는 검수 표는 차후 구매청구서나 구매명세서와 대조하기 위한 목적으로 사용되며, 대금지급을 위하여 회계부서로 송부한다.

(4) 반품서 및 반품관리대장

반품서는 납품 물품의 검수에서 구매명세서나 거래명세서와 맞지 않아 클레임(claim)이 발생했을 때 검수담당자가 클레임(claim) 발생 내용 등을 기재하여 납품업체로 송부하는 서류로, 대체로 1조 3부로 작성되어 납품업체 · 검수부서 · 회계부서로 보내져 보관된다. 한편, 반품에 관한 내용을 기록한 반품관리대장은 납품업자의 성실성 · 신용도 등을 조사 · 분석하는 자료로 활용된다.

3-3. 식품검사 및 감별법

1) 식품검사

식품검사는 식품의 안전성과 위생을 확보하기 위하여 식품의 생산 · 재배로부터 최종소비에 이르기까지 각 단계마다 검사가 이루어진다. 이와 같은 검사는 구매물품뿐만 아니라 생산된 상품 및 제품에 대해서도 안전성과 위생 확보 및 품질관리 차원에서 검사가 수행된다. 그러므로 식품검사는 식품이 각종 유해성 물질과 변질 · 오염에 의한 유해성 물질을 검출함에 그 의의가 있다.

2) 식품감별법

식품감별법은 식품검사의 한 부분으로 주로 시험분석보다는 감별 담당자의 경험 · 지식 · 기술 · 기능 등을 적용하여 식품의 품질특성과 위생적인 관점에서 판별하는 방법으로, 이에는 관능검사 · 물리적 검사 · 화학적 검사 · 생물학적 검사 · 독성검사 등이 있다. 이러한 식품감별법에 대한 내용은 다음과 같다.

(1) 관능검사

관능검사(sensory evaluation)란, 사람의 오감(五感)(시각 · 청각 · 후각 · 미각 · 촉각)을 이용하여 식품에 대한 기호와 만족도를 얻고자 할 때 많이 이용되는 검사방법으로 식품이나 식품재료의 특징이 오감에 의해서 감지될 때 야기되는 반응을 주관적인 관점에서 기록 · 분석하는 평가방법으로 사전에 계획된 조건에서 실시하면 신뢰도를 높일 수 있다.

일반적인 관능적 요소는 [그림 5-9]와 같이 나눠질 수 있으며, 모양(appearance) · 냄새(odor · flavor) · 맛(taste) · 색깔(color) · 조직특성(texture characteristics) 등이 있는데, 모양 · 크기 · 형태 · 색깔 등은 시각적 요소이고, 냄새는 후각, 조직특성은 촉각, 맛은 미각 요소이므로 판별이 매우 복잡하고 어려운 편이다.

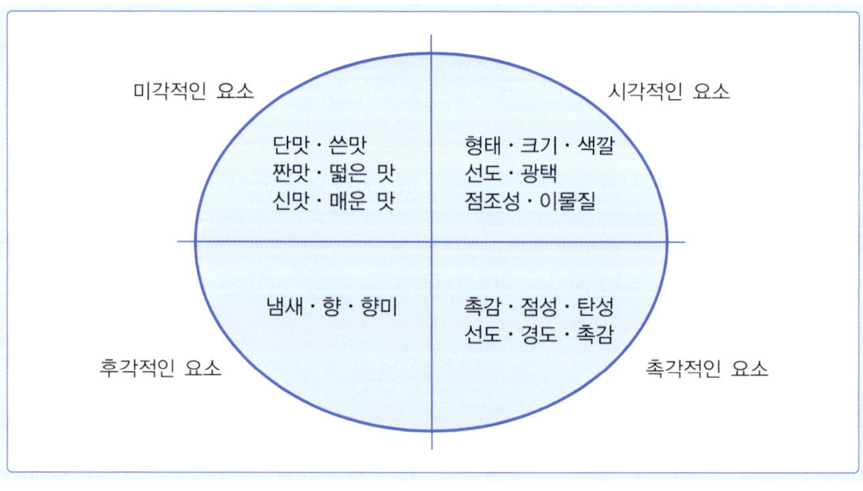

[그림 5-9] 식품재료의 관능적 요소

관능검사(sensory evaluation)의 대상은 첫째, 검사대상의 외관의 크기 · 형태 · 건전성 · 점조성 등을 시각 · 후각 · 촉각 등의 기간으로 평가할 수 있으며, 둘째, 검사대상의 조직을 눈 · 입 · 귀 등의 기관으로 그 정도를 느낄 수 있다. 셋째, 검사대상의 냄새 · 맛 등의 풍미는 코 · 입으로 그 정도를 평가할 수 있다.

식품이나 식품재료는 객관적인 분석방법에 의한 평가자료를 근거로 식품과 식품재료의 품질을 평가하여야 하나 실제 많이 행해지고 있는 관능적 평가방법은 주관적이므로 평가의 신뢰성이 객관적 평가보다 낮은 편이다.

관능검사(sensory evaluation)에서 각 관능적 요소의 평가항목은 다음과 같다.

① 미각적 요소 : 단맛 · 쓴맛 · 짠맛 · 떫은 맛 · 신맛 · 매운맛 등
② 시각적 요소 : 형태 · 크기 · 색깔 · 선도 · 광택 · 점조성 · 이물질 등
③ 후각적 요소 : 냄새 · 향 · 향미 등
④ 촉각적 요소 : 촉감 · 점성 · 탄성 · 선도 · 경도 · 촉감 등

(2) 물리적 검사

물리적 검사법에는 온도 · 비중 · 중량 · 용량 · 경도 · 물성 · PH(potential Hydrogen) · 방사능 등을 검사할 수 있다.

(3) 화학적 검사

화학적 검사법은 식품의 성분 중수분 · 총 질소 · 휘발성 염기질소 · 아미노태 질소 · 조지방 · 조섬유 · 회분 · 미량성분 등의 검사 및 천연독극물 · 유해금속 · 농약 · 식품첨가물 · 항생물질 등을 검사할 수 있다.

(4) 생물학적 검사

생물학적 검사법은 미생물인 전염병원균 · 세균성 식중독균 · 일반세균 ·

곰팡이 · 효모 · 대장구균 · 장구균 · 기생충, 항생물질 등 검사를 할 수 있다.

(5) 독성검사는 급성독성 · 만성독성 등을 검사할 수 있다.

04 식자재 입고관리 및 출고관리

4-1. 식자재의 입고관리

식자재의 입고관리란, 검수를 거친 식자재는 사용 목적과 사용 시기에 따라서 저장하는 위치가 다르기 때문에 식재료를 검수하고 입고하는 시점에서 사용용도와 시기에 맞게 [그림 5-10]과 같이 분류되어 입고한다.

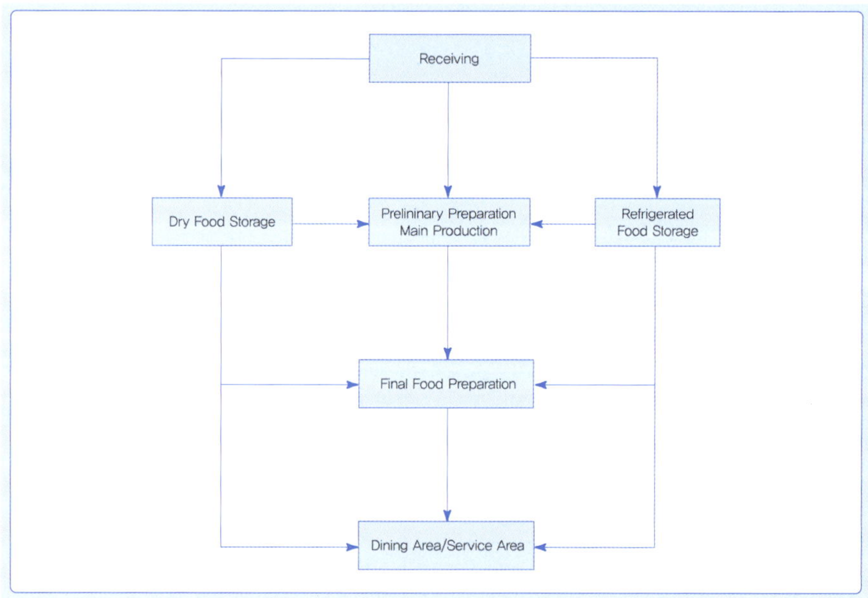

[그림 5-10] 식자재 흐름도

4-2. 식자재의 출고관리

식자재가 각 저장고에서 생산과 판매지점으로 공급되는데, 이때 저장고에서 생산현장으로 정해진 절차에 따라서 이동하는 것을 출고라 할 수 있다.

저장고 밖으로 식재료가 출고되기 위해서는 〈표 5-6〉과 같은 창고물품청구서(store requisition)를 작성하여 허가자의 허가를 득하면 출고가 이루어진다. 이러한 물품청구서에 기록되는 내용에는 품명 · 수량 · 청구날짜 · 허가자의 서명 · 수령자의 서명 · 불출자의 서명 · 사용부서 등을 기재하여 사용한다.

〈표 5-6〉 창고 물품청구서 양식

STORES REQUISITION

(창고 물품청구서)

Dept :__________ Date :__________ No.__________

FOOD ☐ GENERAL ☐

BEVERAGE ☐ OTHERS ☐

Q'TY Ordered	Unit	Description	CODE No.	Q'TY Issued	Unit Price	Amount

Order by	Approved by	Issued by	Received by

1) 식자재의 입고 및 출고 전산화

최근 호텔 및 외식업체에서는 식자재의 저장관리 및 재고관리와 함께 식재료의 입 · 출고관리도 대부분 전산시스템을 이용하여 관리하고 있다. 전산화는 구매부서 · 생산부서(조리부) · 판매부서 · 창고관리에 단말기(workstation)를 설치하여 사용하는 전산시스템이 실용화 · 보편화되었다.

이러한 전산시스템은 Lan Net Working System(lan configuration)이라고 하는데, [그림 5-11]과 같이 중앙컴퓨터를 중심으로 각 통제지점(사용지점)에 Workstation이라 하는 개인용 단말기를 연결하여 필요한 업무를 개인용 컴퓨터를 이용하여 처리하는 것이다.

이와 같은 전산시스템은 구매활동에 필요한 모든 업무, 즉 구매 청구 작성 · 구매명세서 등을 작성하고 출력할 수 있으며, 검수업무 · 저장고 입 · 출고관리 업무와 더불어 원가계산 및 원가관리 업무까지도 수행하고 있다.

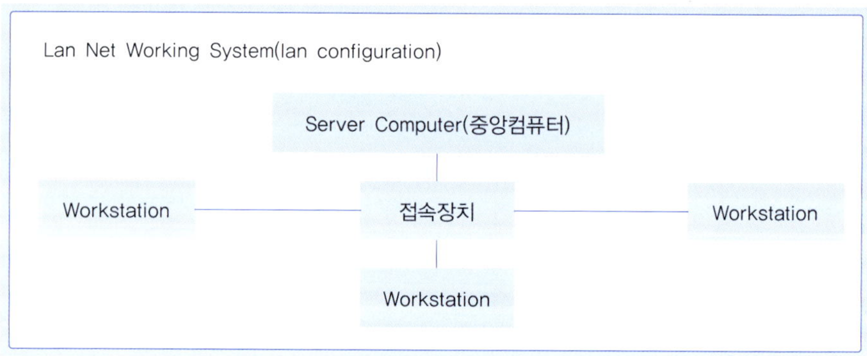

[그림 5-11] 식자재 입고 · 출고 · 저장관리의 전산화 구성도

제6장 식자재 저장 및 재고관리

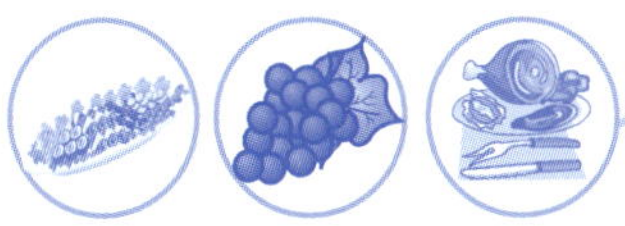

Food Material Management & Purchasing

06

식자재 저장 및 재고관리

01 식자재 저장관리

1-1. 식자재의 저장관리

식품을 구매하고 검수한 후 즉시 사용하지 않는다면 사용할 때까지 저장해 두고 필요할 때 생산 장소로 출고한다. 이렇게 출고하기 전까지 식자재를 저장해두고 필요할 때 즉시 사용할 수 있는 상태로 관리하는 것이 저장관리이다.

1) 식자재 저장의 목적

식자재의 저장관리 목적은 호텔 및 외식업체에서 사용하는 식자재의 구매시장의 역동적인 변화 등에 의하여 불확실한 수요와 공급에 대응하고, 이러한 시장의 불확실한 수요와 공급에 따라 식자재의 가격변동에 능동적으로 대체하기 위하여 식자재를 저장한다. 또 구매주문비의 경제성과 생산판매의 불확실성에 대비하기 위해서도 식자재의 저장목적이다.

식자재 저장목적과 더불어 식자재 저장관리의 목적으로는 식자재관리를 체계적이고 위생적으로 물품을 저장 · 보존하기 위함이며, 식자재의 변질 · 부패 · 도난 및 손실을 방지하고 원활한 입 · 출고 업무를 수행하기 위하여 저장관리를 한다.

2) 식자재 저장고의 종류

식자재 저장고의 종류는 호텔 및 외식업체의 규모와 업장의 수 · 식당의 종류 · 식재료의 공급시장의 상황 등에 따라 저장고의 종류와 크기에 차이는 있으나 보통 식재료를 보관할 장소에 분류한다면 다음과 같이 크게 4가지로 구분할 수 있다.

(1) 냉동 저장고

냉동고는 일반적으로 냉동된 식자재를 장기보존에 사용되며, 주로 육류 및 생선류의 장기보관 목적으로 사용된다. 냉동고의 온도는 −23~−18℃이며, 너무 저장기간이 길어질수록 저장 식자재의 품질이 저하될 우려가 커지게 되고 냉해(freezer burn) · 탈수(dehydration) · 오염(contamination) 등과 손실(spoilage) 등이 발생하게 된다. 냉동고의 종류는 식자재 운반용 왜건(wegon) 등이 들고 날 수 있는 대형냉장고(walk in freezer)와 저장식품을 밖에서 손으로 넣고 꺼낼 수 있는 소형냉동고(reach in freezer) 등이 있다. 특히 대형냉동고(walk in freezer)는 바닥과 동일한 높이로 하여 이동용 손수레 등이 쉽게 들고 날 수 있도록 설계하여야 한다. 또 이러한 대형냉동고는 사람이 직접 냉장고 안으로 걸어 들어가서 업무를 수행하기 때문에 냉장고에서 나올 때 안에서 문을 열 수 있는 장치와 비상시에 사용할 수 있는 경보장치를 설치하여 사람이 안에 갇혔을 경우에 대비하여야 한다.

(2) 냉장저장고

냉장저장은 주로 상하기 쉬운 신선식품 · 낙농식품 · 채소 및 과일류 등을 냉장온도 0~7℃(습도 75~95%)에서 보관하는 데 사용된다. 신선식품의 냉장상태는 미생물의 성장과 번식을 지연시킬 수 있지만 이미 존재하는 미생물은 사멸되지 않으며, 또한 미생물 번식을 완전히 막을 수는 없다. 따라서 냉장저장이 필요한 식자재는 신속히 냉장고로 운반하여 식자재의 품질과 영양가가 손실되는 것을 최소화할 수 있도록 한다.

냉장고의 종류는 식자재운반용 왜건(wegon) 등이 들고 날 수 있는 대형냉장고(walk in refrigerator)와 저장식품을 밖에서 손으로 넣고 꺼낼 수 있는 소형냉장고(reach in refrigerator) 등이 있다.

이러한 냉장고에는 사용목적에 따라 보통 0~9℃를 유지하는 냉장고로 냉동식품의 해동이나 육류(0~3℃), 유제품(2~5℃), 야채 및 과일(6~9℃) 등의 저장에 사용되는 Coolers와 냉동식품의 해빙을 위해서 언제나 4.5℃를 유지하는 해빙고(thawer of tempering boxes) 등이 있다.

(3) 일반창고

일반창고는 건조저장고라고도 하며, 주로 호텔이나 외식업체에서 사용하는 건조식자재와 완전 가공된 캔류 등을 저장 · 보관하는 데 사용한다.

(4) 음료저장고

음료저장고에는 와인(wine)을 저장하는 와인 냉장고와 기타 음료 등을 저장 · 보관하는 음료창고가 있다.

이와 같이 세분화되고 구분된 저장시설은 식재료의 입 · 출고 관리와 월말 재고조사 등의 업무를 신속 · 정확하게 할 수 있는 장점이 있는 반면에 관리

유지비가 많이 소요되는 단점이 있다.

3) 식자재 저장의 4원칙

식자재 저장관리의 목적을 효율적으로 달성하기 위하여 다음과 같은 저장원칙이 우선적으로 지켜져야 한다.

(1) 식자재의 안정성

냉장 · 냉동고의 개폐장치에 대한 안전장치, 저장고 운용에 있어서 안전사고에 대비한 인원 및 물품안전을 위한 물품의 적재방법 · 사다리 · 선반설비 등의 안전성의 원칙에 유의해야 한다.

(2) 식자재의 위생확보

모든 식재료 저장고는 청결하여야 하며, 곤충 · 해충 · 벌레 또는 박테리아의 오염으로부터 보호되고 안전해야 한다.

(3) 식자재 배열성

저장 · 보관된 식재료의 배열은 재고조사 대장의 순서에 의한 진열되어야 하며, 출고회수에 따른 위치선정 · 선입선출 · 재고카드의 부착과 식재료 특성에 따른 분리저장과 같은 합리적으로 관리할 수 있도록 배열되어야 한다.

(4) 식자재의 저장창고의 보안

저장창고 관리의 책임소재를 확실히 하기 위하여 관리담당자를 단일화 하여 열쇠관리 · 저장고 출입의 제한 · 비상용 열쇠의 철저한 관리와 같은 재고자산 보호대책 등이 강구되어야 한다.

4) 식자재 저장고 관리업무

식자재 저장과 관리자의 직무 수행시 고려해야 할 주요내용은 다음과 같다.

① 식자재 저장고의 재고량에 따른 주문수량(발주량)을 결정한다.
② 저장된 식자재의 재주문 시기를 결정한다.
③ 저장된 식자재의 불확실성에 대비해서 안전재고량을 결정한다.
④ 저장된 식자재의 Slow moving item과 Sleeping item에 대한 정보를 제공해야 한다.
⑤ 저장된 식자재의 자주 많이 사용하는 품목과 충분히 적게 사용하는 품목에 대한 재고량관리와 주문관리을 해야 한다.
⑥ 메뉴계획에 따른 저장된 식자재의 정보를 제공해야 한다.

1-2. 식자재 저장고관리

1) 건조 저장고관리

건조(dry) 식자재를 저장 · 보관하는 건조 저장고(dry storage)관리를 위해서 다음과 같은 항목들에 대한 고려가 선행되어야 한다.

(1) 적합한 공간

건조 저장고의 크기는 저장식 자재의 재고량 · 재고의 회전율 · 이용고객 1인당 면적할당(보통 1/2평 피트를 권함) 등으로 창고의 크기를 결정할 수 있다. 저장고의 크기가 너무 크면 저장고 운영비가 증가하고 너무 작으면 식품저장의 안전성과 관리에 문제가 발생할 수 있다.

(2) 사용 현장과 위치에 따른 고려

저장고의 위치는 출납 및 관리업무를 하기 쉬운 장소로, 즉 검수구역과 생산시설에 인접하여 위치함으로써 저장고 관리가 용이해진다.

(3) 저장 식재료의 안전성에 따른 고려

식자재 저장고의 천장으로 지나가는 스팀파이프 · 하수관 · 수도파이프 등의 설비를 고려하여 저장 식자재의 안전성을 확보해야 한다.

(4) 온도 · 습도 · 조명에 따른 고려

저장고의 온도는 일정하게 유지되어야 하며, 적정온도보다 높거나 낮은 온도는 식재료의 영양과 품질의 응축 · 부패 등으로 손상되므로 저장온도는 보통 10~24℃(보통 10℃가 적합함), 습도는 50~60% 정도(곡류는 이보다 조금 낮다)로 유지함이 적당하다.

일반식품은 저장고 온도에 따라 보관기간에 많이 차이가 있는데, 보통 38℃에서보다 21℃에서 보관성이 세 배나 증가한다. 또 저장고의 환풍성은 좋아야 하며 보통 시간당 4번 정도 공기를 바꾸어 주는 것이 바람직하다.

저장고의 창문은 직사광선을 차단하여 내부온도에 영향이 미치지 않게 하며, 조명은 너무 밝으면 식자재에 영향을 줄 수 있으므로 적절한 밝기이면 된다.

(5) 선반과 내용물의 배치

건조 저장고의 선반은 크기 · 넓이 · 길이의 조정이 가능해야 하며, 금속성 선반은 조정성이 좋고 장소를 적게 차지하는 장점과, 유리병은 금속에 부딪쳐서 깨질 염려가 있다. 한편 나무로 된 선반은 유리병 제품보관에 안전성을 부여하는 장점이 있다.

식재료 보관은 저장고 바닥에서 목재깔판을 이용하여 15~25cm 위에 저장하고, 벽으로부터 5cm 떨어지게 저장한다.

식자재 배치는 각 품목에 대한 명확한 구분과 품목 간 공간을 확보하여 관리의 편리성을 도모하고 자주 사용하는 품목은 출구와 가까운 위치에 배치시켜야 한다.

(6) 해충 및 세균예방

건조 식자재 중 곡류는 해충·벌레나 미생물의 침입에 취약하기 때문에 벽·천장·마루 등의 틈새를 철저한 통제와 청소·살충제·방충과 방서망 등을 설치하여 사전예방에 만전을 기해야 한다.

(7) 저장고 관리지침

① 온도계 준비로 적정온도를 유지한다.
② 저장고의 출입은 허가된 자만 출입 가능하도록 통제한다.
③ 저장 식자재의 입·출고에는 철저한 선입선출법(FIFO시스템)을 운용한다.
④ 식자재의 배치는 바닥에서 15~25cm, 벽에서 5cm 떨어지게 관리한다.
⑤ 저장고에는 절대 개인소지품을 보관해서는 안 된다.
⑥ 저장고의 비상열쇄 관리지침을 마련하여 비상시에 대비한다.
⑦ 저장고는 정기적으로 청소와 소독을 하여야 한다.

2) 냉장·저장 관리

신선식품을 저장·보관하는 냉장고의 온도는 〈표 6-1〉과 같이 저장 품목별로 적당한 온도유지가 필요하며, 보통 세 가지 유형으로 분류하여 저장한다.

〈표 6-1〉 단기 저장고의 저장온도

<table>
<tr><th>분류</th><th>식품명</th><th>저장온도(℃)</th><th>저장습도(%)</th></tr>
<tr><td rowspan="9">냉장고</td><td>육류</td><td rowspan="2">-1~2</td><td rowspan="2">70~75</td></tr>
<tr><td>가금류</td></tr>
<tr><td>생선</td><td>-1~1</td><td>80~95</td></tr>
<tr><td>낙농식품</td><td>2~4</td><td>75</td></tr>
<tr><td>란류</td><td>3~4</td><td>75~85</td></tr>
<tr><td>과일</td><td rowspan="2">4~7</td><td rowspan="3">80~90</td></tr>
<tr><td>잎, 줄기야채</td></tr>
<tr><td>뿌리야채</td><td>7~10</td></tr>
<tr><td>음료</td><td>7~13</td><td></td></tr>
<tr><td rowspan="2">냉동고</td><td>장기저장 냉동고</td><td>-18~-23</td><td rowspan="2">85~95</td></tr>
<tr><td>단기저장 냉동고</td><td>-5~-10</td></tr>
<tr><td>저장고</td><td>건조저장고</td><td>16~21</td><td>50~60</td></tr>
</table>

① 육류 저장온도는 0~2℃ · 습도 75~85%에서 저장한다.

② 과일과 야채 저장온도는 2~7℃ 냉장 · 고습도 85~95%를 유지한다.

③ 낙농품(dairy item) 저장온도는 3~8℃ · 습도 75~85%를 유지한다.

④ 생선류의 저장온도는 -1℃에서 저장 · 보관한다.

일반적으로 소형 냉장고(Reach in)의 온도는 2~4℃를 유지해야 하며, 대형 냉장고(Walk in)의 냉각팬에 얼음이 0.6cm정도 쌓이면 제거해야 한다. 특히 박테리아의 번식 온도는 10~49℃이므로 냉장고의 온도는 10℃ 이하로 관리되어야 한다.

한편 신선식품을 냉장고에 저장 · 보관할 때 〈표 6-2〉와 같은 냄새를 내거나 흡수하는 식품끼리 함께 저장하면 서로 냄새를 흡수하므로 냉장고에 함께 넣어 저장하지 않아야 한다.

〈표 6-2〉 냄새를 내거나 흡수하는 식품

식품 종류	냄새 냄	냄새 흡수
사과	○	○
복숭아	○	×
감자	○	×
양파	○	×
양배추	○	×
쌀	×	○
밀가루	×	○
옥수수가루	×	○
계란	×	○
버터	×	○
치즈	○	○
우유	×	○

3) 냉동저장 관리

냉동식품은 저장온도가 10°F 증가하면 저장수명은 반으로 줄어들며, 0℃에서도 화학적 변화와 미생물의 발육이 가능하므로 냉동온도는 -18~-23℃가 적당하다. 예를 들면, 냉동된 완두콩은 -18℃ 일 때보다 -1℃에서 60배나 더 빨리 부패한다. 냉동된 푸른색 콩류는 -12℃에서 두 달간 보관하면 색・맛・풍미 등에 영향이 있으나 -18℃에서는 1년까지 보관해도 변화가 없다.

(1) 냉동의 특성

냉동은 식품에 함유된 이용 가능한 수분을 불활성화시키는 과정으로 식품의 저장기간을 연장하기 위한 수단으로 이용하고 있다. 냉동이란 용어는 보통 식품을 빙점 이하의 온도에서 처리하는 것을 의미한다. 이때 식품은 많은 변화를 하게 되며, 식품 속의 수분이 얼 때 얼음의 크기가 식품의 조직과 물성에 큰 영향을 미치게 된다.

식품이 동결될 때 생성되는 얼음은 결정의 크기 · 수 · 분포 위치에 따라 식품품질에 영향을 미치는데, 일반적으로 동결속도가 빠를수록 얼음결정의 크기는 작고, 그 수는 많으며, 균일하게 분포되는 경향을 띤다. 그러나 반대로 천천히 동결하면 얼음결정의 크기는 커지고, 그 수도 작아져 식품조직은 손상당하게 된다.

얼음결정의 크기는 같은 식품이라도 식품 부위에 따라 다른데, 그것은 표면에서 내부로 들어갈수록 동결속도가 느려져 빙결정 생성이 늦어지면서 큰 얼음결정이 형성되기 때문이다.

일반적으로 식품을 낮은 온도로 처리할 때 농도와 지질의 변화, 생리적 숙성, 미생물의 증식억제 · 풍미변화 · 노화 · 냉해 등이 이화학적 변화가 일어나는데, 특히 동결 중에는 변색을 비롯하여 드립(drip), 단백질의 변성 · 지방의 분화 · 무기질 및 비타민의 성분변화 · 건조에 따른 감량 · 냉동화상 등의 변화가 일어나 식품의 조직과 물성을 저하시키게 된다.

(2) 빙점과 동결

빙점에 영향을 주는 요인은 식품 또는 식품재료의 농도이다. 식품의 빙점은 재료성분의 농도와 밀접한 관련이 있는 중요한 물리적 성질로 순수한 물의 경우에는 0℃이지만 용질이 포함된 종류의 식품의 빙점은 0℃ 이하이다. 예를 들면, 설탕용액이나 소금용액의 빙점은 0℃ 이하이다. 설탕의 경우 1g의 분자량, 즉 342g이 1 L의 물에 녹으면 빙점은 1.86℃ 내려가며, 설탕을 더 첨가하면 빙점은 더 내려간다.

일반적으로 식품 속에 함유된 당 농도가 클수록 그 식품은 보다 더 낮은 온도에서 얼게 되며, 얼 때까지도 많은 시간이 소요된다. 또 소금의 경우에도 소금 1g 분자량, 즉 58g이 물 1 L에 녹이면 빙점은 3.72℃ 내려가며, 설탕의 경우와 같이 소금을 많이 첨가할수록 빙점은 더욱 낮아지고 동시에 어는데 걸리는 시간도 길어진다.

어떤 식품을 냉각시킬 때 가장 늦게 냉각되는 지점을 열의 온점(thermal point)이라 하며, 따라서 냉각 순서는 외부에서 내부(온점)로 향하게 된다. 또 식품의 80% 정도가 얼음이 되면 식품은 단단해지고 겉보기에 완전히 동결된 것 같이 보이게 된다.

과냉각이란?

물질이 빙점에 도달했는데도 빙결하지 않는 현상을 의미한다. 일반적으로 과냉각 온도는 냉각 전의 온도에 의존하는데, 예를 들면 10℃의 물은 0℃에서 빙결하지만 30℃ 이상의 물은 −10℃가 되어서야 비로소 얼음이 된다.

(3) 식품의 농도변화와 조직손상

식품이 동결하는 동안 일어나는 변화 중 가장 눈에 띄는 물리적 변화는 식품의 농도와 조직의 변화이다. 식품 속에 함유된 수분이 얼음으로 변화하면서 가용수분의 양이 감소하고, 얼음결정의 생성으로 조직이 상하게 된다. 식품의 동결현상은 농도가 높을수록 빙점이 내려가 낮은 온도에서 얼게 되는데, 이때 많은 에너지가 필요하게 된다. 따라서 농도가 높을수록 식품은 잘 얼지 않는다. 또 고농도 식품은 저농도 식품보다 처음부터 수분함량이 적으므로 냉동시켜도 어는 얼음 양이 적다.

(4) 변색과 드립현상

동결과정에서 일어나는 관능적 변화 중 색과 맛에 관한 것으로는 변색과 드립현상이 있다. 변색은 여러 가지 요인에 의해서 일어나는데, 일반적으로 매우 느리게 진행되므로 잘 인식할 수 없는 경우도 있으나 부수적으로 광택의 손상을 가져오기 때문에 전체적으로 외관이 나빠지는 경우를 쉽게 볼 수 있다. 우선 변색은 식품의 수분증발 때문에 색이 변하거나 광택이 나빠지는 경우(계란·청과물·육류 등) 드립(drip)현상은 동결식품의 품질을 결정하는 지표의 하나로 이용되는데, 동결식품을 녹일 때 식품에 흡수되지 못하고 흘러나오는 물이 생기는 현상을 말한다. 이 때 흘러나오는 물을 드립이라고 부르며, 분리되는 물의 종류도 자연히 식품으로부터 흘러나오는 유출드립(free drip)과 유출드립 후 압력을 가할 때 흘러나오는 압출드립(expressible drip)으로 구분한다. 일반적으로 드립이라는 용어는 유출드립을 의미한다. 드립현상은 식품의 맛과 물성에도 영향을 미치는데, 가능한 한 분리되는 물이 적을수록 좋으며, 그 이유는 드립이 유출되면 식품성분 중 수용성 성분, 예로 수용성 단백질, 염류, 비타민류 등이 빠져나오고 풍미물질도 흘러나와 식품가치 저하는 물론 무게도 감소하기 때문이다. 드립의 정도는 식품의 선도·모양·크기·전 처리와 동결방법·냉장온도와 기간·해동방법에 따라 다르며, 다음과 같은 냉동식품의 드립에 영향을 미치는 요인들이 있다.

가. 냉동식품의 드립이 적은 경우

① 원료가 신선하고 같은 중량이라도 표면적이 적을수록 드립이 적다.
② 동결속도가 빠르고 동결·냉장온도가 낮을수록 드립이 적다.
③ 동결 냉장기간이 짧을수록 드립이 적다.
④ 절단한 근육에 비해 절단하지 않은 것일수록 드립이 적다.

⑤ 식염 · 당류 · 중합인산염을 첨가할수록 드립이 적다.

⑥ 식육류의 경우 저온에서 완만하게 행동한 것일수록 드립이 적다.

⑦ 야채류는 열탕 중에서 급속히 해동하여야 드립이 적어진다.

나. 냉동식품의 드립이 많아지는 경우

① 수분함량이 많을수록 드립이 많아진다.

② 같은 중량이라도 표면적이 클수록 드립이 많아진다.

③ 동결속도가 느리고 동결냉장 온도가 높을수록 드립이 많아진다.

④ 동결냉장 기간이 길수록 드립이 많아진다.

⑤ 절단한 근육일수록 많아진다.

⑥ 지방함량이 적을수록 드립이 많아진다.

⑦ 식육류의 경우 고온에서 급속하게 해동한 것일수록 드립이 많아진다.

⑧ 야채류는 공기 중에서 천천히 해동하면 오히려 드립이 많아진다.

(5) 냉동육의 성분과 물성변화

동결과정 중 식품은 여러 가지로 변하게 되는데, 대표적인 것이 성분과 관능성의 변화이다. 성분 중 물성에 가장 큰 영향을 미칠 수 있는 성분은 단백질인데, 단백질은 동결 중 변성만 일어나도 화학적 분해는 일어나지 않는 편이다. 지방의 경우는 비교적 높은 동결온도에서 장기간 냉장할 때 산패가 일어나는데, 어육이 육류보다 불포화지방산이 많기 때문에 산패가 쉽게 일어난다. 이를 억제하기 위해서는 냉장온도를 낮추고 공기에 접촉되지 않도록 완전히 기밀 포장하여야 한다.

무기질 성분도 동결 중에 변화하는 것은 아니지만 해동할 때 드립 속에 많은 무기질이 함유되어 유출되는 경우가 발생한다. 특히 완만히 동결한 어육은 해동할 때 무기질 손실이 크다. 그러나 비타민 A · 비타민 B1 · 비타민 C 등은 동결냉장 기간이 상당히 길어질 경우 다소 손실이 일어나지만 대체로 안정한 편이다.

(6) 해동과 물성의 변화

동결한 식품을 사용하기 위해서는 해동(thawing)시켜야 하는데, 해동의 기본적인 의미는 동결할 때 생성된 얼음결정이 가열에 의해 다시 물로 환원되는 과정을 의미한다. 이 때 생성된 물은 대부분 동결 전과 같이 식품조직 내로 다시 흡수되는 것이 아니고 분리되어 드립으로 빠져 나오게 된다. 일반적으로 다음과 같이 해동하는 동안 일어나는 물성의 변화가 일어난다.

① 해동식품의 조직이 연해진다.
② 해동식품의 온도상승에 따라 미생물과 효소의 작용이 활발해지며, 수분이 증발하면서 나타나는 현상으로 인하여 영양분 손실이 일어나 중량이 감소한다.

또 해동 시에는 산화 등이 수반되므로 가능한 한 품질에 영향을 미치지 않는 최적의 해동방법을 찾는 것이 중요하다. 해동방법은 식품의 종류 사용목적 · 동결형태 등에 따라 다른데, 식품에 따라 완전 해동시켜야 하는 경우와 반 해동시켜야 하는 경우, 해동하지 않아도 되는 경우, 해동해서는 안 되는 경우로 구분한다. 그러나 일반적으로 동결식품을 사용하기 위해서는 보통 완전 또는 반 해동시켜야 사용이 가능하다.

해동은 주위의 열에 의해 식품 표면으로부터 식품의 안쪽으로 차츰 시작되는데, 일반적으로 해동되는 속도는 표면 열전도율과 표면적이 클수록 빠르다. 또 동매체의 온도와 동결식품과의 온도차가 클수록 빠르다. 그러나 해동이 완만한 속도로 이루어지면 녹았던 수분이 다시 식품 속으로 들어가므로 결과적으로 드립의 발생량이 적어지고 따라서 영양분과 중량의 손실도 적어진다. 이 방법은 보통 바람직한 해동방법으로 사용하고 있으며, 특히 고온 해동도 식품에 따라 고온에 의한 전분의 α화가 다시 이루어지고 미생물과 효소를 사멸시킬 수 있어 품질의 변질을 어느 정도 방지할 수 있으므로 바람직한 해동방법이라 할 수 있다.

02 식자재 재고관리

2-1. 식자재 재고관리 개념

1) 재고 및 재고관리의 의의

재고(inventory)란 "물품(재고자산)의 흐름이 어떤 지점에 정체되어 있는 상태를 시간적 관점에서 파악한 관리개념"이다. 이와 같은 개념으로 파악된 재고는 수요와 공급이 항상 일치할 수만 있다면 재고를 보유할 필요가 없을 것이다. 그러나 대개의 경우 미래의 수요는 그 수요의 발생 시간과 수요의 양에 있어서 불확정적이므로 재고는 이 불확정적인 미래의 수요를 충족시키기 위해서 필요한 것이다. 이와 같은 재고를 최적으로 유지하고 관리하는 총체적인 과정을 재고관리(inventory control)라고 하며, 재고관리는 발주시기 · 발주량 · 적정재고수준을 결정하는 업무수행 전체과정까지를 포함하는 것으로 파악한다.

한편 재고관리(inventory control)와 관련된 비용에는 구매단가 · 발주비용 · 재고보관 및 유지비용 · 재고부족에 따른 손실비용 등의 합이 총재고비용이 된다. 특히 식자재는 저장기간이 짧으며 수입의존도가 높고, 수요예측이 어렵고, 상품을 미리 생산·보관하여 수요가 있을 때 판매하기가 어렵다. 또 계절적 제약이 있으므로 시장의 수급변동이 심하여 이에 따라 가격변동폭도 매우 크므로 식자재의 재고관리는 호텔 및 외식업체의 경영활동에 있어서 매우 중요하게 인식된다. 또 호텔 및 외식업체의 식자재 재고량은 시장의 가격 및 수급 상황 · 구매비용 · 식재료의 종류 · 창고의 크기 · 판매량 · 메뉴의 종류 등에 따라 그 양이 조정된다.

2-2. 재고관리의 기능과 중요성

재고관리의 기능은 적정한 재고량을 유지 · 관리하여 호텔 및 외식업체의 상품생산과 판매가 원활한 이루어지도록 하는 데 있다. 재고관리에 있어서 재고부족으로 인한 생산 활동의 중단은 상품판매 기회 상실을 야기하여 기회비용을 발생시키며, 재고과잉으로 인한 재고유지비 증가는 경영 운영자금의 고착화로 발생하는 자본의 비용 등은 유동성을 둔화시켜 결과적으로 호텔과 외식업체의 재무구조에 큰 영향을 미치게 된다. 또 재고관리의 구체적인 기능에는 재고유지비의 최소화, 재무보고서에 필요한 재고자산 파악, 저장재고의 재주문 및 안전재고 유지 · 관리, 저장재고의 회전율 조사로 적정 회전율 유지 등이 있다.

이와 같은 재고관리가 중요한 의미를 갖는 것은 첫째, 재고 식자재 부족으로 인하여 생산계획의 차질을 없게 하고, 둘째, 최소의 가격으로 질 좋은 식자재를 구매하기 위함이며, 셋째, 재고 식자재의 도난과 부패에 의한 손실을 최소화하는데 있으며, 넷째, 생산부서에서의 요구량과 일치하는 수준에서 재고량 보유에 최소한의 투자가 유지되도록 하는 것이다.

2-3. 재고관리의 유형

재고관리(inventory control) 유형은 재고조사 및 재고기록 방법에 따라 영구재고시스템(perpetual inventory system)과 실사재고시스템(physical inventory system)의 두 가지 유형으로 분류할 수 있다.

1) 영구재고시스템

영구재고시스템(perpetual inventory system)은 재고계속기록법(perpetual inventory method)이라고 하며, 이는 물품을 구매하여 입·출고될 때 재고량의 증가나 감소를 <표 6-3>과 같은 양식에 계속적으로 기록하는 과정이다. 즉 저장고에 있는 물품의 출고 및 입고량을 계속하여 기록함으로써 저장고에 남아있는 재고의 품목과 수량을 수시로 파악할 수 있으므로 적정재고량의 확보와 유지를 합리적으로 관리할 수 있는 방법이다.

이와 같은 영구재고시스템(perpetual inventory system)은 비교적 대량재고를 보유하고 규모가 큰 외식업체에서 주로 사용되는데, 일반적으로 건조 및 냉동저장고에 저장·보관하고 있는 물품관리에 많이 활용된다. 또한 가격이 고가인 몇몇 품목만 선택하여 영구재고시스템을 사용하여 관리하는 경우도 있다.

영구재고시스템(perpetual inventory system)을 사용하여 물품의 입·출고를 기록하기 위해서는 품목별 카드(bin card)를 작성하여 품목이 진열된 선반에 부착하고 거기에 기록하는 내용에는 고유 재고관리번호·날짜·품목명·상품명·중량·용량·수량·등을 기록하여 물품의 분별을 쉽게 해 준다.

이러한 영구재고시스템(perpetual inventory system)은 재고 관리자에게 적절한 재고량을 유지하는데 필요한 정보를 어느 시점에서든지 그때의 재고량과 재고자산을 파악할 수 있게 함으로써 재고를 효과적으로 통제할 수 있는 장점이 있다. 반면에 경비가 많이 소요되고 기록을 담당자가 직접 기록해야 하므로 상당한 노동력이 필요하고 때로는 기록의 오류가 발생할 수 있는 단점이 있다.

그러므로 영구재고시스템(perpetual inventory system)은 전산화되어 운영하는 것이 보다 정확하고 효과적이다. 실제로 대부분의 호텔 및 외식업체에서는 현재 이와 같은 영구재고시스템(perpetual inventory system)의 전산프로그램을 개발하여 재고관리에 사용하고 있다.

〈표 6-3〉 영구재고시스템(perpetual inventory system) 양식

Item :
Purchase Unit :
Issue Unit :
Issuing Storage :

Date	Order No. or Requisition No	Quantity In (purchase unit)	Quantity Out (issue unit)	Quantity on Hand (issue unit)

(1) 품목별 카드

품목별 카드(bin card)란, 품목별 카드로 그 품목이 입고된 날짜·가격·입고량과 출고된 날짜·수량·재고 등을 〈표 6-4〉와 같은 카드 양식에 기록하는 것이다. 1990년대부터 컴퓨터의 발달로 이제는 많은 호텔과 식당에서 Bin card를 사용하지 않고 컴퓨터 프로그램을 이용한 전산화로 관리하고 있다. 이러한 프로그램으로는 Bar code와 POS 시스템, 즉 상품이나 식자재에 바코드를 부착하여 바코드 리더기인 스캐너(scanner)를 이용하여 식자재 또는 상품의 정보를 관리하는 시스템이다. 현재 대형 유통조직에서는 RFID(radio frequency identification)라는 시스템을 운영하는데, 이는 900MHz 주파수를 이용하는 무선바코드 시스템으로 상품의 바코드 대신 소형 테이프나 작은 추적장치(전자태그)를 붙여서 코드리더기 앞으로 지나가면 리더기가 주파수를 발사하여 상품의 정보를 파악하는 시스템이다.

(2) 영구재고시스템의 특성

영구재고시스템(perpetual inventory system)의 특성을 요약하여 정리하면 다음과 같다.

① 저장고 물품의 재고수준에 대한 수시정보 및 자료 제공
② 지속적인 재고량 파악으로 과잉구매 및 과소구매 방지
③ 재고 품목별 수시파악으로 품목의 입·출고 변화의 추적 가능
④ 품목별 선입·선출법 재고관리 용이 등이다.

〈표 6-4〉 품목별 카드(bin card) 양식

재고번호 : ______________

품　 목 : ______________

상 품 명 : ______________

크　 기 : ______________

일자	입고량	출고량	재고량

2) 실사재고시스템

실사재고시스템(physical inventory system)은 재고실사법(periodic inventory method)이라고도 하는데, 이는 영구재고시스템의 부정확성에 대한 단점을 보완한 재고관리기법이다. 이 방법은 저장고에 보유하고 있는 물품의 수량에 대한 실사(재고조사)를 주기적으로 실시하여 실제 보유하고 있는 재고량과 영구재고시스템의 재고기록대장에 기재된 재고량을 비교하여 영구재고시스템의 단점을 보완하는 방법이다.

실사재고시스템(physical inventory system)에서 재고의 실사(재고조사)를 하기 위해서는 보통 두 사람이 재고조사를 하게 되는데, 한 사람은 조사품목을 계량하고 한 사람은 그 계량치를 재고기록카드에 기재하는 것이다. 일반적으로 재고조사를 하는 사람 중 한 사람은 재고관리 담당자이며, 한사람은 경리 또는 회계부서 소속의 원가회계 담당자가 실사에 참여하게 된다.

실사재고 기록카드에 기록되는 내용에는 보유량 · 품목단위 · 품목명 · 형태 · 단가 등이 〈표 6-5〉와 같은 양식에 기재되며 보유하고 있는 각 재고품목의 자산적 화폐가치를 결정하기 위해 단위당 단가와 재고보유량을 계산하여 재고액을 계산한다.

실사재고시스템의 장점은 보유하고 있는 재고의 총가치가 파악되어 생산을 위해 사용한 식자재의 원가 산출에 필요한 정보를 제공해주고, 또 호텔 및 외식업체의 재무제표 작성에 필요한 정보(재고자산)를 제공하여 주며, 일정기간의 경영성과(생산원가 수익률)를 파악할 수 있는 자료로도 활용되고 있다.

실사재고시스템(physical inventory system)의 단점은 실사(재고조사)에 시간과 노동력이 많이 소요되고 신속하지 못하며, 조사원의 실수도 발생할 수 있다는 점이다. 재고량의 실사 주기는 보통 1달에 1회 정도 또는 1달에 2회도 실시하지만, 때로는 필요에 따라서 수시로 할 수도 있다. 또 저장품목이 고가이거나 희귀한 품목 등은 매일매일 실사를 하여 입 · 출고량과 재고를 관리할 수도 있다.

실사재고시스템(physical inventory system)을 이용하여 재고량 및 재고가치를 계산하는 간단한 계산식은 다음과 같이 한다.

전월 재고액/량(beginning inventory) + 실사기간 내의 구매액/량(purchase)
= 실사기간 내의 총 재고액/량 – 현 재고액/량(ending inventory)
= 실사기간 내의 총 사용량

〈표 6-5〉 실사재고시스템(physical inventory system) 양식

Quantity on Hand	Unit Size	Item	Item Description	Unit Cost/Quantity	Toal Inventory Value/Quantity
PHYSICAL INVENTORY Date : ____________ Taken by : ________ Beginning inventory value/quantity : ____________					

2-4. 식자재 재고관리기법

호텔 및 외식업체에서 사용되는 주요 식자재 재고관리기법(inventory control method)에는 80/20 재고관리기법(80/20 inventory control method), ABC 재고관리기법(ABC inventory control method), A-B-C-D 재고관리기법(A-B-C-D inventory control method), 최소-최대 재고관리기법(minimum-maximum inventory control method), EOQ 기법(economic order quantity method) 등이 있다.

1) 80/20 재고관리기법

80/20 재고관리기법(80/20 inventory control method)은 재고관리와 원가관리 측면에서 접근하고 있는 이론으로서 구매물품의 20%가 전체 구매액의 80% 정도를 차지하고, 이 구매물품의 20%가 매출원가의 80% 정도를 차지한다는 원칙을 이용하여 재고관리와 더불어서 구매・검수・저장・생산・판매・분석 등을 집중 관리하는 방법이다.

이와 같은 80/20 재고관리기법(80/20 inventory control method)은 호텔 및 외식업체에서 일반 식자재 재고관리에서 주로 이용되고 있는 재고관리기법 중 하나이다. 호텔 및 외식업체에서 사용하는 식자재는 품목수가 많으며, 품목에 따라 구매가격에 큰 차이가 있으므로 모두를 같은 방법으로 재고관리 하는 것은 비효율적이 될 수 있다. 그러므로 식자재 중 가격이 높고 원가에 미치는 영향이 큰 품목을 선정하여 집중관리 하는 기법으로 외식업체의 재고관리에 있어서 매우 효과적인 재고관리기법이 될 수 있다.

2) ABC 재고관리기법

ABC 재고관리기법(ABC inventory control method)은 일반적인 호텔 및 외식업체에서는 식자재 품목별로 가격차이가 크다. 이는 일부 품목의 재고가치가 전체 재고가치의 대부분을 차지하는 경우가 많다. 이와 같은 경우 효율적으로 재고를 관리하기 위해서는 가격이 낮은 품목보다는 가격이 높은 품목들을 집중 관리하는 기법으로 식재료의 품목별 연간 사용액을 산출하여 금액이 가장 높은 식재료들을 A그룹, 그 다음으로 금액이 높은 식재료들을 B그룹, 그리고 가장 낮은 식재료들을 C그룹으로 구분하여 그 중요도에 따라 차별관리하는 기법이다. 따라서 품목들을 이러한 분류기준에 맞게 분류하는 과정이 필요하며, 중요도의 구분은 파레토분석(pareto analysis)을 활용한다.

(1) ABC 재고관리기법의 분석절차와 방법

ABC 재고관리기법(ABC inventory control method)은 품목을 그 가격이나 가치에 따라 A · B · C의 세 범주로 나누어 분류하며, 분류 및 분석절차는 다음과 같다.

① 품목별로 사용금액을 산출한다.
② ABC 분석표에 금액이 큰 품목 순으로 배열한다.
③ 품목 순으로 순번을 기입하고 누계품목의 백분율을 기입한다.
④ 누계금액의 백분율을 기입한다.
⑤ 누계품목의 백분율을 가로축으로 하고 이에 대한 누계금액의 백분율을 세로축으로 하여 ABC 분석표에 기재된 자료를 그래프에 옮겨 [그림 6-1]과 같이 파레토 곡선을 그린다.
⑥ 끝으로, 이들을 분류기준에 따라 아래 〈표 6-6〉과 같이 A · B · C이 3등급으로 분류한다.

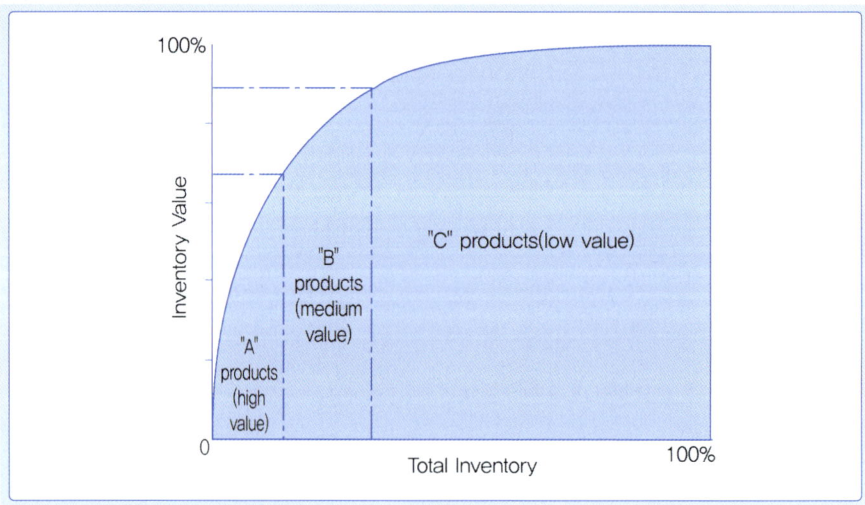

[그림 6-1] ABC 분석도표

〈표 6-6〉 A·B·C 등급의 분류

등급	내용	전 품목에 대한 비율	총 가치에 대한 비율
A	고 가치품	10~20%	70~80%
B	중 가치품	20~40%	15~20%
C	저 가치품	40~60%	5~10%

호텔 및 외식업체에 따라 A형·B형·C형으로 분류되는 품목은 다양하지만 일반적으로 다음과 같이 분류할 수 있다.

① A형 품목

여기에 속하는 품목은 수량면에서는 전체 재고량의 10~20%를 차지하지만, 전체 재고액의 70~80%를 점유하고 있는 품목이다. 그러므로 이러한 품목에 대해서는 필요량을 정확히 산출하며 보유재고량을 확인하여 발주량을 확정하는 것이 필요하다. 또 이러한 품목들의 재고수준은 최소수준으로 유지하여 보다 철저하게 관리되어야 한다.

② B형 품목

B형에 속하는 품목들은 전체 재고량의 20~40%를 차지하며, 전체 재고액은 15~20%를 차지하는 품목으로 주로 과일이나 야채 등이 여기에 포함된다.

③ C형 품목

C형에 속하는 품목들은 수량면에서는 전체 재고량의 40~60%를 점유하나 전체 재고액에서는 5~10%를 차지하는 품목들로서 값이 비교적 낮은 양념류·조미료류 등이 여기에 속한다. 일반적으로 C형 품목에 속하는 품목들을 효율적으로 관리하기 위해서 이중 칸 재고시스템(two bin system)과 같은 간단한

관리시스템을 적용하여 관리하고 있다.

이중 칸 재고시스템(two bin system)이란, 재고를 2개의 용기(bin)에 나누어 넣고 한쪽 용기의 재고가 소진되면 바로 구매 발주함과 동시에 그 품목이 입고될 때까지 다른 용기의 재고를 사용하는 방법으로 재고를 관리하는 방식이다. 따라서 이중 칸 재고시스템(two bin system)의 특징은 이렇듯 간략한 재고관리로 담당자의 업무를 감소시킬 수 있는 장점이 있다.

3) A-B-C-D 재고관리기법

ABC 재고관리기법이 일반 제조에 알맞은 재고관리기법이라면 A-B-C-D 재고관리기법(A-B-C-D inventory control method)은 호텔 및 외식업체 식음료 자재의 재고를 관리하는 기법이라 할 수 있다.

이와 같은 재고관리기법에 의하면 모든 식자재를 구매가격과 보관기간의 정도에 따라 [그림 6-2]와 같이 구분할 수 있다.

품목별 단가 ↕ / 신선한 식재료(perishability) ↔	고	저
고	A그룹 식재료 • 신선한 육류 및 생선 • 신선한 갑각류 • 기타	B그룹 식재료 • 냉동 육류 및 해산물 • 육류와 해산물의 캔류 • 냉동 과일 및 채소
저	C그룹 식재료 • 신선한 가금류 • 유제품 • 난류 • 기타	D그룹 식재료 • B그룹에 속하지 않은 과일 및 채소 등의 냉동 또는 캔류 • 향신료, 양념 및 조미료류 • 곡물류 등

[그림 6-2] A-B-C-D 재고관리기법 분류표

(1) A그룹

식자재의 단위당 판매 원가는 비교적 높고 보관기간이 비교적 짧은 품목으로 주로 신선한 생선 · 고급 어패류 · 육류 등이 이 그룹으로 분류되며 보통 연간 식재료 구매액의 40% 정도를 차지하는 품목 등이 이 그룹으로 분류된다.

(2) B그룹

식자재의 단위당 판매 원가는 높으나 보관기간이 비교적 긴 품목으로 주로 냉동식품과 캔류 등이 이 그룹으로 분류되며, 보통 연간 식재료 구매액의 20% 정도를 차지하는 품목 등이 이 그룹으로 분류된다.

(3) C그룹

식자재의 단위당 판매 원가는 비교적 낮고 보관기간이 비교적 짧은 품목으로 보통 낙농제품 등이 이 그룹으로 분류된다.

(4) D그룹

식자재의 단위당 판매원가가 가장 낮고 보관기간도 긴 것으로 주로 건조식자재 종류와 캔류 · 곡물류 등이 이 그룹으로 분류된다.

호텔 및 외식업체의 재고관리에 있어서 식자재를 ABC 분류법이든, 80/20기법이든, A-B-C-D 분류기법이든 어느 방법을 사용하여 관리하든 간에 그 요점은 구매원가가 높은 품목을 집중 관리하여 낭비와 손실을 막아 재고비용과 원가절감을 이루는 데 있다. 이러한 분류법을 도표로 그리면 아래와 같다.

4) 최소-최대 재고관리기법(minimum-maximum inventory control method)

최소-최대 재고관리기법(minimum-maximum inventory control method)은 단

체급식업소에서 주로 사용하는 기법으로 일명 Mini-Max 관리기법이라고도 한다. 이 기법은 식자재 재고관리에 있어서 예기치 못한 돌발 상황에 대처하기 위하여 안전재고를 두고 재고량이 안전재고 수준인 최소치에 이르면 적정량을 발주하여 최대의 재고량을 확보하여 관리하는 기법이다. 그러므로 이를 도식화 하면 [그림 6-3]과 같으며, Mini-Max 최대재고량은 안전재고량과 적정재고량의 합과 같게 된다.

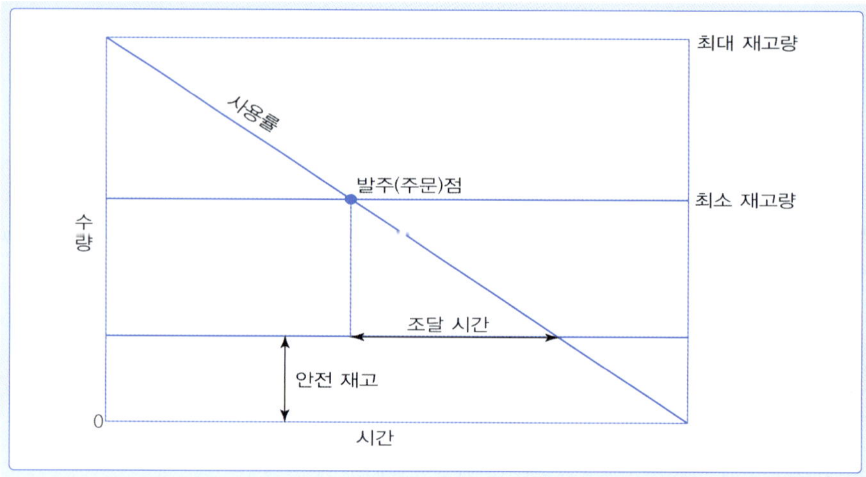

[그림 6-3] Mini-Max 기법

5) EOQ 기법(economic order quantity method)]

EOQ(economic order quantity method)기법은 경제적 발주량을 결정하는 재고관리기법으로 [그림 6-4]와 같이 구매비용(주문비용)과 재고유지비용의 합이 최소가 되는 발주량(구매량)을 의미한다. 그러므로 경제적 발주비용의 경우 발주량이 적으면 재고유지비는 적으나 주문횟수가 늘어나 발주비용이 증가하며, 이와 반대로 발주량이 커지면 평균 재고량도 증가하므로 재고유지 비용은 커지나 발주비용은 적어지므로 결국 이들 비용의 합계가 최소가 되는 발주량이 경제적이라는 논리이다.

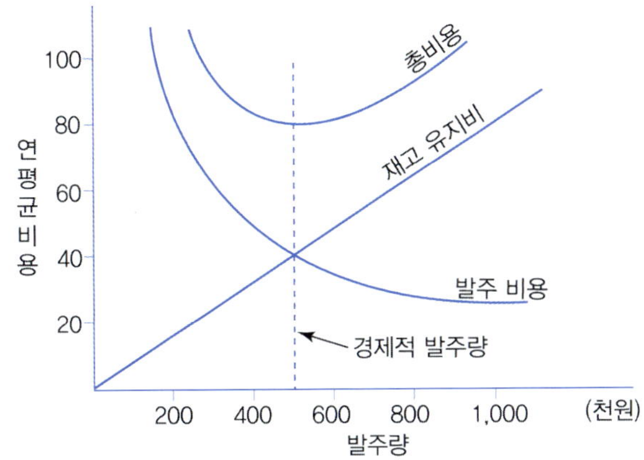

[그림 6-4] EOQ발주량의 결정 개념

경제적 발주량(EOQ)의 산출식은 다음과 같다.

$$\text{경제적 발주량(EOQ)} = \sqrt{\frac{2 \times \text{발주비용} \times \text{연간소요량}}{\text{연간재고유지비}}}$$

이와 같은 경제적 발주량(EOQ)의 식은 다음과 같은 가정 아래서 이용될 수 있다.

① 발주비용은 발주량의 크기와 상관없이 매 주문마다 일정하다.

② 재고유지비용은 발주량의 크기와 정비례하여 발생한다.

③ 구매단가는 발주량의 크기와 관계없이 일정하다.

④ 수요율과 조달기간은 일정한 관리방식이다.

⑤ 단일품목을 대상으로 한다.

이같은 EOQ(economic order quantity method)기법의 경제적 발주량을 결정하는 구매비용(주문비용)과 재고유지 비용의 세부항목을 도식화하면 [그림 6-5]와 같이 나타낼 수 있다.

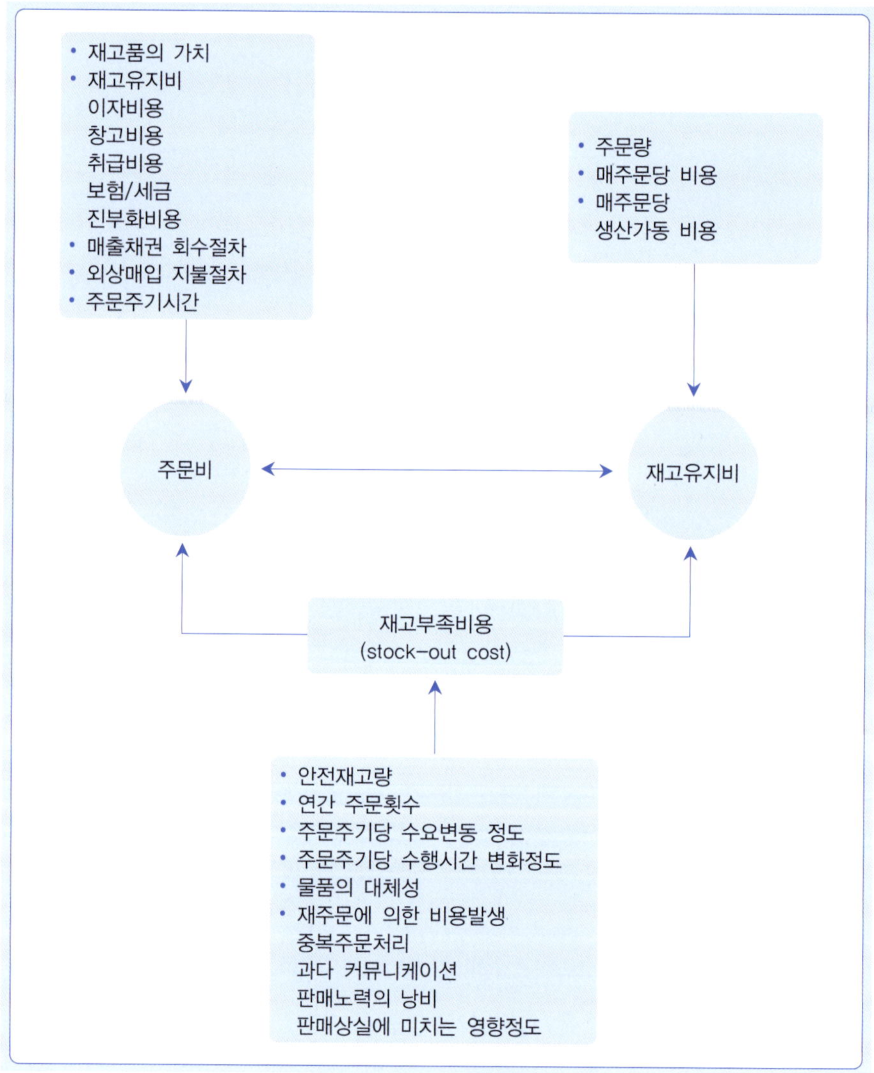

[그림 6-5] 주문비용과 재고유지비용과의 관계도

2-5. 재고조사

1) 재고조사의 의의

재고조사란, 저장고에 보유하고 있는 재고수량에 대하여 주기적으로 조사하여 실제 보유하고 있는 재고량과 재고기록대장에 기재된 재고량을 비교하여 정확한 재고량을 파악하며, 나아가 호텔 및 외식업체의 재무제표 작성에 필요한 정보(재고자산)를 제공하고 일정기간의 경영성과(생산원가 및 수익률)를 파악하는데 그 의의가 있다.

재고조사는 보통 두 사람이 하게 되는데, 한 사람은 조사품목을 계량하고 한 사람은 그 계량치를 재고기록카드에 기재하는 것이다. 일반적으로 재고조사를 하는 사람 중 한 사람은 재고관리 담당자이며, 한사람은 경리 또는 회계부서 소속의 원가회계 담당자가 조사에 참여하게 된다.

2) 재고조사의 목적

재고조사는 다음과 같은 목적을 위해서 이루어지고 있다.

① 원가계산의 자료로 이용한다.
② 재무보고서에 필요한 재고액(재고자산) 정보를 제공한다.
③ 장부상의 수량과 실제 수량과의 비교 시 필요하다.
④ 표준원가와 실제원가의 비교 시 자료로 사용된다.
⑤ 저장품목의 적정재고를 유지하는데 이용된다.
⑥ 재고회전율과 보유일수 등 재고관리에 필요한 정보를 제공한다.
⑦ Slow moving item과 Sleeping item을 파악하여 필요한 조치를 강구하는데 이용한다.

3) 재고가치의 평가방법

일반적으로 재고물품은 재무제표상에 재고자산으로 나타나며, 이에 대한 월말 · 연말 등 영업결산 시점마다 손익계산서상에는 원가로 반영하게 된다. 그러므로 재고관리에 있어서 구매시점이 다르면 구매단가도 다를 수 있으므로 재고 가치평가에 있어서 어떤 방법을 적용하느냐에 따라 재고 가치액(재고자산)이 다르게 평가될 수 있다. 이러한 자산평가는 다양한 방법이 활용되고 있으나 그 사용목적 · 용도 등에 의해서 평가방법이 다를 수 있으며, 재고가치 평가방법에는 취득원가법(actual pruchase price method) · 평균원가법 · 예정가격법 · 시가법 등이 있다.

(1) 취득원가법

취득원가법(actual pruchase price method)에는 개별법(specific indentification method) · 선입선출법(first-in first-out method; FIFO) · 후입선출법(last-in first-out method; LIFO) · 최종 취득원가법(last purchase priec methon)이 있다.

① 개별법

개별법(specific indentification method)이란, 구입품목 각각에 대하여 구매가격표를 붙여두고 출고할 때마다 그 가격표에 표시된 실제 구입단가를 출고단가로 하는 방법이다. 이는 월말 재고조사를 할 때 재고를 실제 구입단가로 계산하는 방법이며, 구매품목과 구매량이 소규모일 때 적합한 방법이다. 〈표 6-7〉 참조

② 선입선출법

선입선출법(first-in first-out method; FIFO)은 먼저 입고된 물품이 먼저 출고되는 재고관리방법에 기초를 두고 있다. 따라서 기말 재고액은 언제나 최근

구매가격으로 평가되며, 이는 현재 구매가격이 반영된 재고가치이다. 이와 같은 평가방법은 시간의 변동에 따라 물가가 인상되는 상황에서 재고가치(재고자산)를 높게 나타내고 싶을 때 활용된다. 그러므로 선입선출법의 재고가치 평가방법은 재고가치, 즉 재고자산이 과다평가 될 소지가 있다. 〈표 6-8〉 참조

〈표 6-7〉 개별법

(단위 : 원)

월일	적요	입고			출고			재고		
		수량	단가	금액	수량	단가	금액	수량	단가	금액
8/8	입고	30	100	30,000	20	100	20,000	10	100	10,000
8//9	입고	20	110	22,000	20	110	22,000			
8/10	출고									
8/11	입고	50	120	60,000	30	120	36,000	20	120	24,000
8/12										
8/13	입고									
8/14	출고									
합 계				112,000			78,000			34,000

〈표 6-8〉 선입선출법

(단위 : 원)

월일	적요	입고			출고			재고		
		수량	단가	금액	수량	단가	금액	수량	단가	금액
8/8	입고	30	100	30,000						
8//9	입고	20	110	22,000						
8/10	출고				30	100	30,000	20	110	22,000
8/11	입고	50	120	60,000						
8/12										
8/13										
8/14	출고				20 20	110 120	22,000 24,000	30	120	36,000
합 계				120,000						36,000

③ 후입선출법

후입선출법(last-in first-out method; LIFO)은 선입선출법과 반대로 최근에 입고된 물품을 먼저 사용한다는 재고관리방법에 기초를 두고 있다. 그러므로 최근에 입고된 물품을 먼저 사용한 것처럼 재고를 평가하는 방법이다. 따라서 후입선출법은 재고가치 평가에 가장 먼저 구입한 가격이 반영되며, 이는 판매가에도 반영되는 것이다. 선입선출법이 재고 회전에 사용되는 반면에 후입선출법은 재무재표상의 이익을 최소화시켜 소득세를 줄이기 위해 원가를 최대화하고 재고가치를 최소화하고 싶을 때와 인플레이션이나 물가상승이 될 때 활용한다. 이 방법은 재고의 평가는 언제나 시가가 반영되지 않은 재고이므로 재고(재고자산)가치가 과소평가 될 소지가 있다. 〈표 6-9〉 참조

〈표 6-9〉 후입선출법

(단위 : 원)

월일	적요	입고			출고			재고		
		수량	단가	금액	수량	단가	금액	수량	단가	금액
8/8	입고	30	100	30,000						
8//9	입고	20	110	22,000						
8/10	출고				20 10	110 100	22,000 10,000	20	100	20,000
8/11	입고	40	120	60,000						
8/12										
8/13	입고	40	120	60,000						
8/14	출고				40	120	48,000	10	120	12,000
합 계				120,000						32,000

④ 최종 취득원가법

최종 취득원가법(last purchase priec methon)은 재고금액을 산출할 때 가장 최근에 구입한 단가를 적용하여 재고가치를 평가하는 방법으로 최종 구매가

법 또는 최종 매입가법이라고도 한다. 〈표 6-10〉 참조

〈표 6-10〉 최종 취득원가법

(단위 : 원)

월일	적요	입고			출고			재고		
		수량	단가	금액	수량	단가	금액	수량	단가	금액
8/8	입고	30	100	30,000						
8//9	입고	20	110	22,000						
8/10	출고				30					
8/11	입고	50	120	60,000						
8/12										
8/13	입고									
8/14	출고				40			30	120	36,000
합 계				112,000			76,000			36,000

(2) 평균원가법

① **총평균법**

총평균법(weighted average purchase price method)은 일정기간 동안에 구입한 총금액을 전체 구입량으로 나누어 평균단가를 계산한 단가로 기말 재고가치를 구하는 방법이다. 이와 같은 총평균법은 물품을 대량구매하거나 출고될 때 사용하며, 평소 물품을 사용할 때 수량만 기록하여 두고 재고가치를 구할 때 평균단가를 적용하는 방법이다.

② **이동평균법**

이동평균법(moving average method)은 어떤 한 품목이 입고되는 가격을 앞서 입고된 가격에 더하여 2로 나눈 값을 출고단가에 적용하는 방법이다. 〈표 6-11〉 참조

〈표 6-11〉 이동평균법

(단위 : 원)

월일	적요	입고			출고			재고		
		수량	단가	금액	수량	단가	금액	수량	단가	금액
8/8	입고	30	100	30,000				30	100	30,000
8//9	입고	20	110	22,000				50	104	52,000
8/10	출고				30	104	31,200	20	104	20,800
8/11	입고	50	120	60,000				70	115	80,800
8/12										
8/13	입고									
8/14	출고				40	115	46,000	30	115	34,500
합 계				112,000			77,200			218,000

③ 가중이동평균법

가중이동평균법(weighted average method)은 연간 회계 초에서 회계 말까지 사용한 물품의 총원가를 계산할 때 사용하는 방법으로 주로 재무회계의 목적으로 사용된다. 이 방법은 어떤 한 품목의 총 구매가격을 총 구매수량으로 나누어서 재고가치를 구한다.

〈표 6-12〉를 참고하여 가중평균 방식에 의한 단위당 출고원가는 다음과 같이 계산된다.

㉠ $10 \times 15 = 150$, $10 \times 17 = 170$, $20 \times 20 = 400$

㉡ $(150 + 170 + 400) \div (10 + 10 + 20) = 18$

㉢ 총 32단위에 대한 출고 원가는 $18 \times 32 = 576$원이 된다.

〈표 6-12〉 가중이동평균법

(단위 : 원)

월일	적요	입고			출고			재고		
		수량	단가	금액	수량	단가	금액	수량	단가	금액
8/8	입고	10	15	150				10		150
8/9	입고	10	17	170				20		320
8/10	출고				8	18	144	12		176
8/11	입고	20	20	400				32		576
8/12	출고				274	18	432	8		144

(3) 예정가격법

예정가격법이란, 추정원가법 · 표준원가법 · 사전원가법 등을 산정할 때 이용되고 있다. 따라서 식자재 등에 있어서 사전에 설정한 구입가격을 적용하는 방법으로, 구입가격은 항상 일정하다는 전재 아래서 사용되지만 실제로는 식자재비 차이가 발생한다.

(4) 시가법

시가법(時價法)이란, 물품의 취득원가와는 관계없이 품목의 최근 구입가격을 산정하여 재고가치를 평가하는 방법이다. 그러므로 시가법은 예정가격 평가법과 같이 물품의 실제 구입한 가격과 현재 구입가격과의 구입가격에 차이가 발생하는데, 이를 재료비 차이라고 한다.

이와 같은 재고가치 평가는 기업의 목적 · 용도에 따라 다양한 방법을 선택할 수 있지만, 어떤 재고가치 평가방법을 사용하느냐에 따라 재고가치(재고자산)에는 차이가 있다.

4) 재고 회전율

재고 회전율(inventory turnover)은 일정 기간동안 저장고에 보유하고 있는 재고량이 과다한지 적정한지를 종합적으로 판단하기 위한 지표로서 재고회전율을 검토한다. 그러므로 재고회전율이 높다면 현재의 재고 수준에 문제가 없음을 의미하고 낮다면 현재의 재고량이 많음을 의미한다.

이와 같은 재고회전율(inventory turnover)의 계산은 다음과 같이 한다.

(1) 재고회전율 계산법

- 월재고 회전율 = $\frac{\text{총매출원가}}{\text{평균재고액}}$
- 총매출원가 = 월초재고 + 당기매입 - 월말재고
- 월평균재고 = $\frac{\text{월초재고} + \text{월말재고}}{2}$

* 용어 : 월초재고(opening inventory- beginning inventory)
월말재고(closing inventory-ending inventory)

(2) 보유재고가 과다할 경우에 발생할 수 있는 손실

① 식자재의 재고회전율이 낮아 품질저하로 손실을 초래한다.
② 과다한 자본이 재고에 묶이게 되어 자본비용이 증가한다.
③ 재고유지 및 관리비의 증가를 초래한다.
④ 자본의 기회비용이 발생한다.
⑤ 저장공간을 필요 이상으로 차지한다.

(3) 보유재고가 과소할 경우에 발생할 수 있는 손실

① 재고가 소진되어 상품생산에 차질이 있을 때 판매기회의 상실을 초래

함으로써 기업의 신뢰성과 더불어 이미지 실추로 영업에 지장을 가져올 수 있다.

5) 재고자산 잔존(보유)일수

재고자산 잔존일수(number of days of inventory on hand)란, 재고량을 보유하고 있는 기간의 일수를 의미한다. 그러므로 재고자산 잔존일수는 물품을 구매하여 완전 소비되는 기간으로 이 기간이 길면 과다 재고량을 의미하며, 너무 짧으면 과소 재고량을 의미한다. 한편 재고자산 잔존일수는 적정 재고량을 산정하는데도 이용하는데, 일반적으로 적정 재고량은 일정기간동안의 소비량이나 소비액의 1.5배 수준이다.

재고자산 잔존일수의 계산은 다음과 같다.

① 재고자산 잔존일수 = $\frac{\text{월일수}}{\text{재고회전율}}$

6) 재고수준에 영향을 미치는 요소

호텔 및 외식업체의 식자재 재고량 보유에 영향을 미치는 요소는 다음과 같은 것이 있다.

① 식자재 구매시장의 공급 상황은 재고량 보유에 영향을 준다.
② 식자재의 유효기간은 재고량 보유에 영향을 준다.
③ 식자재를 주문하여 납품되는 기간, 즉 조달기간은 재고량 보유에 영향을 준다.
④ 계절적인 요인을 받는 식자재는 재고량 보유에 영향을 준다.
⑤ 식자재 구매시장의 구입가격 변화는 재고량 보유에 영향을 준다.

⑥ 식자재의 높은 주문비용은 재고량 보유에 영향을 준다. 이러한 경우에는 외국에서 구매하는 수입 식자재 등에서 고려된다.

⑦ 외식업체의 판매량(소비량)은 재고량 보유에 영향을 준다.

7) 재고와 원가와의 관계

상품의 생산에서 생산원가, 즉 제조원가는 일반적으로 재무회계 규정에 따라 계산하는데, 이 때 재무회계 규정에서 제품의 원가란 제품의 생산에 투입된 자재를 의미하고, 제품생산을 위하여 저장고(창고)에 저장되어 있는 재고는 자산(재고자산)으로 평가하고 있다. 일반적으로 호텔 및 외식업체는 식자재를 이용하여 생산된 상품의 판매시점에서 비용(원가)으로 처리되며, 재고시점에는 자산으로 평가한다.

8) 생산지점과 판매지점의 재고가치 평가

저장고로부터 물품청구서에 의해서 공급받은 식자재와 일일시장구매리스트에 의해서 구입된 식자재는 식음상품을 생산하기 위해서 생산지점에 보관되고 있다. 이렇게 생산지점에서 생산에 투입·대기되는 식자재를 Open stock이라 하는데, 이러한 Open stock에 대한 재고조사는 각 품목별로 각각 재고조사를 하지 않고 몇 달간 실사를 하여 Open stock의 평균치를 산출하여 그 평균치를 재고가치 평가에 적용한다. 그러나 단가가 높고 중요한 품목에 대해서는 매월 재고조사를 한다.

Open stock이란, 생산지점에서 평균적으로 가지고 있는 총재고액을 지칭한다.

9) 재고관리에 사용하는 용어

(1) Par stock

Par stock에서 Par란, 어떤 기준을 의미하므로 다음과 같이 여러 가지의 뜻으로 이해된다. 일반적으로 호텔 및 외식업체에서는 아래 ①의 의미로 많이 사용하고 있다.

① 항상 보유하고 있어야 할 어떤 품목에 대한 재고 보유량
② 보유하고 있어야 할 어떤 품목에 대한 최대와 최소 보유량
③ 주문한 어떤 품목이 입고되었을 때의 최대량

(2) 주문기간(Lead time)

어떤 품목을 주문해서 입고까지 소요되는 기간을 의미하며, 조달기간 또는 공급기간이라고도 한다.

(3) 재발주점(Reorder point)

재주문점이라고 하는데, 일반적으로 주문기간 동안 사용된 양에 안전재고를 더하면 그 품목의 재발주점이 된다. 주문기간 동안 사용될 양은 일평균 소비량×주문기간 일수로 산출된다.

(4) 최대 보유량(최대 재고량)

어떤 품목을 재발주한 품목이 저장고에 입고되었을 때 그 품목의 최대 보유량이 된다. 그러므로 최대 보유량은 어떤 저장품목의 안전재고에 재발주량을 더한 양이 된다.

(5) 최소 보유량(최소 재고량)

어떤 품목의 최소 보유량이란 보통 안전재고의 보유량을 의미한다.

(6) 안전재고

안전재고란, 주문한 물품이 납품예정일까지 도착하지 않은 등 예기치 못한 사태에 대비하여 보유하는 재고로 일반적으로 주문기간 동안 사용해야 할 양의 50%로 산정하여 보유한다. 그러나 이는 일반적이고, 만약 수요의 변동과 공급의 변동, 큰 폭의 시장가격 변동이 예상될 때는 공급과 수요 또는 구입가격의 변화율에 의해서 결정한다.

03 식자재별 저장방법

3-1. 식품의 성질

1) 식품 기초성분의 분류

식품의 기초성분은 수분 · 단백질 · 지질 · 당질 · 섬유소 · 무기물(회분) 등으로 분류되며, 이를 식품의 일반성분이라 한다. 일반성분 중에서 단백질 · 지질 · 당질 · 무기질이 있으며, 비타민류는 영양소라 부르지만 수분은 영양소라 하지 않는다.

2) 식품재료의 성질

식품재료의 성질은 크게 다섯 종류로 구분한다.

(1) 식품재료의 물리적 성질

식품재료의 물리적 성질(physical properties)은 식품재료학에서 가장 기초가 되는 이론은 식품재료의 물리적 특성이며, 이러한 물리적 특성이 식품재료에 가장 큰 영향을 미치며, 또한 가공과 저장 등에서도 큰 요인으로 작용한다.

물리적인 요인에는 밀도 · 융점 · 비점 · 용해도 · PH · 증기압 · 팽창 · 수축 · 발화 · 인화점 · 열 이동 등이 있다.

가. 빙점

식재료의 빙점(freezing point)은 〈표 6-13〉과 같이 식재료의 성분 · 농도와 밀접한 관계가 있다. 수분에 어떤 용질이 포함되어 있으면 용액의 빙점은 0도 이하가 되며, 용질의 농도가 높아질수록 빙점은 낮아진다. 열의 온점(thermal point)이란, 식품을 냉각시킬 때 가장 늦게 냉각되는 지점을 의미한다.

〈표 6-13〉 각종 식품과 식품재료의 빙점

식품재료 명	빙점(°C)	식품재료 명	빙점(°C)
양 파	-0.8	소고기	-0.6~-1.7
감 자	-1.7	생 선	-0.6~-2.0
당 근	-1.11	우 유	-0.5
고구마	-1.9	버 터	-2.2
호 박	-0.8	치 즈	-8.3
마 늘	-0.8	사 과	-1.5~-2.0
토마토	-0.5~-0.6	오렌지	-0.8~-1.3
오 이	-0.5	복숭아	-0.9
옥수수	-0.6	살 구	-1.0
가 지	-0.8	포 도	-2.2
시금치	-0.3	참 외	-1.2
버 섯	-0.9	수 박	-0.9
		바나나	-0.8~-3.4

나. 비점

비점(boiling point)은 액체의 비등(끓는)이 일어날 때의 온도로서 보통 1대기압(1atm) 아래에서의 비점이 그 물질의 비점이 된다. 수용액의 용질농도가 증가할수록 비점은 상승하며, 압력이 대기압보다 낮은 상태에서는 비점이 낮다.

다. 밀도

식재료의 밀도(ednsity)는 재료의 부피와 무게와의 관계를 나타낸다. 측정방법은 여러 밀도의 소금물에 일정한 양의 식품재료를 담궈 뜨지도 가라앉지도 않은 용액의 밀도를 그 식품의 밀도로 간주한다.

라. 표면적(surface area)

식품재료의 표면적은 열처리 가공 · 냉동가공 등에 큰 영향을 주며, 일반적으로 표면적이 크면 다른 물체와의 반응성이 커져 가공속도가 빨라진다. 표면적을 크게 하여 가공에 이용하는 대표적인 것은 우유의 균질화가 있다.

마. pH(potential Hydrogen: 수소이온농도)

모든 식품들은 〈표 6-14〉와 같이 각각 고유의 성분과 pH(산도)을 함유하고 있으며, 이 성분들은 식품 속에 공통적인 액성을 가지게 된다. 일반적으로 pH(산도)가 낮아지면 신맛이 상승하고 액성이 산성 쪽으로 기울게 되며, 더욱 뚜렷한 변화는 색깔의 변화이다. 산도에 따라 식재료 색깔의 변화는 다음과 같다.

① 초록색인 클로로필(chlorophyll)은 산과의 반응으로 갈색인 페오파이틴(pheophytin)으로 변하며, 또 pH가 알칼리 조건에 있으면 클로로필은

더욱 짙은 초록색을 가진 클로로필린으로 변하게 된다. 이러한 현상은 녹색 채소류에서 쉽게 찾아볼 수 있는 현상이다.

② 카로티노이드(carotenoid)계 색소는 산 또는 알칼리 조건에서 색깔 변화가 거의 일어나지 않는다.

③ 노란색소인 플라보노이드(flavonoid)는 그리스어로 황색을 의미하는 플라부스(flavus)에서 유래한 말로, 이 색소는 산에서는 안정하지만 알칼리 조건에서는 불안정하여 짙은 황색 또는 갈색으로 변한다. 또 구리, 철 등의 금속과 결합하여 흑갈색의 복합체를 형성하는데, 감자 등을 칼로 썰었을 때 칼에 닿은 자리가 청록색 또는 흑갈색으로 변색되는 것은 이러한 경우이다.

④ 안토시아닌(anthocyanin) 색소는 pH에 매우 민감한데, 일반적으로 산성(pH 4 이하 정도)에서는 적색을 나타내며, 중성(pH 7-9)에서는 자색, 알칼리성(pH 9 이상)에서는 청색 또는 녹색으로 변한다. 또 pH가 산성 쪽일수록 색소는 안정하나 너무 산성일 때는 오히려 분해되어 안정성이 감소한다.

pH: 1.0(염산)........4.6(이하)..........7.0(중성 : 순수한 물)...........14.0(가성소다)
7.4(혈액)
7.6(강물)
8.0(바닷물)
10.6(암모니아)
12.0(탈색제)

이렇듯 식품의 pH는 실제 식품재료 내의 액체들의 성질을 나타내는 척도가 되고 일정한 pH를 나타낸다. 식품재료가 신선한 천연물로 존재할 때의 pH와 수확 후 저장 중 또는 가공 중에 여러 내·외적 요인에 의하여 변화된 pH는 다르게 된다. 또한 pH 변화에 따라 이화학적 성질이 변하게 되며, 색 · 맛 · 향기 그리고 조직자체의 변화가 수반된다. 다음은 식품고유의 pH를 나타낸 것이다. 특히 pH는 식재료 관리에 있어서 중요역할을 하는데, pH4.6 ~ 7.0 사이에서는 박테리아가 가장 잘 번식하므로 식품의 부패가 쉽게 일어나는 범위이며, pH1.0 ~ 4.6 이하에서는 박테리아가 번식을 하지 못한다.

이외에도 식품의 물리적 성질에는 습도 · 액화 · 압력 등이 있어 식품조리 및 관리에 많은 영향을 준다.

〈표 6-14〉 식품고유의 pH

식품명	pH	식품명	pH	식품명	pH
아스파라거스	5.4~6.0	바나나	4.5~4.6	크림	6.5
브로콜리	6.5	자몽	3.0~3.3	체다치즈	5.9
양배추	5.2~6.3	레몬	2.2~2.4	크림치즈	4.88
당근	4.9~5.2	파인애플	4.7~5.2	계란흰자	7.0~9.0
샐러리	5.7~6.0	수박	5.18~5.6	계란노른자	6.4
시리얼	6.2~6.4	포도	3.4~4.5	빵	5.3~5.4
옥수수	6.0~6.5	딸기	3.0~3.5	비스킷	7.1~7.3
가지	4.5	쇠고기	5.1~6.2	크래커	7.0~8.5
상치	6.0	햄	5.9~6.1	파운드케익	6.6~7.1
흰 양파	5.4~5.6	돼지고기	5.3~6.9	스펀지케익	7.3~7.6
파슬리	5.7~6.0	닭고기	6.5~6.7	밀가루	6.1~6.2
고추	5.15	칠면조고기	5.72~6.8	사이다	2.9~3.3
감자	6.1	생선	6.6~6.8	콘시럽	5.0
쌀	6.2~6.7	새우	6.8~7.0	옥수수전분	4.0~7.0
시금치	5.5~6.0	연어	6.1~6.3	꿀	3.9
토마토	4.2~4.3	버터	6.1~6.4	잼	3.1~3.5
사과	2.9~3.3	카제인	4.6	오렌지주스	3.3~4.3
멜론	6.0~6.7	버터밀크	4.5	마요네즈	4.2~4.5
오렌지	3.1~4.1	우유	6.3~6.5	식초	2.0~3.4

(2) 식품재료의 기하학적 특성

식품재료의 기하학적(geometrical characteristics) 특성은 식품재료의 모양 · 크기 · 부피비중 · 밀도 · 표면적 · 표면장력 등의 식품재료의 성질 중 가장 중요한 것으로, 식품재료의 수확 · 운반 · 저장 · 보관 등에 영향을 미치는 것들이다.

(3) 식품재료의 시각적 특성

식품재료의 시각적 특성(optical characteristics)은 식품재료의 색깔 · 광택 등을 품질의 척도와 가공 특성으로 삼아서 다루어지는 중요한 요인이다.

(4) 식품재료의 관능적 성질

관능적 성질(sensory property)은 식품재료의 품질을 판정할 때 인체 감각기관을 통하여 인지되는 성분을 관능적 요소라 하며, 이는 주관적, 직관적인 판단에 의한 평가인 것이다. 즉 색깔 · 광택 · 냄새 · 맛 · 감촉 · 씹을 때의 느낌과 소리 등의 기준으로 직관적으로 평가하게 되고 재료의 판정에 매우 중요한 척도가 된다.

① 식품의 색깔

관능적 성질(sensory property) 중 색(color)은 식품의 기호와 관련된 가장 우선적인 요인으로, 상품적 가치는 물론 식품의 성숙도 · 변질 · 신선상태 · 저장기간 등을 대략 판정하는데 기준이 된다.

② 식품의 광택

식품의 광택(glossy · shiny)은 식품의 종류에 따라서는 광택이 식품의 품질적 가치를 결정하는 경우가 많다 예를 들면, 사과 · 오이 · 쌀의 경우는 광택이 좋을수록 좋게 평가하지만, 알사탕 · 견과류 · 햄 · 소시지 · 버섯 · 오렌지 · 베이컨 · 식용유 · 단무지 · 건포도류 등은 오히려 광택이 없을수록 우수한 품질로 취급된다. 따라서 식품은 광택이 있다고 해서 반드시 우수한 품질로 생각할 수 없다. 이러한 광택은 식품표면의 빛의 분산 정도에 따라 결정되며 주로 육안으로 그 정도를 주관적으로 판단한다.

③ 식품의 맛과 향기의 특징

식품의 향기는 식품의 관능적인 후각 요소로 품질을 결정하는데 중요한 요인으로 취급되고 있으며, 그것은 모든 식품의 표면으로부터 발생되는 휘발성 화합물이 사람의 후각을 자극하여 그 식품의 향기를 느끼게 하므로 식미 또는 식욕을 자극하기 때문이다.

향기 중 가장 중요한 관능적인 향기가 바루 식품을 먹기 전에 느끼는 향기, 즉 top note인데, 이것은 거의 대부분 저분자량을 가진 매우 휘발성이 강한 성분으로 식품에 대한 선입감을 좌우하는 중요한 요인으로 취급되고 있다.

일반적으로 후각은 미각보다 훨씬 민감하므로 향기성분이 조금만 달라도 풍미에 큰 영향을 미치게 된다. 후각은 동물이 사람보다, 미개인이 문명인보다, 여자가 남자보다 더 예민한 편이며, 같은 사람이라도 나이 · 건강상태 · 시간 · 주위 환경 · 온도 · 기타 요인에 따라 달라진다.

풍미와 향미는 flavor로 서로 같은 의미로 사용되며 맛과 향기를 동시에 나타내는 용어이나 풍미는 맛 · 냄새 · 감각 등 삼중감각에 의해 발현되는 복합적인 용어로 입과 코의 감각기관에 맛(taste)과 향(feeling · perfume) · 냄새(odor)가 감지되었을 때 사용할 수 있는 용어이다. 따라서 미각과 후각을 위주로 촉각 · 통각 · 온각 · 냉각 등을 포함하는 종합적인 감각을 주는 식품의 특성을 말할 때는 풍미라는 용어를 사용한다.

냄새와 향기는 odor의 의미로 사용되며, 냄새는 바람직하지 않은 것(썩은 냄새 등), 향기는 바람직한 것을 나타낼 때 주로 사용된다.

(5) 식품재료의 열적 특성

식품재료의 열적 특성(thermal characteristics)은 식품재료를 가열하여야 할 경우에 열의 본질과 재료의 물리화학적 변화를 이해하는 데 절대적으로 필요한 지식이다. 식품재료를 가공 처리하는데 가장 중요한 것은 열전달과 관련된 가열·냉각·건조·냉동 등이다. 열처리는 식품의 가치를 증가시키는 수단으로 살균효과는 물론 식품의 맛·소화상의 증가·품질의 상승시키는 중요한 역할을 한다. 열전달은 전도(conduction)·대류(convection)·복사(radiatio) 등의 메커니즘(mechanism)에 의하며 식품재료에 따라 원리적용이 달라진다.

3-2. 곡류의 저장관리

곡류(cereals·cereal grains)의 저장이란, 개념은 수확한 곡물을 소비할 때까지 일정기간 보관·관리를 의미하며, 이 기간 중에는 곡물의 질적·양적 변화가 많이 일어난다. 곡류는 본질적으로 불안정한 요소를 많이 가지고 있다. 그것은 수학과 저장 중에 공간적·계절적·시간적 제약을 많이 받게 되므로 사전에 충분한 곡류의 속성을 이해를 통해서 저장 관리하여야 한다. 곡류는 수확 후에도 호흡작용·증산작용·이화작용이 진행되기 때문에 그냥 방치하면 곡류의 물성이 신속하게 변하게 된다.

1) 저장 중 곡류의 변화

저장 중 곡류의 변화는 물리적·화학적·생리적 변화로 분류하는데, 이와 같은 변화는 다음과 같다.

(1) 곡류의 물리적 변화

곡류의 물리적 변화는 수분변화에 의한 손상과 진동 · 충격 등과 기계적인 외부 힘에 의한 마쇄(빻기) · 분쇄(갈기) 등의 변화이다.

(2) 곡류의 화학적 변화

곡류의 화학적 변화는 산화 · 분해 · 중합 등의 화학반응에 의해서 일어나는 변화이다. 곡류의 수확 후 일어나는 변화는 곡류의 조직감에 큰 영향을 미친다.

(3) 곡류의 생리적(생물화적) 변화

곡류의 생리적(생물화적) 변화는 미생물 · 효소 · 해충에 의한 변화로 수분함량이 많을수록 혐기적 호흡이 많이 일어나 성분이 분해되며 미생물 번식이 용이해져 조직이 부서지고, 곡류 자체의 호흡열과 미생물 · 해충에 의한 발열로 곡류의 변색 · 변질, 중량의 변화가 일어나게 된다.

이러한 곡류의 물성 변화를 가장 쉽게 이해하기 위해서는 우선 곡류의 변질에 관한 것들에 대해서 알아야 한다. 곡류의 변질에 관여하는 인자에는 온도 · 습도 · 가스 조성 · 빛 · 바람 · 미생물 · 해충 · 압력 등이 있으며, 이들은 보통 복합적으로 작용하므로 곡류를 저장 관리한다는 의미는 곧 이러한 인자들을 관리함을 의미한다.

2) 곡류저장의 수분과 온도

(1) 곡류의 수분

곡류의 수분은 결합수(bound water)와 자유수(free water)로 구성되는데, 곡류의 조직과 관계되는 수분은 양쪽 모두이지만, 주로 곡류의 조직감에 영향을 주는 것은 자유수이다.

곡류를 저장하기에 알맞은 수분은 13% 이하인데, 곡류저장 중 탄산가스 발생량은 수분 13% 이하에서는 미미하지만 그 이상에서는 서서히 증가하며, 15% 이상이 되면 급격히 증가한다. 곡류의 수분 함량이 13% 이하가 되면 호흡 및 증산작용이 억제되고 곡류 성분의 분해도 억제되므로 상대적으로 곡류의 조직도 원래의 조직을 유지하게 된다. 특히 수분 13% 이하에서는 곡류해충은 거의 번식하지 않으므로 해충에 의한 곡류조직의 소상은 없게 된다.

(2) 곡류의 온도

곡류의 온도는 환경요인 중 가장 중요한 인자로 화학적・물리적 변화 요인이다. 또 미생물이나 해충의 활동에도 직접적・간접적으로 영향을 미치며, 산화・갈변・향기변화 등의 화학적 변화를 초래한다.

곡류 온도란 곡류 자체의 온도와 저장창고의 온도로 나누며, 곡류를 저온에 보관하는 것은 저장기간을 연장하는 관점에서는 효과적이다. 그러나 모든 곡류를 꼭 저온에 저장하는 것이 좋은 것만은 아니다. 곡류의 종류・호흡스타일・온도 민감성・수확 후 변화속도 등을 고려하여 저장온도를 결정해야 한다. 〈표 6-15〉 참조

〈표 6-15〉 곡류의 저장온도

<table>
<tr><th>분류</th><th colspan="2">식품명</th><th>저장온도(℃)</th><th>저장습도(%)</th></tr>
<tr><td rowspan="4">맥류</td><td colspan="2">쌀(rice)</td><td rowspan="2">15</td><td rowspan="2">70~75</td></tr>
<tr><td colspan="2">현미(brown rice)</td></tr>
<tr><td colspan="2">보리(barley)</td><td rowspan="2">10~15</td><td rowspan="2">70~80</td></tr>
<tr><td colspan="2">밀(wheat)</td></tr>
<tr><td rowspan="6">잡곡류</td><td colspan="2">귀리(oat)</td><td rowspan="5">10~15</td><td rowspan="5">70~80</td></tr>
<tr><td colspan="2">수수(sorgum)</td></tr>
<tr><td colspan="2">메밀(buckwheat)</td></tr>
<tr><td colspan="2">조(millet)</td></tr>
<tr><td rowspan="2">옥수수
(corn)</td><td>말린 것</td></tr>
<tr><td>생 것</td><td>0(저온저장)</td><td>90~95</td></tr>
<tr><td rowspan="3">서 류</td><td rowspan="2">감자
(potato)</td><td>조생</td><td>10~13</td><td rowspan="2">85~95</td></tr>
<tr><td>만생</td><td>3~10</td></tr>
<tr><td colspan="2">고구마(sweet potato)</td><td>13~15</td><td>90~95</td></tr>
<tr><td rowspan="5">두 류</td><td colspan="2">콩(soybeans-건조)</td><td>10~15</td><td>70~80</td></tr>
<tr><td colspan="2">풋강낭콩(kidney beans)</td><td>7~10</td><td>85~90</td></tr>
<tr><td colspan="2">완두콩(green peas)</td><td>5~10</td><td>85~90</td></tr>
<tr><td colspan="2">팥(red beans-건조)</td><td rowspan="2">10~15</td><td rowspan="2">70~80</td></tr>
<tr><td colspan="2">녹두(mung beans-건조)</td></tr>
</table>

3-3. 채소류의 저장관리

1) 채소류의 물성과 구조

채소류는 관능적 가치인 신선감 · 맛 · 색깔 · 향기 · 조직 등에 의해서 물성이 다르며, 수분은 많지만 조직감은 딱딱한 편으로 씹을 때 느끼는 식감도 특이하다. 특히 채소류는 조직의 특수성으로 인하여 운반이 어려우며 수분으로 인하여 보존성도 낮고 조직이 쉽게 연화 또는 변질될 가증성이 높은 편이다.

일반적으로 채소류는 뿌리 · 줄기 · 잎 · 꽃 · 열매 등을 식용으로 하고 있는데, 보통 형태학적 특성에 따라 뿌리를 주로 사용하는 근채류 · 잎을 주로 사용하는 엽채류 · 열매를 주로 사용하는 과채류 등으로 분류하고 있으며, 성분 특성에 따라 전분의 함량이 높은 전분질 채소류 · 수분 · 비타민 · 광물질 등이 풍부한 채소류 · 완두콩 등과 같은 두류채소 등으로 구분한다.

2) 채소류의 저장

채소류의 관능적 가치를 결정하는 요인은 색깔과 형태이며, 특히 색깔은 시각적인 요소이므로 1차적으로 품질을 결정하는데 많은 영향을 준다. 채소류의 색깔은 대부분 세포 원형질의 색소체(plastids 또는 유색체)에 존재하는 지용성 색소(chlorophylls, carotenoids계)들과 세포액에 녹아있는 수용성 색소(flavonoids, anthocyanins계)들에 의해서 나타난다.

이와 같은 채소류는 수확 후에도 이화작용 · 증산작용 · 호흡작용이 지속되므로 성분변화 · 수분손실 · 향기손실 · 효소와 미생물에 의한 조직연화 등 많은 변화가 일어난다. 이러한 변화, 즉 수확 후 채소류는 시들며, 색깔의 변화 · 중량의 감소와 더불어 싹이 트고 미생물의 증식으로 조직이 연부되는 등의 변화가 일어난다.

그러므로 채소류의 저장관리의 중점사항으로는 호흡량의 감소를 통하여 탄산가스 방출을 억제하고 수분증산 · 영양가 손실 · 외관의 변화 · 조직의 변화 · 효소의 활성화 등을 억제하는데 중점 관리하여야 하는데, 이러한 효과를 얻기 위해서는 채소류를 저온저장방법이 가장 효과적이다. 〈표 6-16〉 참조

〈표 6-16〉 채소류의 저장온도

<table>
<tr><th>분류</th><th>식품명</th><th>저장온도(℃)</th><th>저장습도(%)</th></tr>
<tr><td rowspan="9">근채류</td><td>당근(carrot)</td><td>0~5</td><td>80~90</td></tr>
<tr><td>무(turnip)</td><td>0.5~1</td><td>90~95</td></tr>
<tr><td>꼬마무(radish)</td><td>4</td><td rowspan="2">85~95</td></tr>
<tr><td>생강(ginger)</td><td>13~15</td></tr>
<tr><td>마늘(garlic)</td><td>7~10</td><td>70~75</td></tr>
<tr><td>연근(lout roots)</td><td rowspan="2">0~1</td><td>90~95</td></tr>
<tr><td>우엉(edible burdock)</td><td>85~90</td></tr>
<tr><td>양파(onion)</td><td>9~5</td><td>70~75</td></tr>
<tr><td>대파(leek)</td><td>5~7</td><td>80~90</td></tr>
<tr><td rowspan="14">엽채류</td><td>양배추(cabbage)</td><td>0</td><td rowspan="2">90~95</td></tr>
<tr><td>시금치(spinach)</td><td>0~5</td></tr>
<tr><td>상추(leaf lettuce)</td><td>0~1</td><td>85~95</td></tr>
<tr><td>양상추(head lettuce)</td><td>0~5</td><td rowspan="2">90~95</td></tr>
<tr><td>쑥갓</td><td>0~5</td></tr>
<tr><td>적채(red cabbage)</td><td>10</td><td>85~95</td></tr>
<tr><td>배추(korean cabbage)</td><td>0~1</td><td>85~90</td></tr>
<tr><td>커리플라워(cauliflower)</td><td rowspan="2">0~5</td><td rowspan="2">90~95</td></tr>
<tr><td>브로콜리(broccoli)</td></tr>
<tr><td>샐러리(celery)</td><td>0~7</td><td>85~90</td></tr>
<tr><td>아스파라거스(asparagus)</td><td>0~5</td><td>90~95</td></tr>
<tr><td>치커리(chicory)</td><td>5~7</td><td>95</td></tr>
<tr><td>파슬리(parsley)</td><td>0~5</td><td>90~95</td></tr>
<tr><td rowspan="4">과채류</td><td>토마토(tomato)</td><td>7~10</td><td>80~90</td></tr>
<tr><td>호박(pumpkin)</td><td>10~13</td><td>70~75</td></tr>
<tr><td>피망(pimento)</td><td>7~10</td><td rowspan="2">85~90</td></tr>
<tr><td>고추(chili)</td><td>4~5</td></tr>
</table>

분류	식품명	저장온도(℃)	저장습도(%)
과채류	가지(eggplant)	7~10	90~95
	오이(cucumber)		
	외호박(squash)	0~5	
버섯류	양송이(button mushroom)	0~2	85~90
	자연송이(pine mushroom)	0~5	65~75
	느타리버섯(oyster mushroom)	2~5	65~70
	생표고버섯(black mushroom)	0~1	80~85

3-4. 과일류의 저장관리

1) 과일류의 구조

과일류는 수분과 즙이 많기 때문에 수확에서 소비까지 신선도 유지가 어려우며 성분변화는 과일의 증산작용 · 호흡작용 · 이화작용 등과 같은 요인에 의하여 비타민 C의 감소 · 천연색소 · 당 · 산 · 펙틴질 등의 변화 등이 일어나 이로 인하여 과일의 관능성과 물성적 가치도 빨리 저하된다.

과일류의 식품적 가치는 풍부한 당분과 유기산 · 독특한 방향 · 특유의 맛과 높은 당함량을 갖으며, pH는 4.5 이하가 많고 비타민 · 무기질의 공급원과 알칼리성 식품으로 펙틴질과 Celullose가 풍부하여 조리 및 가공에 이를 이용하기도 한다.

2) 과일의 관능성과 후숙

(1) 과일의 관능성

과일의 관능성은 색깔과 향기이며, 향기는 어떤 식품보다도 더 큰 비중을 차지하는 관능적 요소이다. 일반적으로 이러한 향기의 성분에는 알코올류 ·

에스테르류 · 휘발성산류가 많으며, 카르보닐 화합물 등도 검출되고 있다.

(2) 과일의 후숙

과일은 수확기 전 미숙과일이 점점 익어가면서 단맛의 증가 · 신맛의 감소 등 여러 가지 성분 변화가 일어난다. 한편 미숙한 과일을 수확하여 일정 온도 조건에서 후숙시키면 완숙 과일에 가까운 상태로 되는데, 이를 후숙(after ripening)이라 한다. 이러한 과일에는 바나나 · 복숭아 · 토마토 등이 있다.

과일을 수확한 후 일정기간이 경과하면 과실의 호흡량이 급격히 증대하는 시점이 있는데, 이러한 호흡작용의 갑작스런 상승현상을 호흡률 급상승이라 하며, 그 전 기간을 미숙단계, 그 뒤 기간을 과숙단계로 구분한다. 사과 · 배 · 바나나 · 망고 · 살구 · 밀감 · 오렌지 · 복숭아 · 토마토 · 아보카도 등이 전형적인 호흡률 급상승 현상을 나타내는 과일이므로 호흡률 급상승 이전에 수확하여 저장고에 저장하여 성숙하도록 한다. 또 과일의 수확 후 비호흡률 급상승 과실은 자몽 · 레몬 · 파인애플 · 수박 · 체리 · 포도 · 딸기 등의 과실은 수확 후 계속해서 호흡률이 떨어지므로 반드시 완숙한 후 수확해야 한다.

(3) 과일의 저장

생과일을 저장하는 목적은 일정 기간 동안 신선도를 유지하고 품질 · 맛 · 영양소 등이 저하되지 않도록 하는데 있으므로 과일의 저장에 있어서 품질이 저하되지 않도록 적절한 저장방법을 이용하여야 한다. 일반적으로 과실의 당도가 높으면 저장성이 약하고, 산도가 높으면 반대로 저장성이 강하기 때문에 과일의 종류에 따라 적절한 저장조건을 결정해야 한다. 〈표 6-17〉 참조

〈표 6-17〉 과일류의 저장온도

식품명	저장온도(℃)	저장습도(%)
사과(apple)	0~1	85~90
배(pear)	0~2	90~95
감(persimmon)	0~1	90
밀감(mandarin)		85~90
오렌지(orange)	1~2	
레몬(lemon)	12~14	
라임(lime)	13~15	
자몽(grapefruit)	10	
복숭아(peach)	0~1	90~95
살구(apricot)	1~2	90
자두(plum)	0~1	80~85
체리(cherry)	0~2	90~95
포도(grape)	-1~0.5	85~90
딸기(strawberry)	0.5~1	
수박(water melon)	2~4	
참외(melon)		
바나나(banana)	12~22	
파인애플(pineapple)	4~7	
머스크멜론(musk melon)	7~10	
망고(mango)	10~13	
블루베리(blueberry)	0~2	90~95
크랜베리(cranberry)	3~6	
키위(kiwi)	0~2	
구아바(guava)	7~19	85~90
아보카도(avocado)	3~7	
올리브(olive)	0~1	

3-5. 육류의 저장관리

육류의 냉장관리는 도살 직후부터 시작되어야 하는데, 그 이유는 도살된 육류는 사후변화가 빠른 속도로 진행되어 변질 · 부패되기 때문이다. 육류의 도살 전부터 자기소화까지의 과정은 다음과 같다.

1) 가축의 도살

가축은 도살 2시간 전에 영양상태 · 건강여부 · 병적여부 등에 대한 생체검사를 실시하여 검사에 합격 후 12~24시간 동안 안정상태를 유지하고 절식시키면서 혈액순환 · 체온유지 · 소화기 내의 분해물 분비촉진 등 최상상태를 유지한 후 도살한다. 특히 도살 직전에 가축이 흥분 및 스트레스를 받게 되면 피순환이 과격하게 일어나고 체온이 상승하여 도살 후 방혈이 잘 안되어 가공중에 정육에 암적색의 반점 등이 나타난다. 또 도살 직전에 사료를 주게 되면 소화 · 대사기능이 활발해져 각 조직 중의 모세혈관이 활발하게 충만되어 도살 후 방혈이 어렵고, 특히 해체 시 소화기관 내의 분해물질의 냄새가 고기로 옮겨가 육질이 나빠진다. 또한 불안정하거나 피로한 상태의 동물은 도살 전에 글리코겐을 많이 소모하므로 저장 글리코겐(glycogen) 양이 적어진다. 따라서 도살 후 육질 속의 글리코겐 함량이 적기 때문에 pH가 떨어지지 않아 결국 미생물의 번식에 좋은 조건이 되므로 빨리 부패되는 결정적인 계기가 된다. 그러므로 도살할 때는 가능한 한 가축에게 고통을 적게 주어야 한다.

2) 사후경직

동물은 살아 있을 때는 근육이 부드럽다. 그러나 도살된 후에는 조직 내에 산소공급의 중단으로 근육이 뭉쳐져서 뻣뻣해지는데, 이것을 사후경직이라 한다. 살아있는 동물의 조직은 pH 7.0~7.2인 반면에, 도살 후 동물의 조직은 산소공급의 중단으로 젖산이 축적되면서 pH 5.5로 떨어진다. 그러므로 사후경직의 변화들 가운데서 pH와 글리코겐은 감소하고 젖산은 증가한다. 이러한 변화의 결과로 근육은 수축되고 뻣뻣해진다.

(1) 사후경직 개시시간

동물을 도살 후 사후경직이 일어나기 전에는 근육이 부드럽고 연하므로 사후경직이 일어나기 전에 조리를 하면 부드럽고 연한 요리를 할 수 있으나, 조리과정이 느리면 조리과정 중에도 사후경직이 일어나므로 육질이 질겨진다.

사후경직은 냉장상태에서는 서서히 시작되며, 사후경직이 지나면 부드러워지기 시작하고 더 오랫동안 두면 숙성(자기소화)이 일어난다.

육류는 숙성되면 육질의 부드럽기가 증가하고, 향미와 즙이 증가하며 갈변이 잘되고 낮은 온도에서도 내부의 붉은 색을 잃어버린다. 육류의 숙성은 소고기가 주로 숙성되어지며, 송아지고기는 숙성을 해도 본래 연하기 때문에 더 좋아지지 않는다. 또 돼지고기는 부드럽기 때문에 숙성이 필요 없다.

(2) 육류의 사후경직 속도

돼지고기는 30분~2시간, 쇠고기는 2~8시간, 닭고기는 수분~1시간 후에 경직이 개시되며, 이러한 사후경직의 속도는 가축의 종류·도살시 조건·피로도·근육온도 등 여러 요인의 영향을 받는다.

(3) 육류의 사후경직의 지속시간

쇠고기는 24~48시간, 돼지고기는 12시간, 닭고기는 2~4시간 동안 지속되며, 지속시간은 가축의 종류·도살시 조건·피로도·온도 조건 등에 영향을 받으며, 도살 전의 영양상태가 나쁘고 피로한 것은 짧으며 동시에 경직도 빨리 온다. 이후 경직이 풀리면서 자기소화, 즉 숙성이 이루어진다.

(4) 육류의 자기소화 속도

① **쇠고기의 자기소화 속도**

- 0℃에서 10일
- 5℃에서 7~8일
- 10℃에서 4~5일
- 15℃에서 2~3일 걸린다.

② **돼지고기의 자기소화 속도**

- 4℃에서 1~2일 걸린다.

③ **닭고기의 자기소화 속도**

- 8~24시간이면 완성된다.

육류의 자기소화 속도는 온도, 동물의 종류에 따라 다르며, 온도가 낮을수록 · 동물이 클수록 숙성시간이 길어진다. 이와 같은 현상은 고온일수록 빠르고 동시에 부패도 촉진된다. 그러므로 보통 숙성과정은 냉장고 내에서 서서히 이루어진다.

육류의 냉장온도에 따른 저장기간과 저장온도 및 소 부위별 산출량 등에 관한 사항은 다음 〈표 6-18〉, 〈표 6-19〉, 〈표 6-20〉 등과 같다.

〈표 6-18〉 육류 냉동온도에 따른 저장기간

냉동온도 / 육류별	−12℃	−18℃	−23℃	−29℃
소고기	4~12개월	6~18개월	12~24개월	24개월 이상
송아지고기	3~4개월	4~14개월	8개월	12개월
돼지고기	2~6개월	4~12개월	8~15개월	10개월
양고기	3~8개월	6~12개월	12~28개월	18개월 이상

〈표 6-19〉 소 부위별 산출량

생육 소(大) 400kg(1마리)에 대한

* ✲ 지육(枝肉, carcass) : 212kg-53.1%(뼈+정육, 머리, 내장, 가죽 제거된 상태-46.9%)
* ✲ 뼈(bone) : 56.6kg-14.2%(지육-정육)
* ✲ 정육(精肉, meat) : 155.4kg-38.9%(지육-뼈)

구분	부위별	무게	생육 400kg 비율(%)	정육 155.4kg 비율(%)
정육 (155.4kg)	안심 tenderloin	5.3kg	1.3	3.4
	등심 loin	19.7kg	4.9	12.7
	채끝 strip loin(sirloin) short loin	9.1kg	2.3	5.9
	우둔(엉덩이) top round	14.8kg	3.7	9.5
	설도(泄道, 궁둥이) bottom round	22.1kg	5.5	14.2
	앞다리 fore shank	16.3kg	4.1	10.5
	목심 chuck and shoulder	10.2kg	2.6	6.6
	양지 brisket	17.8kg	4.5	11.5
	사태 shank	10.8kg	2.7	6.9
	갈비 rip	29.3kg	7.3	18.8
합 계		155.4kg	38.9	100.0

* ✲ 엉덩이 살(top round meat)+궁둥이 살(bottom round meat)=볼기 살(round meat)
* ✲ prime rib: rip 6~12번째 사이의 등심을 말함(소갈비 뼈 수 = 13개)

〈표 6-20〉 육류의 저장온도

<table>
<tr><th>식품명</th><th>저장온도(℃)</th><th>저장습도(%)</th></tr>
<tr><td>소고기(beef)</td><td rowspan="3">0~1</td><td>82~92</td></tr>
<tr><td>돼지고기(pork)</td><td rowspan="2">90~95</td></tr>
<tr><td>양고기(lamb)</td></tr>
<tr><td>가금류(poultry)</td><td>0</td><td>85~90</td></tr>
</table>

3-6. 어류의 저장관리

1) 어육의 조직과 물성

어류의 신선도는 상품적 가치를 결정하는데 중요한 역할을 할 뿐만 아니라 어류의 물성에도 큰 영향을 주는 것으로 알려지고 있다. 어류의 신선도는 어류가 생육하는 서식장소, 회유여부, 수온, 계절 등의 정도에 따라 차이가 나지만, 주로 수확 후의 처리과정이 결정적으로 작용한다. 또 어류의 나이 · 크기 · 성별 등도 신선도에 영향을 줄 수 있으며, 특히 어류의 색깔, 근육 상태, 눈 상태, 냄새 등이 신선도 여부를 결정하는데 이용되며 일반적으로 관능적인 관찰에 의존한다.

어육의 조직과 물성은 어종 · 생체부위 · 서식환경 · 먹이 · 어류의 나이 · 근육의 색깔 등에 따라 다르지만, 보통 단백질 · 지방이 많을수록 조직이 연하고 탄력성이 있으며, 어린 고기일수록 수분함량이 많고 지질이 적으며, 천연(자연산)어류는 양식어류보다 수분이 많고 지질함량이 적다.

따라서 자연산 어육이 물리적인 맛은 더 탄력이 있고 쫄깃쫄깃한 맛이 더 강하다. 적색어류는 백색어류보다 수분함량이 적고 보수성도 낮으며 지질함량이 높다. 또 단백질이 2배나 되며 단백질의 변성도 잘 일어난다. 그러므로 저장이나 조리할 때 백색어육은 부드러우며 부서지기 쉽고, 적색어육은 굳어 단단해진다.

2) 어육의 사후경직

사후경직을 지나 경직이 풀리면 어육 내의 부패효소의 작용으로 조직이 분해 및 연화되는 자기소화 과정이 시작된다.

자기소화는 온도가 낮을수록 pH가 산성 쪽일수록 분해현상은 늦어지며, 자기분해의 최적온도는 해수어 40~45℃, 담수어는 23~27℃이다. 이는 해수어와 담수어의 차이는 염도의 영향이다.

어육의 최적 pH는 보통 pH4 - 5정도이나, 만약 동결 시 어육의 조직이 파괴되었다면 자기소화는 더욱 가속된다. 〈표 6-21〉 참조

〈표 6-21〉 어류의 저장온도

분류	식품명	저장온도(℃)	저장습도(%)
어 류	대구(cod)	-1~1 -1~1	95~100
	연어(salmon)		
	도미(seabream)		
	광어(halibut0		
	농어(sea-bass)		
	박대(sole)		
	참치(tuna)	0~2	
	고등어(mackerel)		
	청어(herring)		
갑각류	꽃게(crab)	-25	95~100
	바다가재(lobster)		
	새우(shrimp)	-1~1	
조개류	굴(oyster)	0~2	100
	바지락		
	대합(clam)		
	전복(abalone)		
	소라	0~5	

분류	식품명	저장온도(℃)	저장습도(%)
연체류	오징어(squid)	-18~-20	75~85
	갑오징어(cuttlefish)		
	문어(octopus)		
	낙지		
기 타	어묵	0~2	80~85
	멸치(anchovy)	-18	90~95

3-7. 낙농식품의 저장관리

식품재료로 사용되는 낙농식품(dairy products)에는 주로 우유 · 크림 · 버터 · 치즈 · 란 등이 있다. 낙농식품의 저장온도는 〈표 6-22〉와 같다.

〈표 6-22〉 낙농식품의 저장온도

분류	식품명	저장온도(℃)	저장습도(%)
유제품	Whole milk	2~4	75~80
	low fat milk		
	Skim milk		
	Cream		
	Yogurt		
	Sour cream		
	Ice cream	-23~-18	
	Butter	2	
치즈	Hard cheese	7~8	75~85
	Semi soft ripened cheese		
	숙성 연질치즈		
	비숙성 연질치즈		
	Very hard ripened cheese		
란	란류	1~3	

1) 우유(milk)

우유는 물에 영양성분이 용해되거나 현탁·분산된 상태로 존재하므로 물리적이니 성질 중 pH는 보통 용액과는 차이가 있다. 신선한 정상적인 우유는 pH6.6(25℃)·산도(acidity)가 0.16% 정도로 가한 완충능력(buffer ability)을 가지고 있다. 우유의 pH는 우유의 탄산·신선도·미생물의 종류와 오염도·유방의 건강상태 등에 따르며, 우유에 이상이 생기면 pH와 산도가 변하게 된다.

우유의 빙점과 비점은 〈표 6-23〉과 같이 우유 속에 용해된 성분의 양에 따라 달라지는데, 정상적인 우유의 빙점은 -0.54℃ 내외이며, 비점은 100.55℃ 내외이다.

〈표 6-23〉 우유의 점도에 대한 온도의 영향

온도(℃)	점도(cp)
5	3.254
10	2.809
15	2.463
20	2.127
25	1.857
30	1.640

우유성분 중 함량변화가 일반적으로 적은 염류와 유당에 의해서 빙점과 비점의 변화가 일어나며, 단백질과 지방은 거의 영향을 미치지 못한다. 만약 정상적인 우유에 물을 넣었다면 빙점 및 비점이 변하므로 이 원리를 이용하여 우유의 가짜 여부를 판별하고 있다.

우유를 낮은 온도에 방치하면 여러 가지 우유의 물성이 변하는데 먼저 크림 분리현상이 일어난다. 이것은 지방함량이 적은 우유일 때 지방구가 유화력을 상실하여 지방 덩어리가 위로 뜨기 때문이다. 또 우유를 동결하면 얼음결정이 형성되면서 지방이 유화상태가 부서지므로 지방성분들이 덩어리를 형성하므로 해동시 우유는 탄성을 잃어 매우 끈적끈적한 느낌을 주게 된다. 이러한 현상은 우유의 급속 동결에 의해 다소 줄일 수 있다.

(1) 우유의 성분

① 우유의 수분

우유의 수분은 85~89%이다.

② 우유의 단백질

우유의 단백질 함유량은 2.7~4.4%이며, 단백질의 76~86%가 카제인(casein)이고, 나머지가 유청(milk whey) 단백질로 구성된다. 신선한 우유의 pH(산도)는 6.6이며, 산을 첨가하여 pH를 4.5 정도로 하면 카제인은 응고된다. 유청단백질은 가열시 냄비 바닥에 눌러 붙으므로 우유를 끓일 때는 젓어주거나 이중으로 해야 한다.

우유는 레닌(rennin-소 위장에 있는 소화효소 중 하나)에 의하여 우유덩어리(카제인)와 유청으로 분리되는데, 이 성질을 이용하여 만든 것이 치즈이다.

③ 우유의 지질

우유의 지질은 전체 우유의 2.8~5.2%를 차지한다. 우유의 지방은 포화지방산이 60~70%이고, 불포화지방산이 25~35%로 구성된다(모유의 지방은 필수아미노산이 더 많고 우유지방은 포화지방이 많다). 우유의 지방은 Butter fat or milk fat이라 하며, 우유는 젖당 때문에 달콤하다.

④ 우유의 탄수화물

우유의 탄수화물은 전체 우유의 4.0~4.9%를 차지하며 대부분이 유당(젖당)으로 구성된다(유당은 포유동물의 젖 속에서만 존재한다).

이러한 젖당은 용해도가 낮기 때문에 식품에 많이 사용하면 결정체를 만들어 텍스처를 나쁘게 하므로 식품가공에는 젖당을 제거한 우유를 사용한다.

⑤ 우유의 회분

전체우유의 0.5~1.1%를 차지한다.

⑥ 우유의 무기질

무기질은 0.7% 정도 있으며, 이에는 칼슘인 · 마그네슘 · 나트륨 · 칼륨 등이 들어 있다.

⑦ 우유의 비타민

비타민 C는 적게 들어 있으며 가공 중에 거의 파괴된다. B2, 비타민A(녹색풀을 먹은 소에 더 많다) 비타민 D는 적게 들어 있어서 보강한 제품들이 시판되고 있다.

(2) 우유의 처리

가. 우유의 살균처리

우유의 살균처리로 효모 · 곰팡이 · 박테리아 등이 파괴되며, 다음과 같은 살균처리법이 있다.

① 우유의 저온 장시간 살균법(LTLT)

우유의 저온 장시간 살균법(LTLT)의 살균온도 63~65℃에서 30분간 살균으로 우유의 맛 · 풍미 · 색 · 영양가에 변화를 주지 않는 살균법이다.

② 우유의 고온 단시간 살균법(HTST)

우유의 고온 단시간 살균법(HTST)의 살균온도는 72~75℃에서 15~20초간 살균은 일반적인 우유 살균법이다.

③ 우유의 초고온 순간처리법

우유의 초고온 순간처리법의 살균온도는 130~150℃에서 0.5~5초간 살균하는 방법으로, 이렇게 살균한 우유는 3~6개월 정도 장기간 저장 · 보관이 가능하다.

나. 우유의 균질화

우유를 살균처리한 후 우유지방을 잘게 쪼개서 지방구의 크림층 형성을 방해하고 우유의 맛을 균일하게 하고 소화가 잘되도록 한다. 반면에 지방구의 표면적이 커지므로 산화될 기회가 많아져 산패되기 쉽다. 균질화된 우유의 특성은 우유의 커드 장력을 감소시키고 크림현상을 저하시킨다. 또 단백질과 지방, 단백질과 단백질 상호간의 작용을 증가시키며, 산패취의 발생을 억제하고 빛의 분산이 많으므로 우유가 흰색을 많이 띠게 된다.

다. 우유의 종류

① 전유(whole milk)는 지방함량 3.0 이상인 우유이다.

② 고지방우유(high fat milk)는 우유의 유지방함량을 높인 우유이다.

③ 저지방우유(low fat milk)는 우유의 지방함량을 2.0 이하로 낮춘 우유이다.

④ 탈지우유(skim milk)는 우유의 지방함량을 0.1 이하로 낮춘 우유이다.

(3) 크림(cream)

크림(cream)은 지방함량이 최소한 10.5% 이상 함유한 우유를 크림이라고 하는데, 우유를 그릇에 담아두면 가벼운 우유의 지방이 위로 떠올라 황백색의 층을 형성하는데 이것을 크림층이라 한다. 크림은 우유의 지방층을 원심분리기로 분리하여 얻으며, 크림은 지방함량에 따라 분류하며, 그 종류는 다음과 같다.

① **Heavy cream**

Heavy cream은 진한 휘핑크림으로 지방함량이 36% 이상인 것으로 보통 휘핑크림은 지방함량이 30~36%이며, 주로 제과용으로 많이 사용한다.

② **Light cream**

Light cream은 지방함량이 8~20%인 것으로 커피크림으로 주로 사용한다.

③ **Half and half cream**

Half and half cream은 살균된 우유와 10.5~18%의 지방을 함유한 크림의 혼합물로 보통 조리용으로 사용한다.

④ **Sour cream**

Sour cream은 지방함량 18% 정도의 크림에 2%의 박테리아를 넣어서 20℃에서 24시간 숙성시킨 것이다.

(4) 버터

버터(butter)는 우유를 고속 회전시켜서 분리시킨 크림의 지방이 버터이며, 버터는 82%의 지방과 18% 정도의 물을 함유하고 있다. 버터는 포화지방과 불포화지방(40%)을 함께 함유한다. 버터는 냄새를 빨리 흡수하기 때문에 밀폐 보관한다. 버터는 무염버터 · 유염버터가 있는데, 유염버터는 소금을 첨가한 것으로 소금을 첨가한 버터는 산패를 지연시켜 준다.

(5) 치즈

치즈(cheese)는 유즙에 레넷(레닌효소)에 산을 첨가하여 유산발효를 일으켜서 카제인을 응고 침전시키고 유청에서 분리시킨 다음 숙성시키기 위해 미생물을 첨가하여 제조한 것이다.

가. 치즈의 분류

① Natural cheese

Natural cheese로 분류되는 치즈는 유산균이나 효모 등이 살아 있는 치즈로 발효가 진행 중인 것으로 보존성이 낮다.

② Processed cheese

Processed cheese치즈는 가열 처리하여 효소를 죽여 보존성을 높인 치즈로 저장 · 보존성이 높다.

나. 치즈의 종류

① 초경질 치즈

초경질 치즈(very hard ripened cheese)는 수분함량이 30% 정도이며 25℃ 이

하에서 보관한다. 또 초경질 치즈는 매우 단단한 치즈로 저지방 우유로 만들어 1년 이상 숙성시킨 치즈로, 이러한 치즈로는 Parmesan cheese · Romano cheese 등이 초경질 치즈에 속한다.

② 경질 또는 반경질 치즈

경질 또는 반경질 치즈(Hard cheese)는 살균된 우유에 젖산균을 넣어 만든 것으로 산도를 갖는다. 이러한 치즈의 수분함량은 38~45% 정도로 0~1℃에서 보관하며, 25℃에서 1주일 정도 보관이 가능하다. 경질치즈의 숙성기간은 2개월~2년 정도 숙성되며, 숙성이 세균활동을 억제하기 때문에 냄새가 나지 않는다. 경질치즈로는 Emmenthal cheese · Cheddar cheese · Edam cheese · Gouda cheese 등이 경질치즈에 속한다.

③ 반연질 치즈

반연질 치즈(semi soft ripened cheese)는 수분함량 45~55%로 곰팡이 등을 첨가하여 4주에서 수개월 간 숙성시킨 것으로 0~1℃에서 2~3주간 보관이 가능하다. 반연질 치즈로는 Roquefort cheese(양젖-불란서) · Gorgonzola cheese(이태리) · Stillton cheese(영국) 등이 있다.

④ 숙성 연질 치즈

숙성 연질 치즈는 수분함량 55~80%로 이에는 Brie cheese · Camembert cheese 등이 있다.

⑤ 비숙성 연질 치즈

비숙성 연질 치즈는 곰팡이나 박테리아를 첨가하지 않은 크림스타일의 치즈이며, 이에는 Mozzarella cheese · Cottage cheese · Cream 등이 있다.

3-8. 난류의 저장관리

계란(egg)의 구조는 껍질, 흰자 60%, 노른자 40%로 구성되며, 산란 직후의 계란의 표면에는 큐티클(cuticle)이라는 물질로 둘러싸여 있으며, 이 물질은 미생물 침입을 방지하는 역할을 하므로 물로 씻지 않는 것이 계란을 오래 보관할 수 있다.

한편 국내에서 시판되는 계란은 〈표 6-24〉와 같이 품질에 따른 등급보다는 중량에 따라 분류하여 시판하고 있다.

〈표 6-24〉 계란의 중량별 등급기준

크기별 분류	중량
특 란	61g 이상
대 란	55~60g
중 란	48~54g
소 란	42~47g
경 란	42g 미만

1) 계란의 저장방법

① 냉장법

냉장법은 냉장고 온도 1℃에서 -1℃의 온도와 습도 70~80%에서 저장한다.

② 냉동법

냉동법은 냉동고의 온도 -20~-30℃에서 동결하고 보관은 -15℃에서 한다. 이렇게 냉동보관한 계란은 영양과 기포력 · 유화력에 변화가 없다.

③ 건조법

건조법은 계란 흰자와 노른자를 분리하여 저온 살균하여 건조시킨다. 이렇게 건조한 계란은 색·맛·용해성·응고성이 변하며, 특히 기포성이 크게 저하된다.

④ 가스저장법

계란의 가스저장법은 이산화탄소·질소·오존 등을 넣은 방에서 냉장보관한다. 이산화탄소는 계란의 pH를 낮게 해서 단백질의 자기소화를 막는 역할을 한다.

⑤ 표면도포냉장법

계란의 표면도포냉장법은 계란 표면의 기공을 유지·바셀린·합성수지·젤라틴·껌 등을 발라서 막으므로 계란의 수분증발을 막고 세균 침투를 막아 0℃에 저장하는 방법이다.

⑥ 합병저장법

합병저장법은 여러 가지 방법을 함께 사용하는 방법으로, 즉 표면도포냉장법과 가스저장법 등을 병행하여 사용하는 방법이다.

제7장

생산지점과 판매지점의 식재료관리

1. 생산지점의 식재료관리
2. 판매지점의 식재료관리
3. 음료관리

Food Material Management & Purchasing

07

생산지점과 판매지점의 식재료관리

01 생산지점의 식재료관리

호텔 및 외식업체의 생산지점은 조리장 또는 주방을 일반적으로 생산지점이라 한다. 이러한 생산지점은 호텔 및 외식업체의 규모에 따라 크기와 조직의 규모가 다르지만, 생산지점에서의 식재료관리 업무가 직접적으로 이루어지고 또 이루어져야 하는 지점이기도 하다.

1-1. 생산지점의 조직

호텔 및 외식업체의 식음료의 생산지점의 조직은 크게는 서비스를 담당하는 부서와 음료를 담당하는 부서, 조리를 담당하는 부서로 구분할 수 있다. 이러한 부서는 다시 각 업무의 성격에 따라 세분화되어 각기 그들이 업무에 맞는 생산과 판매를 담당한다. 국내 호텔을 중심으로 각기 업무에 따라 구분된 조직은 다음과 같다.

1) 서비스부문

서비스부문을 각 업종에 따라 분류하면 한식 · 일식 · 중식 · 프렌치 · 이태리 · 연회 · 커피숍 · 룸서비스 · 바 등 각종 업종과 업태에 따라 달리하는 영업장별로 조직되어 식음상품을 판매하고 있다.

2) 음료부분

음료부분은 각 영업장마다 음료담당자를 두고 음료를 판매하고 있으며, 이러한 각 업장에는 다양한 음료를 준비하지 않고 몇 개의 큰 음료지점을 통해서 공급받아 판매하고 있다.

3) 조리부

조리부는 각종 식음상품(메뉴)을 직접 생산하여 판매하는 지점으로 식자재관리 측면에서 보면 대부분이 이 지점의 관리라 할 수 있다. 조리부도 서비스부문과 같이 각 업종에 따라 생산주방이 있으며, 각 주방은 다음과 같이 나누어진다.

(1) 메인 주방

호텔 조리부의 조직에서 메인 주방(main kitchen)이란, 자체적으로 상품을 판매하는 영업장은 갖지 않고 각 레스토랑의 주방에서 필요한 식재료를 가공(ready to eat) 또는 반가공(ready to cook) 상태로 생산하여 공급하는 것이다. 이와 같은 메인 주방에는 Butcher kitchen, Garde manger kitchen, Bakery & Pastry kitchen, Main Production kitchen이 있으며, 이와 같은 주방의 특징은 상품을 고객에게 판매할 수 있는 영업장은 갖지 않고 각 영업장에서 필요한 식재료를 가공(ready to eat) 또는 반가공(ready to cook) 상태로 생산하여 공급하는 것이다. 이러한 각 메인 주방의 구체적인 업무내용은 다음과 같다.

① Garde manger 또는 cold kitchen

Garde manger 또는 cold kitchen은 주로 모든 찬 음식을 생산하여 각 영업장에 공급하는 업무를 담당한다.

② Manin production kitchen

Manin production kitchen은 호텔마다 그 업무가 조금씩은 다르나 크게 두 부분으로 나눈다. 첫째는 각종 수프와 소스, 기타 기초요리를 만들어서 각 영업 주방에 공급하는 업무와, 둘째는 보통 메인 생산주방은 연회주방 업무와 같이 할 수 있도록 조직되어 본연의 메인 생산업무와 더불어 연회에 필요한 상품을 생산하는 업무를 병행하는 형태가 있다.

③ Bakery & Pastry kitchen

Bakery & Pastry kitchen은 각종 빵과 제과를 생산하여 필요한 영업장에 공급한다. 또 호텔마다 있는 Pastry shop(delicatessen)에 필요한 빵 · 제과 · 케이크 등을 공급하여 판매하고 있다.

④ Butcher kitchen(shop)

Butcher kitchen 또는 Butcher shop이라고도 하는 이 주방은 호텔에서 사용하는 모든 육류 · 생선류 · 육가공품 등을 각 영업장의 요구에 따라 손질 · 가공 · 반가공 상태로 공급하는 업무를 담당하는 곳으로 조리부에서 사용하는 식재료 중에서 주로 고가품을 다루는 주방이다.

따라서 식자재관리와 원가관리 측면에서 매우 중요한 부서이다. 특히 이

주방은 고가품을 주로 취급하므로 준비를 많이 하여 식재료의 품질이 변하거나 또는 준비를 소홀히 하여 공급이 제때 이루어지지 않아 영업에 지장을 초래한다거나, 또 식재료의 취급을 소홀히 하여 원가상승 요인이 되는 일이 없어야 한다. 그러기 위해서는 각 영업 주방의 일일 소요량을 정확히 파악하여 그 양보다 1.5배 정도 준비하여 영업과 원가관리가 원활히 수행될 수 있도록 한다.

⑤ Korean kitchen

Korean kitchen은 한국음식을 조리하여 한식레스토랑에서 판매하며, Banquet 및 Buffet 레스토랑에 한국음식을 제공한다.

⑥ Japanese kitchen

Japanese kitchen은 일본음식을 조리하여 일식레스토랑에서 판매하며, Banquet 및 Buffet 레스토랑에 일본음식을 제공한다.

⑦ French kitchen

French kitchen은 프랑스음식을 조리하여 프렌치 레스토랑에서 판매한다.

⑧ Italian kitchen

Italian kitchen은 이태리음식을 조리하여 이태리레스토랑에서 판매하며, Banquet 및 Buffet 레스토랑에 이태리음식을 제공한다.

⑨ Chines kitchen

Chines kitchen은 중국음식을 조리하여 중식당에서 판매하며, Banquet 및 Buffet 레스토랑에 중국음식을 제공한다.

⑩ Coffee shop kitchen

동·서양음식을 조리하여 호텔 Coffee Shop 및 Room의 고객에게 제공한다.

⑪ Nightclub kitchen

Nightclub kitchen은 나이트클럽에 필요한 음식, 주로 스낵류를 준비하여 나이트클럽 이용고객에게 제공한다.

⑫ Banquet kitchen

Banquet kitchen은 호텔의 각종 연회에 필요한 음식을 조리하여 고객에게 제공한다.

4) 생산지점의 식재료 흐름

생산지점의 식재료 흐름은 [그림 7-1]에서와 같이 외식업체의 형태에 따라 각각 식재료의 흐름이 다를 수 있다. 즉 일반레스토랑과 호텔·대량급식소·중앙집중조리장(C/K) 등에 따라 다르다.

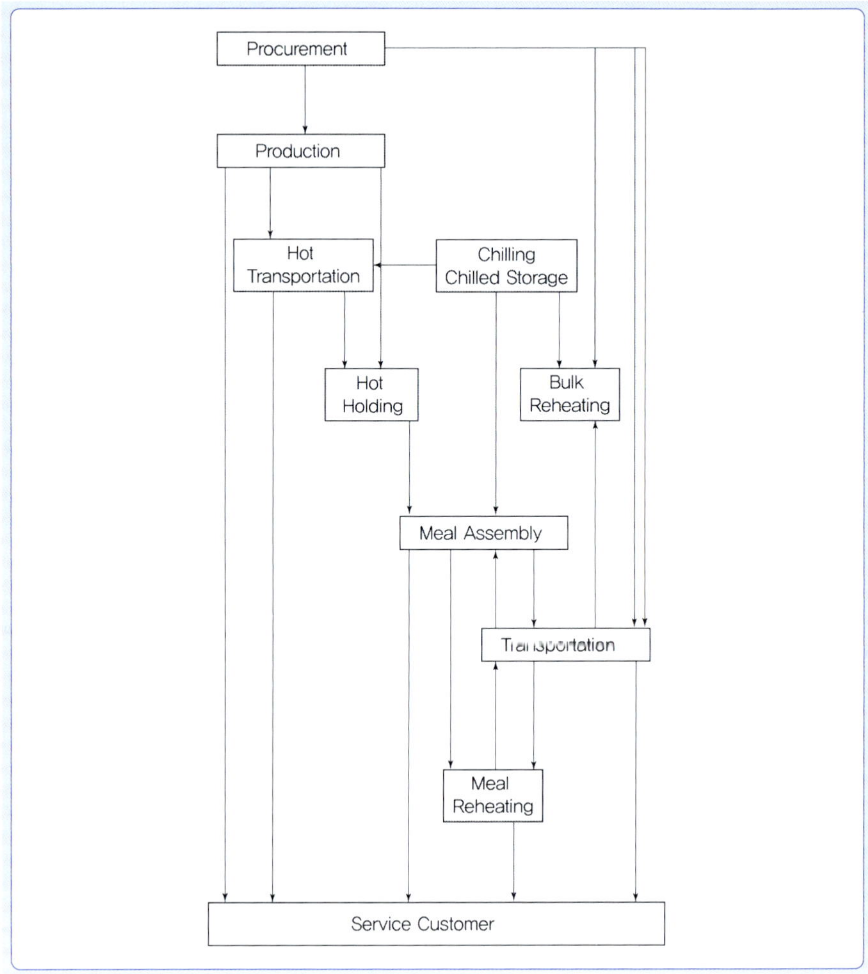

[그림 7-1] 생산지점의 식재료 흐름도

5) 생산지점 간의 식재료 이동

호텔 및 외식업체의 생산지점은 규모에 따라 다르지만 업종과 업태에 따라 여러 부문으로 구성되어 운영되고 있다. 그러므로 각 생산지점에서의 사용하는 식재료는 그 생산지점별로 일정기간마다 재고실사를 거쳐 원가관리가 이루어지고 있다. 따라서 각 생산지점 간의 식재료 공급과 이동에는 원가관리 차원에서 관리되어야 한다.

이와 같은 원가관리를 위해서 〈표 7-1〉과 같이 생산지점끼리의 식재료 공급과 이동에 사용되는 식음료부서 간 식음재료 이동서류(inter transfer sheet)를 이용해서 식재료관리 및 원가관리 책임소재를 구분하고 있다.

〈표 7-1〉 식음료부서 간 식재료 이동양식

INTER TRANSFER SHEET

(식재료 이동 인수증)

INTER - □ KITCHEN □ BAR TRANSFER

DATE : ______________

FROM : ______________

TO : ______________

FOR : ______________

Q'TY Ordered	Unit	Article & Description	Q'TY Issued	Unit Cost	Amount
Total Cost					
Ordered by		Issued by	Received by	Head of Dept	

6) 생산지점의 식재료 수율관리

생산지점에서의 식재료관리에 있어서 생산에 필요한 수량과 실제 구매해야 할 수량과는 차이가 있다. 이는 시장에서 구매한 식재료를 생산에 사용하기 위해서는 가식부분(조리에 사용되는 부분)과 불가식부분(조리에 사용될 수 없는 부분)으로 씻고 다듬고 손질(trimming)하는 과정에서 이루어진다.

그러므로 생산에 필요한 정확한 식재료 양에 따라 실제 구매량을 산출하기 위해서는 가식부분과 불가식부의 비율을 계산해야 하는데, 이를 계산하기 위해서는 수율 테스트(yield test)를 해야 한다. 따라서 식재료의 수율 테스트(yield test)는 다음과 같이 이루어진다.

(1) 식재료의 수율 테스트

식재료의 수율 테스트(yield test)란, 어떤 식재료를 사용가능한 부분(무게 또는 수량)의 비율과 사용불가능한 부분의 비율을 산출하는 것을 의미하며, 나아가 이러한 수율 테스트를 통하여 정확한 사용량과 구매량을 파악할 수 있다. 또 식재료의 수율 테스트(yield test)는 어떤 식재료를 구매한 무게와 가격을 판매할 수 있도록 상품화 된 무게와 가격으로 재조정하기 위한 일련의 작업을 의미하기도 한다.

예를 들어, 안심 10kg을 kg당 20,000원에 구매하여 상품화로 판매할 수 있도록 손질(trimming)하여 안심 스테이크(tenderloin steak)로 판매할 수 있도록(portion화)하여 무게를 측정한 결과 8kg이라면 이때 kg당 가격은 20,000원이 아니고 25,000원이 되는 것이다.

이때 안심을 Trimming한 것 중 안심을 뺀 나머지 2kg 중 1kg은 재사용이 불가능한 기름이고, 나머지 1kg은 소스나 육수를 만드는데 사용할 수 있다면 그 가치를 총 구매한 금액에서 빼고 안심스테이크 가격을 조정해야 할 것이다.

즉 새사용할 수 있는 부분을 구매할 때 kg당 5,000원이라면 안심 총 구매액 200,000원에 5,000원을 뺀 195,000원을 안심스테이크 무게, 즉 8kg으로 나눈 값, 24,375원이 새로 계산된 안심 1kg의 가격이 된다.

가. 수율테스트의 목적

수율테스트(yield test)의 목적은 다음과 같다.

① 식자재의 실제 필요한 양과 구매량을 결정할 수 있다.
② 생산된 식음상품의 판매가격 결정에 필요한 자료를 제공한다.
③ 식재료 원가관리에 필요한 정보를 제공한다.
④ 식음상품의 판매에 필요한 양(Portion control)의 결정에 필요한 정보를 제공한다.

나. 수율(yield)의 계산방법

① **구매한 무게(as purchased weight)**

A.P. Weight라고 하며 이는 구매당시의 중량을 의미한다.

② **가용부분의 무게(edible portion weight)**

E.P. Weight라고 하며, 이는 고객에게 최종적으로 제공되는 무게를 의미한다.

③ **낭비(waste)**

구매한 중량에서 손질, 쿠킹, 쿠킹 후 서빙할 때 발생하는 모든 낭비를 의미한다.

④ 수율계산법

㉠ 낭비율이란, 식재료를 사용하기 위하여 씻고 다듬고 손질(trimming)할 때 손실되는 비율을 의미한다. 낭비율의 계산은 구매한 무게와 손실된 무게로 계산되며, 계산식은 다음과 같다.

* 낭비율(%) = $\frac{\text{손실된 무게}}{\text{구매한 무게}} \times 100$

㉡ 총수율이란, 식재료를 씻고 다듬고 손질(trimming)한 후 실제 사용되는 가용부분의 비율을 의미하며, 이는 구매한 무게와 가용부분의 무게로 계산된다. 계산식은 다음과 같다.

* 총수율(%) = $\frac{\text{가용부분의 무게}}{\text{구매한 부게}} \times 100$

㉢ Trimming 수율이란, 식재료를 씻고 다듬고 손질(trimming)할 때 불가용부분의 비율을 의미한다. 이는 구매한 무게와 불가용부분의 무게로 계산되며, 계산식은 다음과 같다.

* Trimming 수율(%) = $\frac{Trimming\text{한 무게}}{\text{구매한 무게}} \times 100$

㉣ Cooking 수율이란, 고객에게 제공하기 위해 조리할 때 손실되는 무게와 실제 제공되는 무게의 비율을 의미한다. 이는 구매한 무게와 Cooking 한 후 실제 고객에게 제공되는 무게로 계산되며, 계산식은 다음과 같다.

* Cooking 수율(%) = $\frac{Cooking\text{한 후 무게}}{\text{구매한 무게}} \times 100$

㉤ 서비스(service) 수율이란, 고객에게 제공하기 위하여 조리된 후 제공하는 과정에서 손실된 무게의 비율을 의미한다. 서비스 수율은 구매한 무게와 조리된 후의 손실된 무게로 계산되며, 계산식은 다음과 같다.

$$* \text{ Service 수율(\%)} = \frac{\text{Cooking 한 후 Cutting 할 때 손실된 무게}}{\text{구매한 무게}} \times 100$$

⑤ 고객에 제공해야 할 실제 필요한 식재료의 구매량의 계산

* 총구매량 = 제공할 고객의 수 × 1인 분량

$$* \text{ 실제 필요한 구매량} = \frac{\text{총구매량}}{\text{수율(\%)}}$$

⑥ 실제 사용량에 대한 실제 구매원가 계산

$$* \text{ 실제 구매원가(kg)} = \frac{\text{구매가격}}{\text{수율(\%)}}$$

〈표 7-2〉는 실제 수율테스트를 하여 제시한 각 식재료의 실제 수율을 나타내고 있으며, 실제 수율테스트에 있어서는 각각 식재료의 크기·무게·상태·형태·품질 등에 따라 차이가 있다.

〈표 7-2〉 식재료별 수율테스트 표

식재료명	가용률(yield ratio)	낭비율(waste ratio)
사과(apple)	80%	20%
바나나(banana)	65%	35%
멜론(musk melon)	52%	48%
수박(water melon)	57%	43%
배(pear)	78%	22%
브로콜리(broccoli)	81%	19%
당근(carrots)	85%	15%
옥수수(corn on the cob)	55%	45%
양상추(head lettuce)	76%	24%
바다가재(whole lobster	30~35%	70~65%

식재료명	가용률(yield ratio)	낭비율(waste ratio)
뱀장어(whole ell)	70%	30%
아귀(whole monk fish)	20%	80%
농어(whole sea-bass)	40~43%	60~57%
광어(whole halibut)	40~45%	60~55%
도미(whole sea-bream)	38~40%	62~60%
연어(whole salmon)	45~50%	55~50%
박대(sole)	25%	75%
오리(whole duck)	42~45%	58~55%
닭(whole chicken)	45~48%	55~52%
소안심(beef tenderloin)	60~62%	40~38%
소채끝(beef short rib)	62~65%	38~35%
소등심(beef prime rib)	45%	55

02 판매지점의 식재료관리

판매지점에서의 식재료관리란, 식음료를 판매하는 각 레스토랑을 의미한다. 레스토랑은 식재료를 구매하여 몇 단계를 거친 후 최종적으로 생산에 투입되어 상품으로 판매되는 장소로서 식재료의 원가가 회수되는 지점이기도 하다. 이와 같이 식재료원가가 회수되는 레스토랑에서의 식재료관리에 영향을 미치는 것에는 다음과 같은 내용이 있다.

2-1. 주문의 방법

고객에게 식음상품을 제공하기 위해서 주문을 받게 되는데, 주문하는 방법에는 Captain Order Pad · Order Pad · 무선단말기(handy terminal) 등에 주문을 받아서 주방과 Cashier에 전달한다.

한편 주문 받은 내용을 주방과 Cashier에 전달하는 방법에는 Captain Order Pad나 Order Pad를 직접 서비스 직원이 전달하는 방법 · Pos(point of sale)시스템에 서비스 직원이 직접 입력(precheque machine-terminal)하는 방법 · 무선단말기(handy terminal)를 이용하는 방법 등이 있다.

2-2. 크레디트로 소비된 식음료

크레디트(credit)란? 일반적으로 호텔 등에서 고객에게 판매하기 위해 식재료를 사용하여 생산한 상품을 실제로 고객에게 판매하지 않고 영업활동을 위하여 호텔 내 자체에서 소비되는 식음상품을 의미하며, 그 의미는 다음과 같이 폭넓은 의미로 사용된다.

① 고객에게 초대 · 접대 등으로 무료로 제공한 식음료
② 직원들의 행사에 사용된 식음료
③ 고객에게 무료로 제공된 과일 바구니에 사용된 식음료
④ 직원에게 원가로 판매한 식음료
⑤ 새로운 메뉴개발로 시식 · 시음에 소비된 식음료
⑥ 서빙할 때 직원의 실수로 손실된 식음료
⑦ 엔터테이너가 소비한 식음료 등
⑧ 판매지점에서 사용되는 Officer's Check란 회사의 간부들에게 업무와 영업을 위해서 사용할 수 있는 일종의 무료 식음료권이다.
⑨ ENT(Entertainment) Bill이란, 접대 Ticket이라 해서 주로 접대에 사용하는 무료 식음료권이다.

⑩ Comp(Complimentary) Bill이란, 초대권 · 우대권 등이며, 의미는 식음료를 무료로 제공하는 각종 무료 식음료권을 의미하는데, 이에는 ENT Bill · Officer's Check 등이 이에 속한다.

2-3. 판매지점에서 식음상품의 손실관리

판매지점에서 식음상품의 손실관리란, 고객에게 판매되지 않고 손실을 초래한 사고에 대한 처리는 사고의 종류의 종류에 따라 다음과 같이 다르게 처리하고 있다.

① 고객이 계산을 하지 않은 경우
② 서비스 직원이 식음료를 서빙 중에 실수로 쏟은 경우
③ 고객이 주문한 내용과 일치하지 않아, 다시 음식을 만들어 제공한 경우의 비용은 원가로 처리한다.

그러나 고객에게 식음상품을 제공하고 식음상품 대금을 받지 못했을 경우는 그 고객이나 또는 그 테이블의 담당직원이 그 대금의 배상으로 처리한다.

03 음료관리

3-1. 판매지점에서의 음료관리

호텔 및 외식업체에서 고객이 음료를 주문할 때 사용하는 용어로는 다음과 같은 것이 있다.

① Call brands : 고객이 특정상표를 지칭하는 것

② Pouring brands : 고객이 특정상표를 지칭하지 않을 때 음료 담당직원이 선택하여 제공한다. 이때 Pouring brands의 경우는 가격대가 중간 정도에서 선택된다.

3-2. 생산지점에서의 음료관리

생산지점(bar)에서의 음료관리에 필요한 용어와 도구는 다음과 같은 것이 있다.

① Shot(어림짐작) Glass란, 어림으로 음료의 양을 측정하는 유리잔을 말한다.
② Gigger란, Cocktail 만들 때 음료의 양을 측정하는 도구로 1oz · 1.5oz가 일반적으로 많이 쓰인다.
③ Pourer란, 병목에 부착하여 한 번 부으면 정해진 일정량(1oz 또는 2oz)만 나오도록 만든 도구이다.
④ Automated dispenser란, 손잡이나 버튼을 한 번 누르면 정해진 양만 나오는 기구이다.
⑤ Free pour란, 사람의 눈대중으로 양을 측정하는 것을 말한다.

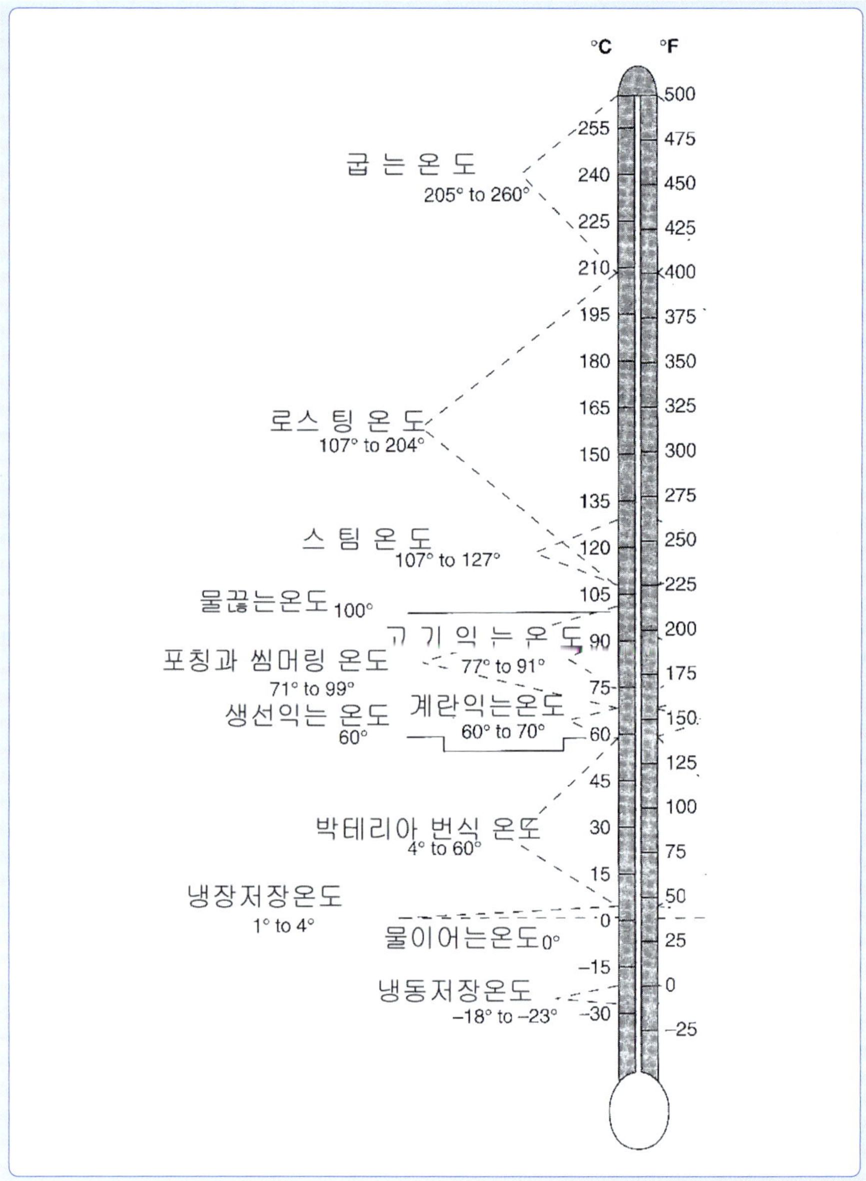

[그림 7-2] 식재료의 조리 및 위생관리 온도

제8장 식자재 원가관리

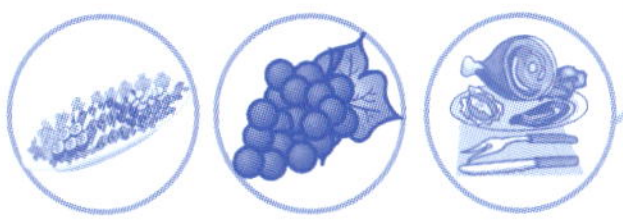

1. 원가관리 개념
2. 원가의 분류와 구성
3. 손익분기점 분석

Food Material Management & Purchasing

08 식자재 원가관리

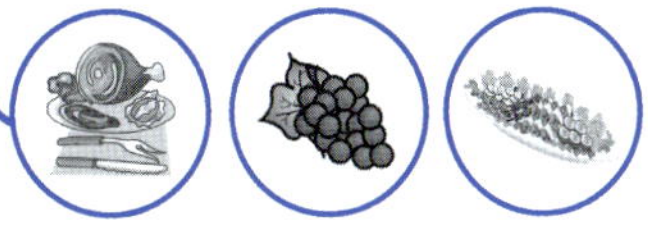

01 원가관리 개념

1-1. 원가관리의 의의

식자재관리에 있어 원가(cost)란, 구매 · 검수 · 저장 · 출고의 관리활동 단계에서부터 시작하여 음식을 조리하여 판매에 이르기까지의 업무에 적용되는 관리활동이다.

그러므로 원가관리(cost control)는 근본적으로 기업경영에 있어 목적이라고 할 수 있다. 원가관리를 행하는 것은 기업이익의 극대화에 지대한 영향을 미치기 때문에 경영관리 측면에서 접근하여야 한다.

식음료업장에서의 소비되는 모든 식재료의 원가를 효율적으로 관리하기 위해서는 구매부서 · 검수부서 · 저장출고부서 조리부서 모두의 협조관계를 유지하며 경제적 의미의 가치로서의 인식전환이 중요하게 작용되는 독특한 경영기법이다.

이와 같이 정의되는 원가의 범위를 협의와 개념으로 구분하여 정의할 수 있다. 협의의 경우는 물건을 만들기 위하여 들어가는 돈을 의미한다. 예를 들어, 제조업의 제품제조 원가 · 소매업의 상품구입원가 · 용역업의 용역원가 등 매출원가의 해당되는 원가로서 1차적인 원가(매출원가)를 의미한다.

반면, 개념적 원가는 물건을 만들어 판매하고 수금하기까지에 직 · 간접적으로 들어가는 모든 지출원가(총원가)를 의미한다. 요약하면 아래 그림과 같다.

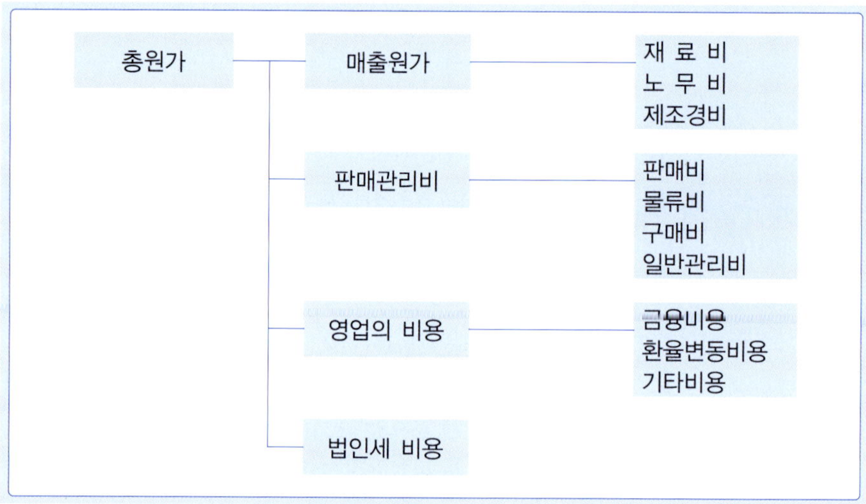

[그림 8-1] 원가관리를 위한 원가분류체계

1-2. 식음료 원가관리의 개념

1) 원가는 경영목적에 관련된 가치소비이다.

원가는 경영목적, 즉 재화나 용역의 생산, 판매에 관련하여 소비된 경제 가치에 한정된다. 그러므로 경영목적에 직접 관련이 없는 경제적 가치의 소비 등은 원가를 구성하는 원가에 포함하지 않는다.

2) 원가는 경제가치의 소비이다.

원가는 경제적으로 가치 있는 재화나 용역을 소비함으로써 발생한다. 즉 기업이 재료와 노동력 · 기계설비 · 전력 등의 경제 가치를 소비함으로써 제품의 원가가 결정된다. 따라서 경제적 가치가 없는 것(예, 공기 등)과 경제적 가치가 있는 것이라도 소비되지 않은 것은 원가가 되지 않는다.

3) 원가는 일정한 급부와 관련하여 파악된 경제적인 가치이다.

급부란, 남에게 재화나 용역을 공급, 교부하는 행위, 즉 기업이 외부에서 구입한 재화나 용역을 소비하여 새롭게 창출한 재화나 용역의 가치를 말한다.

4) 원가는 정상적인 가치소비이다.

원가란, 통상적이고 경상적으로 발생한 것이어야 한다는 것이다. 따라서 경제활동과 관련하여 경제적 가치가 감소한 것이라도 수해나 파업 등과 같이 이상적이고 비정상적인 상태 하에서 나타난 경제적 희생가치는 원가에 포함되지 않는다.

1-3. 원가관리의 목적

원가관리란, 일정한 품질(적정원가의 개념을 내포한 의미)의 제품을 최소의 비용으로 생산(cost reduction)을 목적으로 하고 원가계산의 제방법 및 조직을 통하여 얻게 되는 원가수치를 관리수단으로 하여 경영활동을 관리하고자 하는 경영관리의 한 방식이다. 즉 식음료 원가관리의 궁극적인 목적은 식음료 원가관리를 줄이며 판매를 증진시키고자 하는 데 있다.

1) 원가중심점 또는 책임중심점

원가관리의 중심점 또는 책임중심점은 실제적으로 라인(line-staff)부문의 각 계층의 관리자이다. 그러므로 생산관리에 있어서 기술적 · 직접적인 경영활동의 개선, 합리화가 이루어지지 않고서는 원가관리에 의한 원가절감(Reduction) 또는 원가에 의한 관리는 수행될 수 없다. 이러한 점이 원가관리의 한계와 특징이 있다.

2) 식자재의 원가관리 절차

원가관리의 절차는 제품의 생산에 따라 절차가 다르다.

식자재 원가관리의 절차는 메뉴계획(정책) – 구매(발주) – 검수(수령) – 저장(입고) – 출고(재고) – 조리(생산) – 제공(판매) – 결과(효과) 분석(cost analysis) – 계획 등으로 순환되는 과정이다.

그러므로 원가관리란, 이러한 과정을 대상으로 하여 표준을 설정하고 실제 원가를 기록하여 표준원가와 비교하여 그 차이를 발견 · 분석하여 그 원인을 규명하는 것이라 할 수 있다.

1-4. 원가계산의 목적

원가를 계산하는 목적은 경영의 실제를 파악하여 경영의 분석과 계획에 필요한 정보를 제공하는데 있으며, 이에는 크게 외부보고의 목적과 내부보고의 목적으로 나눌 수 있다.

1) 외부보고의 목적

주주(투자자) 또는 채권자 등과 같은 기업외부의 이해관계자들에게 기업의 경영성과와 재무상태를 보고하는 것이다(기업의 가치를 공개하여 투자자 모집에 목적이 있다).

2) 내부보고의 목적

경영관리의 수단으로 조직 내의 경영자들이 의사결정을 효과적으로 할 수 있도록 원가정보를 제공함을 말한다.

1-5. 원가계산의 원칙

1) 진실성의 원칙

생산에 소요된 원가를 정확하게 계산하여 진실하게 표현하는 원칙

2) 발생기준의 원칙

발생사실이 있는 발생시점의 기준을 지키는 원칙

3) 계산 경제성의 원칙(중요성의 원칙)

경제성, 즉 금액과 소비량이 적은 직접비는 간접비로 계산하는 경우

4) 확실성의 원칙

여러 방법 중에서 가장 확실성이 높은 방법을 선택하는 원칙

5) 정상성의 원칙

정상적으로 발생한 원가만 산정하는 원칙

6) 비교성의 원칙

다른 일정한 기간이나 다른 경쟁업체와 비교할 수 있어야 한다(이것은 유효한 경영관리의 수단으로 사용된다).

7) 상호관리의 원칙

원가계산 · 일반회계 · 요소별 계산 · 부문별 계산, 그리고 제품별 계산과 상호간에 서로 밀접한 하나의 유기적인 관계를 구성함으로써 상호관리가 가능하도록 되어야 한다.

02 원가의 분류와 구성

원가는 이용하고자 하는 목적과 시기 · 형태 · 절차 범위 등의 여러 가지 기준에 따라 분류될 수 있다. 즉 원가계산의 목적에 따라 필요한 원가가 다를 수 있다는 뜻이다.

2-1. 원가의 구성

원가의 구성은 제조 직접비 · 제조 간접비 · 영업비 · 제조원가 · 총원가로 되어 있다.

1) 제조직접비

① 직접재료비 : 제품을 만드는데 소비된 재료비

② 직접노무비 : 제품을 만드는데 소요된 노무비

③ 직접경비 : 제품을 만드는데 소요된 경비(외주가공비 등)

2) 제조 간접비

① 간접재료비 : 제품을 만드는데 소비된 간접재료비(생산현장의 소모품비 등)

② 간접노무비 : 제품을 만드는데 소비된 간접노무비(퇴직금, 상여금 등)

③ 간접경비 : 제품을 만드는데 소비된 간접경비(수도, 가스료, 임대, 보험 등)

3) 영업비(판관비)

① 판매비 : 영업에 관련하여 소비된 비용

② 일반관리비 : 경영전반의 활동에 관하여 소비된 비용

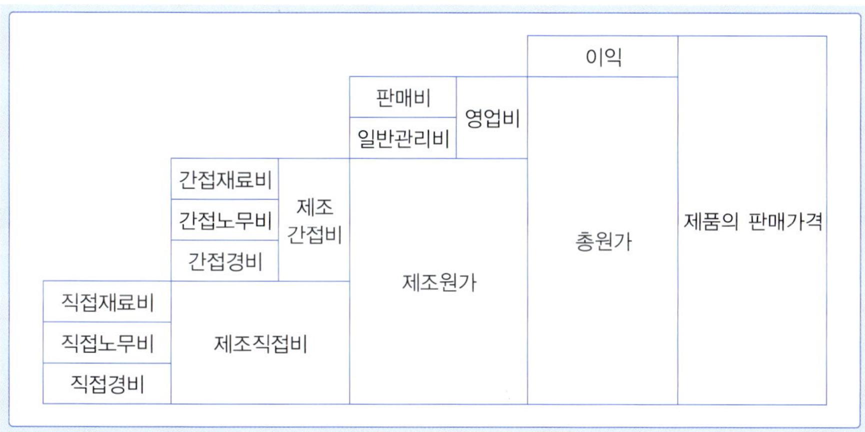

[그림 8-2] 원가구성

2-2. 조업도에 따른 원가분류

원가는 조업도(操業度, rate of capacity)에 따라 변동비와 고정비로 구분할 수 있다.

1) 변동비(變動費, variable cost)

조업도의 변동에 따라 직접적으로 비례하여 발생하는 원가를 말한다(직접재료비, 직접노무비 등).

2) 고정비(固定費, fixed cost)

조업도의 변동에 관계없이 항상 일정하게 발생하는 원가를 말한다(감각상가각비, 보험료, 임차료 등).

3) 준변동비(semi-variable cost)

조업도의 변화와 관계없이 발생하는 고정비와 조업도의 변화에 따라서 비례적으로 변하는 변동비의 두 가지 원가요소가 포함된 원가이다(전기료, 수선유지비 등).

4) 준고정비(semi-fixed cost)

특정 범위의 조업도 내에는 일정한 금액이 발생하지만, 조업도가 이 범위를 넘어서면 일정액만큼 증가하는 원가를 말한다. [그림 8-3] 참조

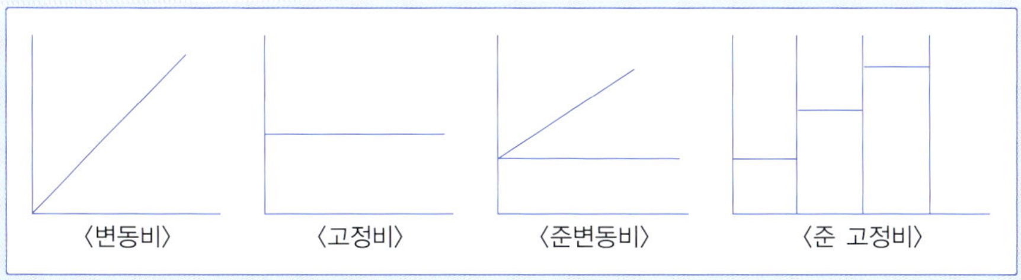

[그림 8-3] 조업도에 따른 원가 종류

2-3. 원가의 형태별 분류

원가를 구성하는 요소인 원가요소를 제품의 제조원가를 구성하는 원가의 형태에 따라 분류하면 재료비·노무비·경비로 나눌 수 있는데, 이것을 원가의 3요소라 한다.

1) 재료비(材料費, material cost)

제품의 제조에 소요되는 재료의 소비액을 말한다. 단, 구입하여 소비되지 않은 재료의 재고는 원가에 포함되지 않으며, 이는 자산으로서 이월된다.

2) 노무비(勞務費, labor cost)

제품을 제조하는데 소요되는 종업원의 노동력에 대하여 지급하는 임금·급료·상여금 등을 말한다.

3) 경비(經費, expense)

재료비·노무비 이외의 모든 비용을 말한다. 즉 전기·수도·가스료 등과 보험료, 감가상각비 등

2-4. 원가계산의 분류

원가계산은 관점에 따라 여러 가지로 분류할 수 있는데, 그 중 대표적인 원가계산방법으로는 다음과 같다.

1) 사전 원가계산과 사후 원가계산

① 사전 원가계산(pre-cost accounting)은 제품을 제조하기 전에 미리 그 원가를 예정하여 계산하는 방법이다. 이에는 추산 원가계산과 표준 원가계산의 두 종류가 있다.

㉠ 추산 원가계산은 과거의 실제원가를 기초로 하여 장래에 예산되는 원가를 설정하는 방법이다.

㉡ 표준 원가계산은 과학적인 분석을 통하여 미리 표준이 되는 원가를 정하고 이것과 실제원가를 비교하여 그 차이를 분석하는 방법이다.

② 사후 원가계산(post-cost accounting)은 제품을 생산한 후에 실제로 발생한 실적자료에 의해 원가를 계산하는 것으로 실제 원가계산이라고도 한다.

③ 개별 원가계산과 종합 원가계산은 생산형태에 따른 분류로, 개별 원가계산은 주문에 따른 제품 원가계산으로 주로 선박수주나 건설업 등에 적용하고, 종합 원가계산은 일정기간 단위로 발생한 원가를 계산하는 방법이다.

④ 전부 원가계산과 직접 원가계산방법이 있는데, 제품원가에 고정비를 포함시키는가에 따라서 전부 원가계산은 제품을 제조하는데 소요된 모든 원가를 제품원가로 계산한다(일반적인 원가계산).

직접 원가계산방법은 제조원가를 변동비와 고정비로 분해하여 변동비만으로 제품원가를 계산하는 것으로, 이 방법을 따르면 전부 원가계산과는 달리제소원가에 포함되어 있는 고정비는 제품원가에서 제외되어 기간원가로 취급된다.

2-5. 원가계산의 흐름

원가계산은 원가의 흐름에 따라 계산되는 것이므로 우선 원가의 흐름을 파악해야 한다. 식자재관리에 있어서 식자재원가 흐름은 다음과 같다.

① 구매단계 : 재료를 구매하면서 원가로 인식되며, 이를 취득원가라 한다.
② 생산단계 : 재료가 제품의 생산에 투입됨으로써 인식되고 제품의 원가로 이전된다.
③ 판매단계 : 완성된 제품은 판매되어 제품원가는 매출원가라는 비용으로 전환된다.

2-6. 원가측정의 방법

1) 실제원가

확정 또는 보통원가로 어떤 제품의 제조를 위하여 실제로 소비된 경제적 가치이다.

2) 예정원가

예상원가, 견적원가 또는 추정원가 등으로 불리며, 제품의 제조 이전에 예상되는 원가로 원가관리에 도움을 주는 자료

3) 표준원가

표준원가는 특정제품을 생산하는데 발생할 것으로 예상되는 재화의 소비량을 과학적으로 정확히 분석하여 결정하는 원가이며, 이렇게 분석하여 결정하는 행위를 표준원가계산이라 한다.

표준설정은 원가요소의 각각에 대하여 가격표준과 수량표준을 설정하고 이를 곱하여 계산한 금액을 합한 것이다.

(1) 표준원가의 장점

표준원가의 장점에는 매월마다 원가계산을 따로 할 필요가 없으며, 적시에 실제원가와 비교하여 원가관리를 효율적으로 할 수 있다. 즉 실제원가와 표준원가와의 차이에 대해서 즉시 그 원인 및 개선책을 강구할 수 있게 된다.

특히 경영자는 제조 간접비의 경우 구성항목이 많기 때문에 실제원가와 표준원가의 차이에 대해서 허용범위를 정하고 그 범위 내에 있을 때는 허용하고 그 범위 밖에 있을 때의 차이에 대해서 그 원인을 분석하여 개선할 수 있도록 한다. 이러한 경영법을 "예외에 의한 관리(management by exception)"라 하여 시간을 효율적으로 사용할 수 있다.

(2) 표준원가의 단점

표준원가의 단점에는 표준원가를 설정하기가 매우 어려우며, 현실적으로 기업회계기준에서 원가를 실제원가로 계산할 것을 요구하고 있기 때문에 표준원가를 채택하는 경우 외부보고 시에는 표준원가를 실제원가로 수정해야 한다.

(3) 표준원가의 설성시 고려할 사항

표준원가의 설정시 고려할 사항으로는 표준원가를 이용해서 원가관리를 효율적으로 하기 위해서는 종업원들에게 동기부여를 할 수 있는 수준에서 표준원가를 결정해야 한다.

(4) 표준원가 계산의 목적

① 원가의 통제와 절감 : 표준원가를 설정하여 실제원가와의 차이를 분석하여 그 차이에 대하여 원인과 개선책 등을 효율적으로 관리할 수 있게 된다.

② 예산편성 : 표준원가가 설정되어 있으면 예산편성을 용이하게 수립할 수 있다.

③ 제품원가 계산 : 표준원가 계산에서는 표준원가로서 제품원가를 회계처리하기 때문에 실제원가 계산보다 업무량이 적다.

(5) 표준원가에 의한 식음료 원가관리의 필요성과 효과로는 아래와 같다.

① 원가절감이 용이하다.

② 표준원가의 공정한 계산이 가능하다.

③ 메뉴 및 표준원가 카드작성이 쉽다.

④ 판매 분석이 용이하다.

⑤ 변동원가 계산이 용이하다.

⑥ 합리적인 인건비의 계산이 가능하다.

⑦ 원가보고서 작성 및 예산평가에 이용된다.

⑧ 경영성과 분석 및 측정에 의한 적정한 이익관리에 이용한다.

⑨ 장부기재 시 비용절감이 된다.

(6) 표준설정에는 표준분량 · 표준량목표 · 구매명세서 · 표준산출률에 의해서 설정된다.

① 표준량(standard portion size)은 판매되는 제품(메뉴)에 대한 중량 · 분량 · 크기 · 모양 · 품질 · 수량 등을 나타낸 것으로, 그 목적은 항상 일정한 품질을 유지하여 고객이 지불한 가격에 대하여 합당한 가치의 품질을 제공함으로써 고객의 욕구를 충족하는 데 있다. 나아가 과도한 분량의 생산 및 판매로 인한 손실을 방지하여 적정원가율을 유지함으로써 목표이익 실현에 기여한다.

② 표준량목표(standard recipe)는 경영목적에 적합한 사내표준으로서 품질과 분량에 맞는 제품(메뉴)을 생산하기 위해서 설정된 제품의 표준에 관한 총체적인 기술서이다. 그러므로 표준량목표는 합리적인 제품(메뉴)생산의 처방서라 할 수 있으며, 상품가격을 결정하는 근거가 되어 생산과정에 재료의 낭비가 없도록 설정한 지침서라고도 한다.

표준량목표를 작성하는 목적은 판매가격결정 · 표준원가결정 · 일정한 품질유지 · 제품(메뉴)의 표준화와 식재료 수급 · 생산종업원의 업무숙련에 필요로 한다.

③ 표준량목표의 표준화 원칙 : 재료량 · 품질 · 절차 · 시간 · 온도 · 장비 그리고 최종산출량이 테스트된 양목표를 표준량목표라 한다. 그러므로 표준량목표의 작성은 간단하고, 이해하기 쉬운 언어로 사용하고, 읽기 쉬운 형태로 표준단위를 이용하여야 한다.

④ 양목표의 표준화 장점

- 일정한 품질생산으로 고객만족에 기여
- 원가분석의 용이성
- 품질을 예측할 수 있으며, 개선방향을 제시할 수 있다.

- 제품생산에 이용될 재료의 양과 질을 사전에 예측 가능하므로 구매에 용이
- Portion control이 용이하다.
- 판매가격결정에 필요
- 효과적인 근무편성과 합리적인 근무배분은 직원의 직무만족을 가져온다. 생산성향상에 도움

(7) 표준원가와 실제원가 차이의 분석

표준원가와 실제원가 차이의 분석이란, 표준원가와 실제원가를 비교분석하여 그 차이를 말한다. 표준원가의 차이분석은 직접재료비 · 직접노무비 · 제조간접비 등이 항목별로 구분하여 차이를 분석한다.

(실제가격 × 실제소비량) − (표준가격 × 실제소비량) = 차이

(실제소비량 − 표준소비량) = 차이

① 실제원가와 표준원가의 차이에 대한 원인은 다음과 같은 원인이 있다.

- 단위당 분량가격의 차이
- 과잉생산에 따른 낭비 및 재고로 인한 차이
- 부적합한 생산절차 및 방법에 의한 차이
- 재료의 부패 · 도난 등으로 인한 차이
- 관리감독의 불충분할 때 발생하는 차이
- 구매가격의 변동에 따라 발생하는 차이
- 설비 기자재의 불완전 가동 등이 발생할 때 차이가 발생할 수 있다.

4) 예정가격법

예정가격법은 재료 등을 사전에 설정한 소비가격을 적용하는 방법으로, 따라서 가격은 항상 일정하지만 실제 재료비와의 가격차이, 즉 재료비 차이가 발생한다. 이 방법은 원가관리에 유익하며 이에는 추정가격법 · 표준원가법 · 사전원가법 등이 이에 속한다.

5) 시가법

시가법 재료비를 산정할 때 취득가격으로 계산하지 않고 계산시점의 시장가격으로 계산한다. 이 방법도 예정가격법과 같이 재료비의 차이가 발생한다. 이와 같은 시가법은 현 시장가격이 판매가격에 반영되므로 재료비의 차이에 따라서 이익의 폭이 변하며 재고가치의 평가도 변한다.

03 손익분기점 분석

3-1. 손익분기점의 의의

손익분기점(break even point; BEP)이란, 손실과 이익이 같은 점으로 이익도 손실도 발생하지 않은 매출액을 손익분기점이라 한다.

이 개념은 모든 비용을 고정비와 변동비로 구분할 수 있다는 점이 전제되어 있으므로, 만약 비용 구분에서 변동비와 고정비로 구분이 불분명하다면 적용에 왜곡이 있을 수 있다.

손익분기점 분석을 통해서 손익분기점의 위치 · 목표이익률 · 목표매출액 등을 쉽게 구할 수 있다.

1) 손익분기섬의 계산

① 기호의 정의

- S(sum revenue) : 매출액
- Q(quantity) : 판매수량
- P(price) : 판매단가
- V(unit variable cost) : 단위당 변동비
- VC(variable cost) : 변동비
- FC(fixed cost) : 고정비
- 조건 : 손익분기점에서는 총수익과 총비용이 같아야 0이 되므로 수익을 나타내는 매출액(revenue)과 비용항목인 고정비와 변동비의 합계는 같다.

② 손익분기점에서의 산출량 계산

S = VC + FC

매출액은 판매단가 × 판매량, 즉 S = P × Q이므로

P × Q = VC + FC

변동비는 단위당 변동비 × 판매량, 즉 VC = V × Q이므로

P × Q = V × Q + FC

Q(P − V) = FC

$$\therefore \text{Q(손익분기점에서의 산출량)} = \frac{FC}{P - V}$$

그러므로 여기서 Q는 손익도 이익도 발생(손익분기점)하지 않은 산출량을 의미한다.

여기서 P−V를 공헌이익이라 한다. 즉 단위당 가격에서 단위당 변동비를 뺀 금액을 의미하며, 이 금액에는 단위당 고정비와 이익이 들어 있으므로 여기서 고정비를 뺀 금액이 +이면 순이익이고, −이면 그만큼

손익이며, 0이면 이익도 손익도 없으므로 이 점을 손익분기점이라 한다.

③ 손익분기점에서의 매출액계산

Q = FC / P - V의 양변에 P를 곱하면 된다.

P×Q = (FC/P−V)×P이며, S = P×Q이므로

S = FC / P−V/P이므로

$$\therefore \text{S(손익분기점에서의 매출액)} = \frac{FC}{1-\frac{V}{P}}$$

그러므로 여기서의 S값은 손익도 이익도 없는 매출액의 수준을 나타낸다.

④ 목표이익(G-goal)의 계산

목표이익의 계산은 목표이익이 설정된 경우에는 목표이익을 고정비로 보고 손익분기점의 매출액 계산식의 고정비 FC에다 목표이익(G)을 가산하여 계산하면 목표이익을 달성할 수 있는 매출액을 알 수 있다.

$$\therefore \text{S(목표이익액을 달성할 수 있는 매출액)} = \frac{FC+G}{1-\frac{V}{P}}$$

⑤ 목표이익을 달성할 수 있는 산출량 계산

목표이익을 달성할 수 있는 산출량 계산의 손익분기점의 산출량 계산식은 고정비 FC에다 목표이익(G=P×Q)을 가산하여 계산하면 목표이익을 달성할 수 있는 산출량을 알 수 있다.

$$\therefore \text{Q(목표이익을 달성할 수 있는 산출량)} = \frac{FC+G}{P-C}$$

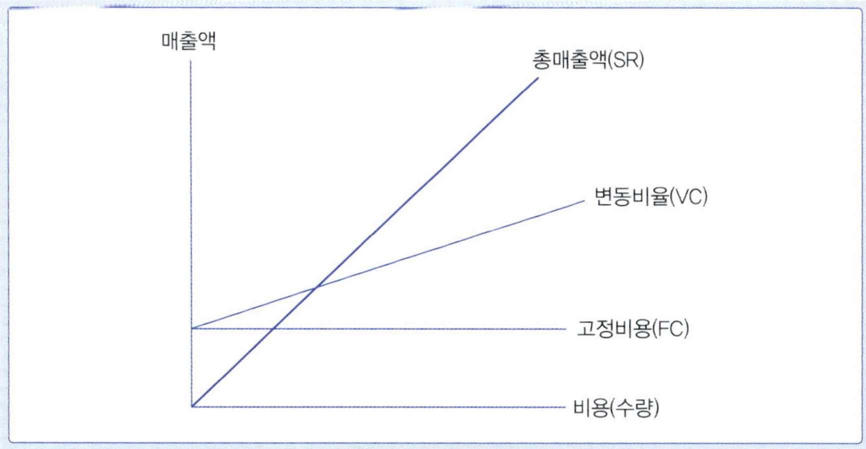

[그림 8-4] 손익분기점

3-2. 한계이익(공헌이익)

한계이익(contribution margin; CM)이란, 매출액에서 변동비를 뺀 잔액이다. 이것은 고정비를 계산하지 않은 이익이다. 따라서 한계이익은 고정비를 회수하는 금액인 동시에 순이익의 획득에 공헌하는 금액인 것이다. 그런 의미에서 한계이익을 고정비 부담액 또는 공헌이익이라 한다.

따라서 다음과 같은 식이 성립한다.

한계이익 = 매출액 - 변동비

이익 = 한계이익 - 고정비 이므로 따라서

∴ 한계이익 = 고정비 + 이익

1) 한계이익률

한계이익률은 매출액에 대한 한계이익의 비율이다.

∴ $\text{한계이익률} = \frac{\text{한계이익}}{\text{매출액}}$ 또는 $\frac{\text{한계이익}}{\text{단가}}$ 이므로 한계이익률은 클수록 좋다.

2) 변동비율

변동비율은 매출액에 대한 변동비의 비율이다.

∴ $\text{변동비율} = \frac{\text{변동비}}{\text{매출액}}$ 이므로 변동비율은 낮을수록 좋다.

3) 고정비율

고정비율은 매출액에 대한 고정비의 비율이다.

∴ $\text{고정비율} = \frac{\text{고정비}}{\text{매출액}}$ 고정비 ÷ 매출액이므로 고정비율은 낮을수록 좋다. 이는 판매량과 깊은 관계가 있다.

4) 이익률

이익률은 매출액에 대한 이익의 비율이다.

∴ $\text{이익률} = \frac{\text{이익}}{\text{매출액}}$ 또는 $\frac{\text{이익}}{\text{단가}}$ 이므로 이익률은 높을수록 좋다.

5) 변동비를 낮추는 방법

변동비를 낮추는 방법은 다음과 같다.

① 원재료나 매입가격의 절감
② 한계이익률이 높은 제품구성
③ 한계이익률이 높은 메뉴개발

④ 원재료비 이외의 변동비의 절감
⑤ 판매가격의 인상 등이 있다.

또한 단위당 변동비는 변하지 않고 판매가격이 일정할 때 판매수량만이 증가하는 경우, 한계이익은 증가하나 한계이익률은 높아지지 않는다.

종합토의 식재료 관리흐름도

메뉴개념 정립
↓
메뉴계획 및 개발
↓
구매품목 결정
↓
시장조사
↓
구매요구서 작성
↓
발주량 결정
↓
구매발주서 작성
↓
거래처 선정
↓
검수 및 입고관리
↓
저장고 출고관리
↓
저장관리
↓
생산관리
↓
판매관리

◆ 메뉴계획에서의 식재료 관리요소

① 자연 및 지역적 여건과 계절, 요일과 같은 마케팅 환경에 부적합한 메뉴계획
② 너무 많거나 너무 적은 메뉴계획
③ 고원가와 저원가 메뉴수의 불합리한 배합
④ 저원가 메뉴의 판매실적 부진
⑤ 식음료재료 공급여건에 부적합한 메뉴
⑥ 음식의 분량과 판매가격 조화의 결여

◆ 구매지점에서의 식재료 관리요소

① 많은 양의 일시적 구매
② 높은 가격으로 구매
③ 구매명세서 미작성에 따른 구매
④ 경쟁입찰에 의하지 않은 구매거래선 선정
⑤ 구매결정권과 책임의 분산
⑥ 납품회사의 육성 및 좋은 관계유지 결여
⑦ 구매예산제도 미실시
⑧ 비탄력적인 구매방법
⑨ 투기적인 자재구입
⑩ 구매자의 부정직한 행위
⑪ 재료시장 동향 및 물가에 관한 정보 부재

◆ 검수지점에서의 식재료 관리요소

① 검수인의 부정행위

② 사재 검수업무의 미숙

③ 불량 및 파손품의 반품처리 결여

④ 도량형 기기의 불비 및 불량

⑤ 가변성 식음료재료의 장시간 방치

⑥ 검수장시설과 장비 미비

◆ 저장지점에서의 식재료 관리요소

① 저장 품목별, 재료 특성별 분리저장 결여

② 저장고 관리(습도, 온도 등) 미숙

③ 저장고의 비위생 및 충해발생

④ 도난사고

⑤ 장기누적 및 사장재료 발생

⑥ 비효과적인 재고조사

⑦ 저장고 책임분사 및 키관리 미숙

◆ 출고지점에서의 식재료 관리요소

① 자재관리 및 출고기록 업무소홀

② 출고의뢰 및 출고결정에 관한 권한 분산

③ 출고량, 출고품목, 출고단가 등이 부정확

④ 강제출고제도의 미비

◆ 생산지점에서의 식재료 관리요소

① 불충분한 작업도구 및 정비불량

② 식재료 Trimming시 과다한 손실

③ 식재료의 수급관리 미숙
⑤ 식재료 재고관리와 사용의 미숙
⑥ 과잉생산
⑦ 조리방법 및 기술의 부적합
⑧ 장시간 및 과열 조리로 인한 감량발생
⑨ 조리와 제공에서의 시간계획 결여
⑩ 표준양목표 운용미숙 및 준비결여
⑪ 고장난 조리기구 사용
⑫ 조리용기의 불균형

◆ 판매지점에서의 식재료 관리요소

① 서빙방법 및 표준화 결여
② 주문미숙에 따른 재주문
③ 용기의 표준화 결여
④ 재료수량과 판매량의 차이분석 미실시
⑤ 부주의에 의한 낭비
⑥ 판매기술 미숙에 의한 손실
⑦ 신메뉴 개발 및 관리 미숙
⑧ 메뉴와 판매분석 및 감독 미숙
⑨ 조잡한 품질의 메뉴와 식당분위기
⑩ 무계획적이고 비약한 판촉활동 및 광고, 교육훈련

부 록

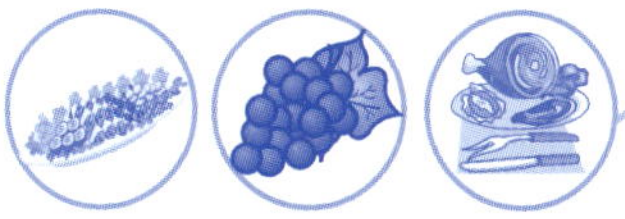

- 유통산업발전법
- 유통산업발전법 시행령
- 유통산업발전법 시행규칙

유통산업발전법

[시행 2021.1.1.] [법률 제17761호, 2020.12.29., 타법개정]

제1장 총칙

제1조(목적) 이 법은 유통산업의 효율적인 진흥과 균형 있는 발전을 꾀하고, 건전한 상거래 질서를 세움으로써 소비자를 보호하고 국민경제의 발전에 이바지함을 목적으로 한다. [전문개정 2013.1.23.]

제2조(정의) 이 법에서 사용하는 용어의 뜻은 다음과 같다. 〈개정 2013.3.23., 2015.2.3.〉

1. "유통산업"이란 농산물·임산물·축산물·수산물(가공물 및 조리물을 포함한다) 및 공산품의 도매·소매 및 이를 경영하기 위한 보관·배송·포장과 이와 관련된 정보·용역의 제공 등을 목적으로 하는 산업을 말한다.
2. "매장"이란 상품의 판매와 이를 지원하는 용역의 제공에 직접 사용되는 장소를 말한다. 이 경우 매장에 포함되는 용역의 제공 장소의 범위는 대통령령으로 정한다.
3. "대규모점포"란 다음 각 목의 요건을 모두 갖춘 매장을 보유한 점포의 집단으로서 별표에 규정된 것을 말한다.
   가. 하나 또는 대통령령으로 정하는 둘 이상의 연접되어 있는 건물 안에 하나 또는 여러 개로 나누어 설치되는 매장일 것
   나. 상시 운영되는 매장일 것
   다. 매장면적의 합계가 3천제곱미터 이상일 것
4. "준대규모점포"란 다음 각 목의 어느 하나에 해당하는 점포로서 대통령령으로 정하는 것을 말한다.
   가. 대규모점포를 경영하는 회사 또는 그 계열회사(「독점규제 및 공정거래에 관한 법률」에 따른 계열회사를 말한다)가 직영하는 점포
   나. 「독점규제 및 공정거래에 관한 법률」에 따른 상호출자제한기업집단의 계열회사가 직영하는 점포
   다. 가목 및 나목의 회사 또는 계열회사가 제6호가목에 따른 직영점형 체인사업

및 같은 호 나목에 따른 프랜차이즈형 체인사업의 형태로 운영하는 점포

5. “임시시장”이란 다수(多數)의 수요자와 공급자가 일정한 기간 동안 상품을 매매하거나 용역을 제공하는 일정한 장소를 말한다.
6. “체인사업”이란 같은 업종의 여러 소매점포를 직영(자기가 소유하거나 임차한 매장에서 자기의 책임과 계산하에 직접 매장을 운영하는 것을 말한다. 이하 같다)하거나 같은 업종의 여러 소매점포에 대하여 계속적으로 경영을 지도하고 상품 · 원재료 또는 용역을 공급하는 다음 각 목의 어느 하나에 해당하는 사업을 말한다.
   가. 직영점형 체인사업
   체인본부가 주로 소매점포를 직영하되, 가맹계약을 체결한 일부 소매점포(이하 이 호에서 “가맹점”이라 한다)에 대하여 상품의 공급 및 경영지도를 계속하는 형태의 체인사업
   나. 프랜차이즈형 체인사업
   독자적인 상품 또는 판매 · 경영 기법을 개발한 체인본부가 상호 · 판매방법 · 매장운영 및 광고방법 등을 결정하고, 가맹점으로 하여금 그 결정과 지도에 따라 운영하도록 하는 형태의 체인사업
   다. 임의가맹점형 체인사업
   체인본부의 계속적인 경영지도 및 체인본부와 가맹점 간의 협업에 의하여 가맹점의 취급품목 · 영업방식 등의 표준화사업과 공동구매 · 공동판매 · 공동시설활용 등 공동사업을 수행하는 형태의 체인사업
   라. 조합형 체인사업
   같은 업종의 소매점들이 「중소기업협동조합법」 제3조에 따른 중소기업협동조합, 「협동조합 기본법」 제15조에 따른 협동조합, 같은 법 제71조에 따른 협동조합연합회, 같은 법 제85조에 따른 사회적협동조합 또는 같은 법 제114조에 따른 사회적협동조합연합회를 설립하여 공동구매 · 공동판매 · 공동시설활용 등 사업을 수행하는 형태의 체인사업
7. “상점가”란 일정 범위의 가로(街路) 또는 지하도에 대통령령으로 정하는 수 이상의 도매점포 · 소매점포 또는 용역점포가 밀집하여 있는 지구를 말한다.
8. “전문상가단지”란 같은 업종을 경영하는 여러 도매업자 또는 소매업자가 일정 지역에 점포 및 부대시설 등을 집단으로 설치하여 만든 상가단지를 말한다.

9. "무점포판매"란 상시 운영되는 매장을 가진 점포를 두지 아니하고 상품을 판매하는 것으로서 산업통상자원부령으로 정하는 것을 말한다.
10. "유통표준코드"란 상품·상품포장·포장용기 또는 운반용기의 표면에 표준화된 체계에 따라 표기된 숫자와 바코드 등으로서 산업통상자원부령으로 정하는 것을 말한다.
11. "유통표준전자문서"란 「전자문서 및 전자거래 기본법」 제2조제1호에 따른 전자문서 중 유통부문에 관하여 표준화되어 있는 것으로서 산업통상자원부령으로 정하는 것을 말한다.
12. "판매시점 정보관리시스템"이란 상품을 판매할 때 활용하는 시스템으로서 광학적 자동판독방식에 따라 상품의 판매·매입 또는 배송 등에 관한 정보가 수록된 것을 말한다.
13. "물류설비"란 화물의 수송·포장·하역·운반과 이를 관리하는 물류정보처리활동에 사용되는 물품·기계·장치 등의 설비를 말한다.
14. "도매배송서비스"란 집배송시설을 이용하여 자기의 계산으로 매입한 상품을 도매하거나 위탁받은 상품을 「화물자동차 운수사업법」 제3조 및 제29조에 따른 허가를 받은 자가 수수료를 받고 도매점포 또는 소매점포에 공급하는 것을 말한다.
15. "집배송시설"이란 상품의 주문처리·재고관리·수송·보관·하역·포장·가공 등 집하(集荷) 및 배송에 관한 활동과 이를 유기적으로 조정하거나 지원하는 정보처리활동에 사용되는 기계·장치 등의 일련의 시설을 말한다.
16. "공동집배송센터"란 여러 유통사업자 또는 제조업자가 공동으로 사용할 수 있도록 집배송시설 및 부대업무시설이 설치되어 있는 지역 및 시설물을 말한다.

[전문개정 2013.1.23.]

[제48조의2의 규정에 의해 제2조제4호 중 준대규모점포와 관련된 부분은 2025년 11월 23일까지 유효함]

제3조(유통산업시책의 기본방향) 정부는 제1조의 목적을 달성하기 위하여 다음 각 호의 시책을 마련하여야 한다.

1. 유통구조의 선진화 및 유통기능의 효율화 촉진
2. 유통산업에서의 소비자 편익의 증진
3. 유통산업의 지역별 균형발전의 도모
4. 유통산업의 종류별 균형발전의 도모

5. 중소유통기업(유통산업을 경영하는 자로서 「중소기업기본법」 제2조에 따른 중소기업자에 해당하는 자를 말한다. 이하 같다)의 구조개선 및 경쟁력 강화
6. 유통산업의 국제경쟁력 제고
7. 유통산업에서의 건전한 상거래질서의 확립 및 공정한 경쟁여건의 조성
8. 그 밖에 유통산업의 발전을 촉진하기 위하여 필요한 사항

[전문개정 2013. 1. 23.]

제4조(적용 배제) 다음 각 호의 시장·사업장 및 매장에 대하여는 이 법을 적용하지 아니한다. 〈개정 2015.11.20.〉

1. 「농수산물 유통 및 가격안정에 관한 법률」 제2조제2호·제5호·제6호 및 제12호에 따른 농수산물도매시장·농수산물공판장·민영농수산물도매시장 및 농수산물종합유통센터
2. 「축산법」 제34조에 따른 가축시장

[전문개정 2013.1.23.]

제2장 유통산업발전계획 등 〈개정 2005.12.23.〉

제5조(기본계획의 수립·시행 등) ① 산업통상자원부장관은 유통산업의 발전을 위하여 5년마다 유통산업발전기본계획(이하 "기본계획"이라 한다)을 관계 중앙행정기관의 장과 협의를 거쳐 세우고 시행하여야 한다. 〈개정 2013.3.23.〉

② 기본계획에는 다음 각 호의 사항이 포함되어야 한다.

1. 유통산업 발전의 기본방향
2. 유통산업의 국내외 여건 변화 전망
3. 유통산업의 현황 및 평가
4. 유통산업의 지역별·종류별 발전 방안
5. 산업별·지역별 유통기능의 효율화·고도화 방안
6. 유통전문인력·부지 및 시설 등의 수급(需給) 변화에 대한 전망
7. 중소유통기업의 구조개선 및 경쟁력 강화 방안
8. 대규모점포와 중소유통기업 및 중소제조업체 사이의 건전한 상거래질서의 유지 방안
9. 그 밖에 유통산업의 규제완화 및 제도개선 등 유통산업의 발전을 촉진하기 위하여 필요한 사항

③ 산업통상자원부장관은 기본계획을 세우기 위하여 필요하다고 인정하는 경우에는 관계 중앙행정기관의 장에게 필요한 자료를 요청할 수 있다. 이 경우 자료를 요청받은 관계 중앙행정기관의 장은 특별한 사정이 없으면 요청에 따라야 한다.
〈개정 2013.3.23.〉

④ 산업통상자원부장관은 기본계획을 특별시장・광역시장・특별자치시장・도지사・특별자치도지사(이하 "시・도지사"라 한다)에게 알려야 한다. 〈개정 2013.3.23.〉

[전문개정 2013.1.23.]

제6조(시행계획의 수립・시행 등) ① 산업통상자원부장관은 기본계획에 따라 매년 유통산업발전시행계획(이하 "시행계획"이라 한다)을 관계 중앙행정기관의 장과 협의를 거쳐 세워야 한다. 〈개정 2013.3.23.〉

② 산업통상자원부장관은 시행계획을 세우기 위하여 필요하다고 인정하는 경우에는 관계 중앙행정기관의 장에게 필요한 자료를 요청할 수 있다. 이 경우 자료를 요청받은 관계 중앙행정기관의 장은 특별한 사정이 없으면 요청에 따라야 한다.
〈개정 2013.3.23.〉

③ 산업통상자원부장관 및 관계 중앙행정기관의 장은 시행계획 중 소관 사항을 시행하고 이에 필요한 재원을 확보하기 위하여 노력하여야 한다. 〈개정 2013.3.23.〉

④ 산업통상자원부장관은 시행계획을 시・도지사에게 알려야 한다. 〈개정 2013.3.23.〉

[전문개정 2013.1.23.]

제7조(지방자치단체의 사업시행 등) ① 시・도지사는 기본계획 및 시행계획에 따라 다음 각 호의 사항을 포함하는 지역별 시행계획을 세우고 시행하여야 한다. 이 경우 시・도지사(특별자치시장은 제외한다)는 미리 시장(「제주특별자치도 설치 및 국제자유도시 조성을 위한 특별법」 제11조제1항에 따른 행정시장을 포함한다. 이하 같다)・군수・구청장(자치구의 구청장을 말한다. 이하 같다)의 의견을 들어야 한다.
〈개정 2015.7.24.〉

1. 지역유통산업 발전의 기본방향
2. 지역유통산업의 여건 변화 전망
3. 지역유통산업의 현황 및 평가
4. 지역유통산업의 종류별 발전 방안
5. 지역유통기능의 효율화・고도화 방안
6. 유통전문인력・부지 및 시설 등의 수급 방안

7. 지역중소유통기업의 구조개선 및 경쟁력 강화 방안
8. 그 밖에 지역유통산업의 규제완화 및 제도개선 등 지역유통산업의 발전을 촉진하기 위하여 필요한 사항

② 관계 중앙행정기관의 장은 유통산업의 발전을 위하여 필요하다고 인정하는 경우에는 시・도지사 또는 시장・군수・구청장에게 시행계획의 시행에 필요한 조치를 할 것을 요청할 수 있다.

[전문개정 2013.1.23.]

제7조의2 삭제 〈2009.4.1.〉

제7조의3 삭제 〈2009.4.1.〉

제7조의4(유통산업의 실태조사) ① 산업통상자원부장관은 기본계획 및 시행계획 등을 효율적으로 수립・추진하기 위하여 유통산업에 대한 실태조사를 할 수 있다. 〈개정 2013.3.23.〉

② 산업통상자원부장관은 유통산업의 실태조사를 위하여 필요하다고 인정하는 경우에는 관계 중앙행정기관의 장, 지방자치단체의 장, 공공기관의 장, 유통사업자 및 관련 단체 등에 필요한 자료를 요청할 수 있다. 이 경우 자료를 요청받은 관계 중앙행정기관의 장 등은 특별한 사정이 없으면 요청에 따라야 한다. 〈개정 2013.3.23.〉

③ 유통산업의 실태조사를 위한 범위 등 필요한 사항은 대통령령으로 정한다.

[전문개정 2013.1.23.]

제7조의5(유통업상생발전협의회) ① 대규모점포 및 준대규모점포(이하 "대규모점포등"이라 한다)와 지역중소유통기업의 균형발전을 협의하기 위하여 특별자치시장・시장・군수・구청장 소속으로 유통업상생발전협의회(이하 "협의회"라 한다)를 둔다.

② 협의회의 구성 및 운영 등에 필요한 사항은 산업통상자원부령으로 정한다. 〈개정 2013.3.23.〉

[본조신설 2013.1.23.]

제3장 대규모점포 등

제8조(대규모점포등의 개설등록 및 변경등록) ① 대규모점포를 개설하거나 제13조의3에 따른 전통상업보존구역에 준대규모점포를 개설하려는 자는 영업을 시작하기 전에

산업통상자원부령으로 정하는 바에 따라 상권영향평가서 및 지역협력계획서를 첨부하여 특별자치시장 · 시장 · 군수 · 구청장에게 등록하여야 한다. 등록한 내용을 변경하려는 경우에도 또한 같다. 〈개정 2013.3.23.〉

② 특별자치시장 · 시장 · 군수 · 구청장은 제1항에 따라 제출받은 상권영향평가서 및 지역협력계획서가 미진하다고 판단하는 경우에는 제출받은 날부터 대통령령으로 정하는 기간 내에 그 사유를 명시하여 보완을 요청할 수 있다.

③ 특별자치시장 · 시장 · 군수 · 구청장은 제1항에 따라 개설등록 또는 변경등록[점포의 소재지를 변경하거나 매장면적이 개설등록(매장면적을 변경등록한 경우에는 변경등록) 당시의 매장면적보다 10분의 1이상 증가하는 경우로 한정한다]을 하려는 대규모점포등의 위치가 제13조의3에 따른 전통상업보존구역에 있을 때에는 등록을 제한하거나 조건을 붙일 수 있다. 〈개정 2014.3.18.〉

④ 제3항에 따른 등록 제한 및 조건에 관한 세부 사항은 해당 지방자치단체의 조례로 정한다.

⑤ 특별자치시장 · 시장 · 군수 · 구청장은 개설등록 또는 변경등록하려는 점포의 소재지로부터 산업통상자원부령으로 정하는 거리 이내의 범위 일부가 인접 특별자치시 · 시 · 군 · 구(자치구를 말한다. 이하 같다)에 속하여 있는 경우 인접지역의 특별자치시장 · 시장 · 군수 · 구청장에게 개설등록 또는 변경등록을 신청 받은 사실을 통보하여야 한다. 〈신설 2016.1.6.〉

⑥ 제5항에 따라 신청 사실을 통보받은 인접지역의 특별자치시장 · 시장 · 군수 · 구청장은 신청 사실을 통보받은 날로부터 20일 이내에 개설등록 또는 변경등록에 대한 의견을 제시할 수 있다. 〈신설 2016.1.6.〉

⑦ 특별자치시장 · 시장 · 군수 · 구청장은 제1항에 따라 제출받은 상권영향평가서 및 지역협력계획서를 검토하는 경우 협의회의 의견을 청취하여야 하며, 필요한 때에는 대통령령으로 정하는 전문기관에 이에 대한 조사를 하게 할 수 있다. 〈신설 2016.1.6.〉

[전문개정 2013.1.23.]

[제48조의2의 규정에 의해 제8조제1항, 제8조제2항 중 준대규모점포와 관련된 부분, 제8조제3항, 제8조제4항은 2025년 11월 23일까지 유효함]

제8조의2(지역협력계획서의 내용 및 이행실적 평가 · 점검) ① 제8조에 따른 지역협력계획서에는 지역 중소유통기업과의 상생협력, 지역 고용 활성화 등의 사항을 포함할 수 있다.

② 특별자치시장 · 시장 · 군수 · 구청장은 지역협력계획서의 이행실적을 점검하고, 이행실적이 미흡하다고 판단되는 경우에는 개선을 권고할 수 있다.

[본조신설 2016.1.6.]

[종전 제8조의2는 제8조의3으로 이동 〈2016.1.6.〉]

제8조의3(대규모점포등의 개설계획 예고) 대규모점포를 개설하려는 자는 영업을 개시하기 60일 전까지, 준대규모점포를 개설하려는 자는 영업을 시작하기 30일 전까지 산업통상자원부령으로 정하는 바에 따라 개설 지역 및 시기 등을 포함한 개설계획을 예고하여야 한다. 〈개정 2013.3.23., 2016.1.6.〉

[본조신설 2013.1.23.]

[제8조의2에서 이동 〈2016.1.6.〉]

제9조(허가등의 의제 등) ① 제8조에 따라 대규모점포등을 등록하는 경우 다음 각 호의 신고 · 지정 · 등록 또는 허가(이하 이 조에서 "허가등"이라 한다)에 관하여 특별자치시장 · 시장 · 군수 · 구청장이 제3항에 따라 다른 행정기관의 장과 협의를 한 사항에 대하여는 해당 허가등을 받은 것으로 본다. 〈개정 2015.11.20., 2016.1.6., 2017.1.17., 2020.12.29.〉

1. 「영화 및 비디오물의 진흥에 관한 법률」에 따른 비디오물제작업 · 비디오물배급업, 「게임산업진흥에 관한 법률」에 따른 게임제작업 · 게임배급업 · 게임제공업 또는 「음악산업진흥에 관한 법률」에 따른 음반 · 음악영상물제작업 및 음반 · 음악영상물배급업의 신고 또는 등록
2. 「담배사업법」 제16조제1항에 따른 소매인의 지정
3. 「식품위생법」 제37조제1항 또는 제4항에 따른 식품의 제조업 · 가공업 · 판매업 또는 식품접객업의 허가 또는 신고로서 대통령령으로 정하는 것
4. 「식품위생법」 제88조제1항에 따른 집단급식소 설치 · 운영의 신고
5. 「관광진흥법」 제5조제4항에 따른 유원시설업(遊園施設業)의 신고
6. 「평생교육법」 제35조제2항 전단에 따른 평생교육시설 설치의 신고
7. 「체육시설의 설치 · 이용에 관한 법률」 제20조에 따른 체육시설업의 신고
8. 「전자상거래 등에서의 소비자보호에 관한 법률」 제12조제1항에 따른 통신판매업자의 신고
9. 「공연법」 제9조제1항에 따른 공연장의 등록

10. 「옥외광고물 등의 관리와 옥외광고산업 진흥에 관한 법률」 제3조에 따른 광고물 또는 게시시설의 허가 또는 신고
11. 「외국환거래법」 제8조에 따른 외국환업무의 등록
12. 「주류 면허 등에 관한 법률」 제9조에 따른 주류 판매업면허 승계의 신고
13. 「축산물 위생관리법」 제24조에 따른 축산물판매업의 신고
14. 「물환경보전법」 제33조에 따른 배출시설 설치의 허가 또는 신고
15. 「폐기물관리법」 제17조제2항에 따른 사업장폐기물배출자의 신고
16. 「약사법」 제20조에 따른 약국 개설의 등록
17. 「의료기사 등에 관한 법률」 제12조에 따른 안경업소개설의 등록

② 허가등의 의제(擬制)를 받으려는 자는 대규모점포등의 개설등록 신청 시에 허가등에 필요한 서류를 함께 제출하여야 한다.

③ 특별자치시장·시장·군수·구청장은 대규모점포등의 등록신청 서류와 제2항에 따른 서류를 받은 경우에 제1항 각 호의 어느 하나에 해당하는 사항이 다른 행정기관의 권한에 속하는 경우에는 미리 그 다른 행정기관의 장과 협의하여야 한다.

[전문개정 2013.1.23.]

제10조(등록의 결격사유) 다음 각 호의 어느 하나에 해당하는 자는 대규모점포등의 등록을 할 수 없다. 〈개정 2015.11.20.〉

1. 피성년후견인 또는 미성년자
2. 파산선고를 받고 복권되지 아니한 자
3. 이 법을 위반하여 징역의 실형을 선고받고 그 집행이 끝나거나(집행이 끝난 것으로 보는 경우를 포함한다) 집행이 면제된 날부터 1년이 지나지 아니한 사람
4. 이 법을 위반하여 징역형의 집행유예선고를 받고 그 유예기간 중에 있는 사람
5. 제11조제1항에 따라 등록이 취소(이 조 제1호 또는 제2호에 해당하여 등록이 취소된 경우는 제외한다)된 후 1년이 지나지 아니한 자
6. 대표자가 제1호부터 제5호까지의 어느 하나에 해당하는 법인

[전문개정 2013.1.23.]

제11조(등록의 취소 등) ① 특별자치시장·시장·군수·구청장은 제8조에 따라 대규모점포등의 개설등록을 한 자(이하 "대규모점포등개설자"라 한다)가 다음 각 호의 어느 하나에 해당하는 경우에는 그 등록을 취소하여야 한다. 이 경우 특별자치시장·시장·군수·구청장은 제9조제1항 각 호의 어느 하나에 해당하는 사항과 관련되는 행정

기관의 장에게 등록의 취소에 관한 사항을 지체 없이 알려야 한다.

1. 대규모점포등개설자가 정당한 사유 없이 1년 이내에 영업을 시작하지 아니한 경우. 이 경우 대규모점포등의 건축에 정상적으로 소요되는 기간은 산입(算入)하지 아니한다.
2. 대규모점포등의 영업을 정당한 사유 없이 1년 이상 계속하여 휴업한 경우
3. 제10조 각 호의 어느 하나에 해당하게 된 경우
4. 제8조제3항에 따른 조건을 이행하지 아니한 경우

② 다음 각 호의 어느 하나에 해당하는 경우에는 제10조제6호에 해당하게 된 날 또는 상속을 개시한 날부터 6개월이 지난 날까지는 제1항을 적용하지 아니한다.

1. 법인이 제10조제6호에 해당하게 된 경우
2. 대규모점포등개설자의 지위를 승계한 상속인이 제10조제1호부터 제5호까지의 어느 하나에 해당하는 경우

[전문개정 2013.1.23.]

제12조(대규모점포등개설자의 업무 등) ① 대규모점포등개설자는 다음 각 호의 업무를 수행한다.

1. 상거래질서의 확립
2. 소비자의 안전유지와 소비자 및 인근 지역주민의 피해 · 불만의 신속한 처리
3. 그 밖에 대규모점포등을 유지 · 관리하기 위하여 필요한 업무

② 매장이 분양된 대규모점포 및 등록 준대규모점포에서는 다음 각 호의 어느 하나에 해당하는 자(이하 "대규모점포등관리자"라 한다)가 제1항 각 호의 업무를 수행한다. 〈개정 2017.10.31.〉

1. 매장면적의 2분의 1 이상을 직영하는 자가 있는 경우에는 그 직영하는 자
2. 매장면적의 2분의 1 이상을 직영하는 자가 없는 경우에는 다음 각 목의 어느 하나에 해당하는 자
   가. 해당 대규모점포 또는 등록 준대규모점포에 입점(入店)하여 영업을 하는 상인(이하 "입점상인"이라 한다) 3분의 2 이상이 동의(동의를 얻은 입점상인이 운영하는 매장면적의 합은 전체 매장면적의 2분의 1 이상이어야 한다. 이하 이 장에서 같다)하여 설립한 「민법」 또는 「상법」에 따른 법인
   나. 입점상인 3분의 2 이상이 동의하여 설립한 「중소기업협동조합법」 제3조제1항제1호에 따른 협동조합(이하 "협동조합"이라 한다) 또는 같은 항 제2호에 따른 사업협동조합(이하 "사업조합"이라 한다)

다. 입점상인 3분의 2 이상이 동의하여 조직한 자치관리단체. 이 경우 6개월 이내에 가목 또는 나목에 따른 법인·협동조합 또는 사업조합의 자격을 갖추어야 한다.

라. 가목부터 다목까지의 어느 하나에 해당하는 자가 없는 경우에는 입점상인 2분의 1 이상이 동의하여 지정하는 자. 이 경우 6개월 이내에 가목 또는 나목에 따른 법인·협동조합 또는 사업조합을 설립하여야 한다.

③ 대규모점포등관리자는 산업통상자원부령으로 정하는 바에 따라 특별자치시장·시장·군수·구청장에게 신고를 하여야 한다. 신고한 사항을 변경하려는 경우에도 또한 같다. 〈개정 2013.3.23., 2017.10.31.〉

④ 매장이 분양된 대규모점포 및 등록 준대규모점포에서는 제1항 각 호의 업무 중 구분소유(區分所有)와 관련된 사항에 대하여는 「집합건물의 소유 및 관리에 관한 법률」에 따른다.

⑤ 제2항에 따른 입점상인의 동의자 수 산정방법과 그 밖에 필요한 사항은 대통령령으로 정한다. 〈신설 2017.10.31.〉

[전문개정 2013.1.23.]

제12조의2(대규모점포등에 대한 영업시간의 제한 등) ① 특별자치시장·시장·군수·구청장은 건전한 유통질서 확립, 근로자의 건강권 및 대규모점포등과 중소유통업의 상생발전(相生發展)을 위하여 필요하다고 인정하는 경우 대형마트(대규모점포에 개설된 점포로서 대형마트의 요건을 갖춘 점포를 포함한다)와 준대규모점포에 대하여 다음 각 호의 영업시간 제한을 명하거나 의무휴업일을 지정하여 의무휴업을 명할 수 있다. 다만, 연간 총매출액 중 「농수산물 유통 및 가격안정에 관한 법률」에 따른 농수산물의 매출액 비중이 55퍼센트 이상인 대규모점포등으로서 해당 지방자치단체의 조례로 정하는 대규모점포등에 대하여는 그러하지 아니하다.

1. 영업시간 제한
2. 의무휴업일 지정

② 특별자치시장·시장·군수·구청장은 제1항제1호에 따라 오전 0시부터 오전 10시까지의 범위에서 영업시간을 제한할 수 있다.

③ 특별자치시장·시장·군수·구청장은 제1항제2호에 따라 매월 이틀을 의무휴업일로 지정하여야 한다. 이 경우 의무휴업일은 공휴일 중에서 지정하되, 이해당사자와 합의를 거쳐 공휴일이 아닌 날을 의무휴업일로 지정할 수 있다.

④ 제1항부터 제3항까지의 규정에 따른 영업시간 제한 및 의무휴업일 지정에 필요한 사항은 해당 지방자치단체의 조례로 정한다.
[전문개정 2013.1.23.]

제12조의3(대규모점포등의 관리비 등) ① 대규모점포등관리자는 대규모점포등을 유지 · 관리하기 위한 관리비를 입점상인에게 청구 · 수령하고 그 금원을 관리할 수 있다.
② 제1항에 따른 관리비의 내용 등에 필요한 사항은 대통령령으로 정한다.
③ 대규모점포등관리자는 입점상인이 납부하는 대통령령으로 정하는 사용료 등을 입점상인을 대행하여 그 사용료 등을 받을 자에게 납부할 수 있다.
④ 대규모점포등관리자는 다음 각 호의 내역(항목별 산출내역을 말하며, 매장별 부과내역은 제외한다)을 대통령령으로 정하는 바에 따라 해당 대규모점포등의 인터넷 홈페이지(인터넷 홈페이지가 없는 경우에는 해당 대규모점포등의 관리사무소나 게시판 등을 말한다. 이하 같다)에 공개하여야 한다.
1. 제1항에 따른 관리비
2. 제3항에 따른 사용료 등
3. 그 밖에 대통령령으로 정하는 사항
⑤ 대규모점포등관리자가 대규모점포등의 유지 · 관리를 위하여 위탁관리, 공사 또는 용역 등을 위한 계약을 체결하는 경우 계약의 성질 및 규모 등을 고려하여 대통령령으로 정하는 경우를 제외하고는 대통령령으로 정하는 입찰방식으로 계약을 체결하여야 한다.
⑥ 대규모점포등관리자가 제5항의 계약을 체결하는 경우에 계약체결일부터 1개월 이내에 그 계약서를 해당 대규모점포등의 인터넷 홈페이지에 공개하여야 한다. 이 경우 제12조의4제3항제1호의 정보는 제외하고 공개하여야 한다.
[본조신설 2017.10.31.]

제12조의4(회계서류의 작성 · 보관) ① 대규모점포등관리자는 제12조의3제4항 각 호의 금전을 입점상인에게 청구 · 수령하거나 그 금원을 관리하는 행위 등 모든 거래행위에 관하여 장부를 월별로 작성하여 그 증빙서류와 함께 해당 회계연도 종료일부터 5년간 보관하여야 한다.
② 대규모점포등관리자가 제12조제2항제1호에 해당하는 경우에는 대규모점포등관리자의 고유재산과 분리하여 제1항의 회계처리를 하여야 한다.
③ 대규모점포등관리자는 입점상인이 제1항에 따른 장부나 증빙서류, 그 밖에 대통령령

령으로 정하는 정보의 열람을 요구하거나 자기의 비용으로 복사를 요구하는 때에는 다음 각 호의 정보는 제외하고 이에 응하여야 한다. 이 경우 관리규정에서 열람과 복사를 위한 방법 등 필요한 사항을 정할 수 있다.

1. 「개인정보 보호법」 제24조에 따른 고유식별정보 등 개인의 사생활의 비밀 또는 자유를 침해할 우려가 있는 정보
2. 의사결정과정 또는 내부검토과정에 있는 사항 등으로서 공개될 경우 업무의 공정한 수행에 현저한 지장을 초래할 우려가 있는 정보

[본조신설 2017.10.31.]

제12조의5(대규모점포등관리자의 회계감사) ① 대규모점포등관리자는 대통령령으로 정하는 바에 따라 「주식회사의 외부감사에 관한 법률」 제3조제1항에 따른 감사인(이하 이 조에서 "감사인"이라 한다)의 회계감사를 매년 1회 이상 받아야 한다. 다만 입점상인의 3분의 2 이상이 서면으로 회계감사를 받지 아니하는 데 동의한 연도에는 회계감사를 받지 아니할 수 있다.

② 대규모점포등관리자는 제1항에 따른 회계감사결과를 제출받은 날부터 1개월 이내에 대규모점포등의 인터넷 홈페이지에 그 결과를 공개하여야 한다.

③ 대규모점포등관리자는 특별자치시장·시장·군수·구청장 또는 「공인회계사법」 제41조에 따른 한국공인회계사회에 감사인의 추천을 의뢰할 수 있다.

④ 제1항에 따라 회계감사를 받는 대규모점포등관리자는 다음 각 호의 어느 하나에 해당하는 행위를 하여서는 아니 된다.

1. 정당한 사유 없이 감사인의 자료 열람·등사·제출 요구 또는 조사를 거부·방해·기피하는 행위
2. 감사인에게 거짓 자료를 제출하는 등 부정한 방법으로 회계감사를 방해하는 행위

[본조신설 2017.10.31.]

제12조의6(관리규정) ① 대규모점포등관리자는 대규모점포등의 관리 또는 사용에 관하여 입점상인의 3분의 2 이상의 동의를 얻어 관리규정을 제정하여야 하며 관리규정에 따라 대규모점포등을 관리하여야 한다.

② 관리규정을 제정·개정하는 방법 등에 필요한 사항은 대통령령으로 정한다.

③ 대규모점포등관리자는 입점상인이 제1항에 따른 관리규정의 열람이나 복사를 요구하는 때에는 이에 응하여야 한다.

④ 시 · 도지사는 이 법을 적용받는 대규모점포등의 효율적이고 공정한 관리를 위하여 대통령령으로 정하는 바에 따라 표준관리규정을 마련하여 보급하여야 한다.
[본조신설 2017.10.31.]

제13조(대규모점포등개설자의 지위승계) ① 다음 각 호의 어느 하나에 해당하는 자는 종전의 대규모점포등개설자의 지위를 승계한다.
1. 대규모점포등개설자가 사망한 경우 그 상속인
2. 대규모점포등개설자가 대규모점포등을 양도한 경우 그 양수인
3. 법인인 대규모점포등개설자가 다른 법인과 합병한 경우 합병 후 존속하는 법인이나 합병으로 설립되는 법인

② 제1항에 따라 지위를 승계한 자에 대하여는 제10조를 준용한다.
[전문개정 2013.1.23.]

제13조의2(대규모점포등의 휴업 · 폐업 신고) 대규모점포등개설자(제12조제3항에 따라 신고한 자를 포함한다)가 대규모점포등을 휴업하거나 폐업하려는 경우에는 산업통상자원부령으로 정하는 바에 따라 특별자치시장 · 시장 · 군수 · 구청장에게 신고를 하여야 한다. 〈개정 2013.3.23.〉
[전문개정 2013.1.23.]

제13조의3(전통상업보존구역의 지정) ① 특별자치시장 · 시장 · 군수 · 구청장은 지역 유통산업의 전통과 역사를 보존하기 위하여 「전통시장 및 상점가 육성을 위한 특별법」에 따른 전통시장이나 중소벤처기업부장관이 정하는 전통상점가(이하 "전통시장등"이라 한다)의 경계로부터 1킬로미터 이내의 범위에서 해당 지방자치단체의 조례로 정하는 지역을 전통상업보존구역으로 지정할 수 있다. 〈개정 2017.7.26.〉

② 제1항에 따라 전통상업보존구역을 지정하려는 특별자치시장 · 시장 · 군수 · 구청장은 관할구역 전통시장등의 경계로부터 1킬로미터 이내의 범위 일부가 인접 특별자치시 · 시 · 군 · 구에 속해 있는 경우에는 인접지역의 특별자치시장 · 시장 · 군수 · 구청장에게 해당 지역을 전통상업보존구역으로 지정할 것을 요청할 수 있다.
〈개정 2016.1.6.〉

③ 제2항에 따라 요청을 받은 인접지역의 특별자치시장 · 시장 · 군수 · 구청장은 요청한 특별자치시장 · 시장 · 군수 · 구청장과 협의하여 해당 지역을 전통상업보존구역으로 지정하여야 한다.

④ 제1항부터 제3항까지에 따른 전통상업보존구역의 범위, 지정 절차 및 지정 취소 등에 관하여 필요한 사항은 해당 지방자치단체의 조례로 정한다.

[전문개정 2013.1.23.]

[제48조의2의 규정에 의해 제13조의3은 2025년 11월 23일까지 유효함]

제13조의4(영업정지) 특별자치시장·시장·군수·구청장은 다음 각 호의 어느 하나에 해당하는 경우에는 1개월 이내의 기간을 정하여 영업의 정지를 명할 수 있다.

1. 제12조의2제1항제1호에 따른 명령을 1년 이내에 3회 이상 위반하여 영업제한시간에 영업을 한 자 또는 같은 항 제2호에 따른 명령을 1년 이내에 3회 이상 위반하여 의무휴업일에 영업을 한 자. 이 경우 제12조의2제1항제1호에 따른 명령 위반과 같은 항 제2호에 따른 명령 위반의 횟수는 합산한다.
2. 이 조에 따른 영업정지 명령을 위반하여 영업정지기간 중 영업을 한 자

[본조신설 2013.1.23.]

제14조(임시시장의 개설 등) ① 임시시장의 개설방법·시설기준과 그 밖에 임시시장의 운영·관리에 관한 사항은 특별자치시·시·군·구의 조례로 정한다.

② 지방자치단체의 장은 임시시장의 활성화를 위하여 임시시장을 체계적으로 육성·지원하여야 한다.

[전문개정 2013.1.23.]

제4장 유통산업의 경쟁력 강화

제15조(분야별 발전시책) ① 산업통상자원부장관은 유통산업의 경쟁력을 강화하기 위하여 다음 각 호의 시책을 수립·시행할 수 있다. 〈개정 2013.3.23.〉

1. 체인사업의 발전시책
2. 무점포판매업의 발전시책
3. 그 밖에 유통산업의 분야별 경쟁력 강화를 위하여 필요한 시책

② 제1항 각 호의 시책에는 다음 각 호의 사항이 포함되어야 한다.

1. 국내외 사업현황
2. 산업별·유형별 발전전략에 관한 사항
3. 유통산업에 대한 인식의 제고에 관한 사항
4. 전문인력의 양성에 관한 사항

5. 관련 정보의 원활한 유통에 관한 사항
6. 그 밖에 유통산업의 분야별 발전 또는 경쟁력 강화를 위하여 필요한 사항

③ 정부는 재래시장의 활성화에 필요한 시책을 수립 · 시행하여야 하고, 정부 또는 지방자치단체의 장은 이에 필요한 행정적 · 재정적 지원을 할 수 있다.

④ 정부 또는 지방자치단체의 장은 다음 각 호의 사항이 포함된 중소유통기업의 구조개선 및 경쟁력 강화에 필요한 시책을 수립 · 시행할 수 있고, 이에 필요한 행정적 · 재정적 지원을 할 수 있다.

1. 중소유통기업의 창업을 지원하기 위한 사항
2. 중소유통기업에 대한 자금 · 경영 · 정보 · 기술 · 인력의 지원에 관한 사항
3. 선진유통기법의 도입 · 보급 등을 위한 중소유통기업자의 교육 · 연수의 지원에 관한 사항
4. 제17조의2제1항에 따른 중소유통공동도매물류센터의 설립 · 운영 등 중소유통기업의 공동협력사업 지원에 관한 사항
5. 그 밖에 중소유통기업의 구조개선을 촉진하기 위하여 필요하다고 인정되는 사항으로서 대통령령으로 정하는 사항

[전문개정 2013.1.23.]

제16조(체인사업자의 경영개선사항 등) ① 체인사업자는 직영하거나 체인에 가입되어 있는 점포(이하 "체인점포"라 한다)의 경영을 개선하기 위하여 다음 각 호의 사항을 추진하여야 한다. 〈개정 2017.7.26.〉

1. 체인점포의 시설 현대화
2. 체인점포에 대한 원재료 · 상품 또는 용역 등의 원활한 공급
3. 체인점포에 대한 점포관리 · 품질관리 · 판매촉진 등 경영활동 및 영업활동에 관한 지도
4. 체인점포 종사자에 대한 유통교육 · 훈련의 실시
5. 체인사업자와 체인점포 간의 유통정보시스템의 구축
6. 집배송시설의 설치 및 공동물류사업의 추진
7. 공동브랜드 또는 자기부착상표의 개발 · 보급
8. 유통관리사의 고용 촉진
9. 그 밖에 중소벤처기업부장관이 체인사업의 경영개선을 위하여 필요하다고 인정하는 사항

② 산업통상자원부장관・중소벤처기업부장관 또는 지방자치단체의 장은 체인사업자 또는 체인사업자단체가 제1항 각 호의 사업을 추진하는 경우에는 예산의 범위에서 필요한 자금 등을 지원할 수 있다. 〈개정 2013.3.23., 2017.7.26.〉

[전문개정 2013.1.23.]

제17조 삭제 〈2015.11.20.〉

제17조의2(중소유통공동도매물류센터에 대한 지원) ① 산업통상자원부장관, 중소벤처기업부장관 또는 지방자치단체의 장은 「중소기업기본법」 제2조에 따른 중소기업자 중 대통령령으로 정하는 소매업자 50인 또는 도매업자 10인 이상의 자(이하 이 조에서 "중소유통기업자단체"라 한다)가 공동으로 중소유통기업의 경쟁력 향상을 위하여 다음 각 호의 사업을 하는 물류센터(이하 "중소유통공동도매물류센터"라 한다)를 건립하거나 운영하는 경우에는 필요한 행정적・재정적 지원을 할 수 있다.

〈개정 2013.3.23., 2015.2.3., 2017.7.26.〉

1. 상품의 보관・배송・포장 등 공동물류사업
2. 상품의 전시
3. 유통・물류정보시스템을 이용한 정보의 수집・가공・제공
4. 중소유통공동도매물류센터를 이용하는 중소유통기업의 서비스능력 향상을 위한 교육 및 연수
5. 그 밖에 중소유통공동도매물류센터 운영의 고도화를 위하여 산업통상자원부장관이 필요하다고 인정하여 공정거래위원회와 협의를 거친 사업

② 지방자치단체의 장은 중소유통공동도매물류센터를 건립하여 다음 각 호의 단체 또는 법인에 그 운영을 위탁할 수 있다.

1. 중소유통기업자단체
2. 중소유통공동도매물류센터를 운영하기 위하여 지방자치단체와 중소유통기업자단체가 출자하여 설립한 법인

③ 제2항에 따라 지방자치단체가 중소유통공동도매물류센터를 건립하여 운영을 위탁하는 경우에는 운영주체와 협의하여 해당 중소유통공동도매물류센터의 매출액의 1천분의 5 이내에서 시설 및 장비의 이용료를 징수하여 시설물 및 장비의 유지・관리 등에 드는 비용에 충당할 수 있다.

④ 중소유통공동도매물류센터의 건립, 운영 및 관리 등에 필요한 사항은 중소벤처기업부장관이 정하여 고시한다. 〈신설 2015.2.3., 2017.7.26.〉

[전문개정 2013.1.23.]

제18조(상점가진흥조합) ① 상점가에서 도매업 · 소매업 · 용역업이나 그 밖의 영업을 하는 자는 해당 상점가의 진흥을 위하여 상점가진흥조합을 결성할 수 있다.

② 상점가진흥조합의 조합원이 될 수 있는 자는 제1항의 자로서 「중소기업기본법」 제2조에 따른 중소기업자에 해당하는 자로 한다.

③ 상점가진흥조합은 제2항에 따른 조합원의 자격이 있는 자의 3분의 2 이상의 동의를 받아 결성한다. 다만, 조합원의 자격이 있는 자 중 같은 업종을 경영하는 자가 2분의 1 이상인 경우에는 그 같은 업종을 경영하는 자의 5분의 3 이상의 동의를 받아 결성할 수 있다.

④ 상점가진흥조합은 협동조합 또는 사업조합으로 설립한다.

⑤ 상점가진흥조합의 구역은 다른 상점가진흥조합의 구역과 중복되어서는 아니 된다.

[전문개정 2013.1.23.]

제19조(상점가진흥조합에 대한 지원) 지방자치단체의 장은 상점가진흥조합이 다음 각 호의 사업을 하는 경우에는 예산의 범위에서 필요한 자금을 지원할 수 있다.

1. 점포시설의 표준화 및 현대화
2. 상품의 매매 · 보관 · 수송 · 검사 등을 위한 공동시설의 설치
3. 주차장 · 휴게소 등 공공시설의 설치
4. 조합원의 판매촉진을 위한 공동사업
5. 가격표시 등 상거래질서의 확립
6. 조합원과 그 종사자의 자질향상을 위한 연수사업 및 정보제공
7. 그 밖에 지방자치단체의 장이 상점가 진흥을 위하여 필요하다고 인정하는 사업

[전문개정 2013. 1. 23.]

제20조(전문상가단지 건립의 지원 등) ① 산업통상자원부장관, 관계 중앙행정기관의 장 또는 지방자치단체의 장은 다음 각 호의 어느 하나에 해당하는 자가 전문상가단지를 세우려는 경우에는 필요한 행정적 · 재정적 지원을 할 수 있다. 〈개정 2013.3.23.〉

1. 도매업자 또는 소매업자로 구성되는 「중소기업협동조합법」 제3조제1항제1호부터 제4호까지에 규정된 협동조합 · 사업협동조합 · 협동조합연합회 또는 중소기업중앙회로서 산업통상자원부령으로 정하는 기준에 해당하는 자

2. 제1호에 해당하는 자와 신탁계약을 체결한 「자본시장과 금융투자업에 관한 법률」에 따른 신탁업자로서 자본금 또는 연간 매출액이 산업통상자원부령으로 정하는 금액 이상인 자

② 제1항에 따른 지원을 받으려는 자는 전문상가단지 조성사업계획을 작성하여 산업통상자원부장관, 관계 중앙행정기관의 장 또는 지방자치단체의 장에게 제출하여야 한다. 〈개정 2013.3.23.〉

[전문개정 2013.1.23.]

제5장 유통산업발전기반의 조성

제21조(유통정보화시책 등) ① 산업통상자원부장관은 유통정보화의 촉진 및 유통부문의 전자거래기반을 넓히기 위하여 다음 각 호의 사항이 포함된 유통정보화시책을 세우고 시행하여야 한다. 〈개정 2013.3.23.〉

1. 유통표준코드의 보급
2. 유통표준전자문서의 보급
3. 판매시점 정보관리시스템의 보급
4. 점포관리의 효율화를 위한 재고관리시스템·매장관리시스템 등의 보급
5. 상품의 전자적 거래를 위한 전자장터 등의 시스템의 구축 및 보급
6. 다수의 유통·물류기업 간 기업정보시스템의 연동을 위한 시스템의 구축 및 보급
7. 유통·물류의 효율적 관리를 위한 무선주파수 인식시스템의 적용 및 실용화 촉진
8. 유통정보 또는 유통정보시스템의 표준화 촉진
9. 그 밖에 유통정보화를 촉진하기 위하여 필요하다고 인정되는 사항

② 산업통상자원부장관은 유통정보화에 관한 시책을 세우기 위하여 필요하다고 인정하는 경우에는 과학기술정보통신부장관에게 유통정보화서비스를 제공하는 전기통신사업자에 관한 자료를 요청할 수 있다. 〈개정 2013.3.23., 2017.7.26.〉

③ 산업통상자원부장관은 유통사업자·제조업자 또는 유통 관련 단체가 제1항 각 호의 사업을 추진하는 경우에는 예산의 범위에서 필요한 자금을 지원할 수 있다. 〈개정 2013.3.23.〉

[전문개정 2013.1.23.]

제22조(유통표준전자문서 및 유통정보의 보안 등) ① 누구든지 유통표준전자문서를 위

작 또는 변작하거나 위작 또는 변작된 전자문서를 사용하거나 유통시켜서는 아니 된다.

② 유통정보화서비스를 제공하는 자는 유통표준전자문서 또는 컴퓨터 등 정보처리조직의 파일에 기록된 유통정보를 공개하여서는 아니 된다. 다만, 국가의 안전보장에 위해(危害)가 없고 타인의 비밀을 침해할 우려가 없는 정보로서 대통령령으로 정하는 것은 그러하지 아니하다.

③ 유통정보화서비스를 제공하는 자는 유통표준전자문서를 대통령령으로 정하는 기간 동안 보관하여야 한다.

[전문개정 2013.1.23.]

제23조(유통전문인력의 양성) ① 산업통상자원부장관 또는 중소벤처기업부장관은 유통전문인력을 양성하기 위하여 다음 각 호의 사업을 할 수 있다. 〈개정 2013.3.23., 2017.7.26.〉

1. 유통산업에 종사하는 사람의 자질 향상을 위한 교육 · 연수
2. 유통산업에 종사하려는 사람의 취업 · 재취업 또는 창업의 촉진을 위한 교육 · 연수
3. 선진유통기법의 개발 · 보급
4. 그 밖에 유통전문인력을 양성하기 위하여 필요하다고 인정되는 사업

② 산업통상자원부장관 또는 중소벤처기업부장관은 다음 각 호의 기관이 제1항 각 호의 사업을 하는 경우에는 예산의 범위에서 그 사업에 필요한 경비의 전부 또는 일부를 지원할 수 있다. 〈개정 2013.3.23., 2017.7.26.〉

1. 「정부출연연구기관 등의 설립 · 운영 및 육성에 관한 법률」 또는 「과학기술분야 정부출연연구기관 등의 설립 · 운영 및 육성에 관한 법률」에 따른 정부출연연구기관
2. 「고등교육법」 제2조제1호에 따른 대학 또는 같은 법 제29조에 따른 대학원
3. 유통연수기관

③ 제2항제3호의 "유통연수기관"이란 다음 각 호의 어느 하나에 해당하는 기관을 말한다. 〈개정 2013.3.23.〉

1. 「상공회의소법」 제34조에 따른 대한상공회의소(이하 "대한상공회의소"라 한다)
2. 「산업발전법」 제32조에 따른 한국생산성본부
3. 유통인력 양성을 위한 대통령령으로 정하는 시설 · 인력 및 연수 실적의 기준에 적합한 법인으로서 산업통상자원부장관이 지정하는 기관

④ 제3항제3호에 따른 유통연수기관(이하 "지정유통연수기관"이라 한다)의 지정절차 등에 관하여 필요한 사항은 산업통상자원부령으로 정한다. 〈개정 2013.3.23.〉

⑤ 산업통상자원부장관은 지정유통연수기관이 제1호에 해당하는 경우에는 그 지정을

취소하여야 하고, 제2호에 해당하는 경우에는 그 지정을 취소하거나 3개월 이내의 기간을 정하여 지정의 효력을 정지할 수 있다. 〈개정 2013.3.23.〉

1. 거짓이나 그 밖의 부정한 방법으로 지정받은 경우
2. 제3항제3호에 따른 지정기준에 적합하지 아니한 경우

⑥ 지정유통연수기관이 해산되는 경우 해당 기관의 장은 산업통상자원부령으로 정하는 바에 따라 산업통상자원부장관에게 통보하여야 한다. 〈개정 2013.3.23.〉

[전문개정 2013.1.23.]

제24조(유통관리사) ① 유통관리사는 다음 각 호의 직무를 수행한다.

1. 유통경영·관리 기법의 향상
2. 유통경영·관리와 관련한 계획·조사·연구
3. 유통경영·관리와 관련한 진단·평가
4. 유통경영·관리와 관련한 상담·자문
5. 그 밖에 유통경영·관리에 필요한 사항

② 유통관리사가 되려는 사람은 산업통상자원부장관이 실시하는 유통관리사 자격시험에 합격하여야 한다. 〈개정 2013.3.23.〉

③ 유통관리사의 등급, 유통관리사 자격시험의 실시방법·응시자격·시험과목 및 시험과목의 면제나 시험점수의 가산, 자격증의 발급 등에 필요한 사항은 대통령령으로 정한다.

④ 산업통상자원부장관 또는 지방자치단체의 장은 유통관리사를 고용한 유통사업자 및 유통사업자단체에 대하여 다른 유통사업자 및 사업자단체에 우선하여 자금 등을 지원할 수 있다. 〈개정 2013.3.23.〉

⑤ 산업통상자원부장관은 거짓이나 그 밖의 부정한 방법으로 유통관리사의 자격을 취득한 사람에 대하여 그 자격을 취소하여야 한다. 〈개정 2013.3.23., 2016.1.27.〉

⑥ 산업통상자원부장관은 다른 사람에게 유통관리사의 명의를 사용하게 하거나 자격증을 빌려준 사람에 대하여 대통령령으로 정하는 바에 따라 6개월 이내의 기간을 정하여 자격을 정지할 수 있다. 〈신설 2016.1.27.〉

⑦ 제5항에 따라 유통관리사의 자격이 취소된 사람은 취소일부터 3년간 유통관리사 자격시험에 응시할 수 없다. 〈개정 2016.1.27.〉

[전문개정 2013.1.23.]

제25조(유통산업의 국제화 촉진) 산업통상자원부장관은 유통사업자 또는 유통사업자단

체가 다음 각 호의 사업을 추진하는 경우에는 예산의 범위에서 필요한 경비의 전부 또는 일부를 지원할 수 있다. 〈개정 2013.3.23.〉

1. 유통 관련 정보 · 기술 · 인력의 국제교류
2. 유통 관련 국제 표준화 · 공동조사 · 연구 · 기술 협력
3. 유통 관련 국제학술대회 · 국제박람회 등의 개최
4. 해외유통시장의 조사 · 분석 및 수집정보의 체계적인 유통
5. 해외유통시장에 공동으로 진출하기 위한 공동구매 · 공동판매망의 구축 등 공동협력사업
6. 그 밖에 유통산업의 국제화를 위하여 필요하다고 인정되는 사업

[전문개정 2013.1.23.]

제6장 유통기능의 효율화

제26조(유통기능 효율화 시책) ① 산업통상자원부장관은 유통기능을 효율화하기 위하여 다음 각 호의 사항에 관한 시책을 마련하여야 한다. 〈개정 2013.3.23.〉

1. 물류표준화의 촉진
2. 물류정보화 기반의 확충
3. 물류공동화의 촉진
4. 물류기능의 외부 위탁 촉진
5. 물류기술 · 기법의 고도화 및 선진화
6. 집배송시설 및 공동집배송센터의 확충 및 효율적 배치
7. 그 밖에 유통기능의 효율화를 촉진하기 위하여 필요하다고 인정되는 사항

② 산업통상자원부장관은 제1항제5호에 따른 물류기술 · 기법의 고도화 및 선진화를 위하여 다음 각 호의 사업을 할 수 있다. 〈개정 2013.3.23.〉

1. 국내외 물류기술 수준의 조사
2. 물류기술 · 기법의 연구개발 및 개발된 물류기술 · 기법의 활용
3. 물류에 관한 기술협력 · 기술지도 및 기술이전
4. 그 밖에 물류기술 · 기법의 개발 및 그 수준의 향상을 위하여 필요하다고 인정되는 사업

③ 산업통상자원부장관은 유통사업자 · 제조업자 · 물류사업자 또는 관련 단체가 제1

항 및 제2항 각 호의 사업을 하는 경우에는 산업통상자원부령으로 정하는 바에 따라 예산의 범위에서 필요한 자금을 지원할 수 있다. 〈개정 2013.3.23.〉
[전문개정 2013.1.23.]

제27조 삭제 〈2015.11.20.〉

제27조의2 삭제 〈2015.11.20.〉

제28조 삭제 〈2015.11.20.〉

제29조(공동집배송센터의 지정 등) ① 산업통상자원부장관은 물류공동화를 촉진하기 위하여 필요한 경우에는 시ㆍ도지사의 추천을 받아 부지 면적, 시설 면적 및 유통시설로의 접근성 등 산업통상자원부령으로 정하는 요건에 해당하는 지역 및 시설물을 공동집배송센터로 지정할 수 있다. 〈개정 2013.3.23., 2015.11.20.〉
② 제1항에 따른 공동집배송센터의 지정을 받으려는 자는 산업통상자원부령으로 정하는 바에 따라 공동집배송센터의 조성ㆍ운영에 관한 사업계획을 첨부하여 시ㆍ도지사에게 공동집배송센터 지정 추천을 신청하여야 한다. 〈개정 2013.3.23.〉
③ 제2항에 따라 추천 신청을 받은 시ㆍ도지사는 그 사업의 타당성 등을 검토한 결과 해당 지역 집배송체계의 효율화를 위하여 필요하다고 인정하는 경우에는 추천 사유서와 산업통상자원부령으로 정하는 서류를 산업통상자원부장관에게 제출하여야 한다. 〈개정 2013.3.23.〉
④ 제1항에 따라 지정받은 공동집배송센터를 조성ㆍ운영하려는 자(이하 "공동집배송센터사업자"라 한다)는 지정받은 사항 중 산업통상자원부령으로 정하는 중요 사항을 변경하려면 산업통상자원부장관의 변경지정을 받아야 한다. 〈개정 2013.3.23.〉
⑤ 산업통상자원부장관은 공동집배송센터를 지정하거나 변경지정하려면 미리 관계 중앙행정기관의 장과 협의하여야 한다. 〈개정 2013.3.23.〉
⑥ 산업통상자원부장관은 제1항에 따라 공동집배송센터를 지정하였을 때에는 산업통상자원부령으로 정하는 바에 따라 고시하여야 한다. 〈개정 2013.3.23.〉
⑦ 공동집배송센터사업자는 산업통상자원부령으로 정하는 시설기준 및 운영기준에 따라 공동집배송센터를 설치하고 운영하여야 한다. 〈개정 2013.3.23.〉
[전문개정 2013.1.23.]

제30조(인ㆍ허가등의 의제) ① 제29조제1항에 따라 공동집배송센터를 지정하는 경우 다음 각 호의 허가ㆍ신고ㆍ승인ㆍ인가ㆍ협의ㆍ해제ㆍ지정 및 심사(이하 이 조에서

"인·허가등"이라 한다)에 관하여 산업통상자원부장관이 제2항에 따라 다른 행정기관의 장과 협의한 결과 동의를 받은 사항에 대하여는 해당 인·허가등을 받은 것으로 본다. 〈개정 2013.3.23., 2014.1.14., 2014.6.3., 2016.12.27., 2020.1.29.〉

1. 「농지법」 제34조제1항에 따른 농지의 전용허가
2. 「산지관리법」 제14조·제15조에 따른 산지전용허가 및 산지전용신고, 같은 법 제15조의2에 따른 산지일시사용 허가·신고, 「산림자원의 조성 및 관리에 관한 법률」 제36조제1항·제4항에 따른 입목벌채등의 허가·신고 및 「산림보호법」 제9조제2항제1호·제2호에 따른 입목·죽의 벌채, 임산물의 굴취·채취, 가축의 방목, 그 밖에 토지의 형질을 변경하는 행위의 허가·신고
3. 「초지법」 제23조제2항 및 제3항에 따른 초지의 전용 허가 또는 신고
4. 「공유수면 관리 및 매립에 관한 법률」 제8조에 따른 공유수면의 점용·사용 허가, 같은 법 제35조에 따른 국가 등이 시행하는 매립의 협의 또는 승인 및 같은 법 제38조에 따른 공유수면매립실시계획의 승인
5. 「하천법」 제30조제1항에 따른 하천공사의 허가 및 같은 법 제33조제1항에 따른 하천의 점용허가
6. 「도로법」 제36조에 따른 도로공사 시행의 허가 및 같은 법 제61조제1항에 따른 도로의 점용허가(도로굴착을 수반하는 경우는 제외한다)
7. 「사도법」 제4조에 따른 사도의 개설·개축·증축 또는 변경의 허가
8. 「수도법」 제17조제1항에 따른 일반수도사업의 인가, 같은 법 제49조에 따른 공업용수도사업의 인가, 같은 법 제52조제1항에 따른 전용상수도의 인가 및 같은 법 제54조에 따른 전용공업용수도의 인가
9. 「하수도법」 제16조제1항에 따른 공공하수도공사 시행의 허가
10. 「농어촌정비법」 제23조제1항에 따른 농업생산기반시설의 사용허가
11. 「항만법」 제9조제2항에 따른 항만개발사업 시행의 허가 및 같은 법 제10조제2항에 따른 항만개발사업실시계획의 승인
12. 「사방사업법」 제14조제1항에 따른 입목·죽의 벌채, 토석·나무뿌리 또는 풀뿌리의 채취, 가축의 방목, 그 밖에 사방시설을 훼손·변경하거나 토지의 형질을 변경하는 행위의 허가 및 같은 법 제20조제1항에 따른 사방지의 지정해제
13. 「국토의 계획 및 이용에 관한 법률」 제56조제1항에 따른 개발행위의 허가 및 같은 법 제86조에 따른 도시·군계획시설사업의 시행자 지정

14. 「장사 등에 관한 법률」 제27조제1항에 따른 개장의 허가
15. 「공간정보의 구축 및 관리 등에 관한 법률」 제15조제3항에 따른 지도등의 간행 심사

② 산업통상자원부장관은 제29조에 따라 공동집배송센터를 지정하려는 경우 그 지정 내용에 제1항 각 호의 어느 하나에 해당하는 사항이 포함되어 있을 때에는 관계 행정기관의 장과 협의하여야 한다. 이 경우 관계 행정기관의 장은 산업통상자원부장관의 협의 요청을 받은 날부터 대통령령으로 정하는 기간 이내에 의견을 제출하여야 한다. 〈개정 2013.3.23.〉

[전문개정 2013.1.23.]

제30조(인·허가등의 의제) ① 제29조제1항에 따라 공동집배송센터를 지정하는 경우 다음 각 호의 허가·신고·승인·인가·협의·해제·지정 및 심사(이하 이 조에서 "인·허가등"이라 한다)에 관하여 산업통상자원부장관이 제2항에 따라 다른 행정기관의 장과 협의한 결과 동의를 받은 사항에 대하여는 해당 인·허가등을 받은 것으로 본다. 〈개정 2013.3.23., 2014.1.14., 2014.6.3., 2016.12.27., 2020.1.29., 2021.7.20.〉

1. 「농지법」 제34조제1항에 따른 농지의 전용허가
2. 「산지관리법」 제14조·제15조에 따른 산지전용허가 및 산지전용신고, 같은 법 제15조의2에 따른 산지일시사용 허가·신고, 「산림자원의 조성 및 관리에 관한 법률」 제36조제1항·제4항에 따른 입목벌채등의 허가·신고 및 「산림보호법」 제9조제2항제1호·제2호에 따른 입목·죽의 벌채, 임산물의 굴취·채취, 가축의 방목, 그 밖에 토지의 형질을 변경하는 행위의 허가·신고
3. 「초지법」 제23조제2항 및 제3항에 따른 초지의 전용 허가 또는 신고
4. 「공유수면 관리 및 매립에 관한 법률」 제8조에 따른 공유수면의 점용·사용 허가, 같은 법 제35조에 따른 국가 등이 시행하는 매립의 협의 또는 승인 및 같은 법 제38조에 따른 공유수면매립실시계획의 승인
5. 「하천법」 제30조제1항에 따른 하천공사의 허가 및 같은 법 제33조제1항에 따른 하천의 점용허가
6. 「도로법」 제36조에 따른 도로공사 시행의 허가 및 같은 법 제61조제1항에 따른 도로의 점용허가(도로굴착을 수반하는 경우는 제외한다)
7. 「사도법」 제4조에 따른 사도의 개설·개축·증축 또는 변경의 허가
8. 「수도법」 제17조제1항에 따른 일반수도사업의 인가, 같은 법 제49조에 따른 공업용수도사업의 인가, 같은 법 제52조제1항에 따른 전용상수도의 인가 및 같은 법 제54

조에 따른 전용공업용수도의 인가
9. 「하수도법」 제16조제1항에 따른 공공하수도공사 시행의 허가
10. 「농어촌정비법」 제23조제1항에 따른 농업생산기반시설의 사용허가
11. 「항만법」 제9조제2항에 따른 항만개발사업 시행의 허가 및 같은 법 제10조제2항에 따른 항만개발사업실시계획의 승인
12. 「사방사업법」 제14조제1항에 따른 입목 · 죽의 벌채, 토석 · 나무뿌리 또는 풀뿌리의 채취, 가축의 방목, 그 밖에 사방시설을 훼손 · 변경하거나 토지의 형질을 변경하는 행위의 허가 및 같은 법 제20조제1항에 따른 사방지의 지정해제
13. 「국토의 계획 및 이용에 관한 법률」 제56조제1항에 따른 개발행위의 허가 및 같은 법 제86조에 따른 도시 · 군계획시설사업의 시행자 지정
14. 「장사 등에 관한 법률」 제27조제1항에 따른 개장의 허가
15. 「공간정보의 구축 및 관리 등에 관한 법률」 제15조제4항에 따른 지도등의 간행심사

② 산업통상자원부장관은 제29조에 따라 공동집배송센터를 지정하려는 경우 그 지정내용에 제1항 각 호의 어느 하나에 해당하는 사항이 포함되어 있을 때에는 관계 행정기관의 장과 협의하여야 한다. 이 경우 관계 행정기관의 장은 산업통상자원부장관의 협의 요청을 받은 날부터 대통령령으로 정하는 기간 이내에 의견을 제출하여야 한다. 〈개정 2013.3.23.〉

[전문개정 2013.1.23.]

[시행일: 2022.7.21.] 제30조

제31조(공동집배송센터의 지원) ① 산업통상자원부장관은 제29조제1항에 따라 지정받은 공동집배송센터의 조성에 필요한 자금 등을 지원할 수 있다. 〈개정 2013.3.23.〉

② 삭제 〈2015.11.20.〉

③ 산업통상자원부장관은 공동집배송센터의 조성을 위하여 필요하다고 인정하는 경우에는 부지의 확보, 도시 · 군계획의 변경 또는 도시 · 군계획시설의 설치 등에 관하여 시 · 도지사에게 협조를 요청할 수 있다. 〈개정 2013.3.23.〉

[전문개정 2013.1.23.]

제32조(공동집배송센터의 신탁개발) ① 공동집배송센터사업자는 「자본시장과 금융투자업에 관한 법률」에 따른 신탁업자와 신탁계약을 체결하여 공동집배송센터를 신탁개발할 수 있다.

② 제1항에 따라 신탁계약을 체결한 신탁업자는 공동집배송센터사업자의 지위를 승계한다. 이 경우 공동집배송센터사업자는 계약체결일부터 14일 이내에 신탁계약서 사본을 산업통상자원부장관에게 제출하여야 한다. 〈개정 2013.3.23.〉
[전문개정 2013.1.23.]

제33조(시정명령 및 지정취소) ① 산업통상자원부장관은 제29조제1항 및 제7항에 따른 공동집배송센터의 지정요건 및 시설·운영 기준에 미달하는 경우에는 산업통상자원부령으로 정하는 바에 따라 공동집배송센터사업자에 대하여 시정명령을 할 수 있다. 〈개정 2013.3.23.〉
② 산업통상자원부장관은 다음 각 호의 어느 하나에 해당하는 경우에는 공동집배송센터의 지정을 취소할 수 있다. 다만, 제1호에 해당하는 경우에는 그 지정을 취소하여야 한다. 〈개정 2013.3.23.〉
1. 거짓이나 그 밖의 부정한 방법으로 공동집배송센터의 지정을 받은 경우
2. 공동집배송센터의 지정을 받은 날부터 정당한 사유 없이 3년 이내에 시공을 하지 아니하는 경우
3. 제1항에 따른 시정명령을 이행하지 아니하는 경우
4. 공동집배송센터사업자의 파산 등 대통령령으로 정하는 사유로 정상적인 사업추진이 곤란하다고 인정되는 경우

[전문개정 2013.1.23.]

제34조(공동집배송센터 개발촉진지구의 지정 등) ① 시·도지사는 집배송시설의 집단적 설치를 촉진하고 집배송시설의 효율적 배치를 위하여 공동집배송센터 개발촉진지구(이하 "촉진지구"라 한다)의 지정을 산업통상자원부장관에게 요청할 수 있다. 〈개정 2013.3.23.〉
② 산업통상자원부장관은 시·도지사가 제1항에 따라 요청한 지역이 산업통상자원부령으로 정하는 요건에 적합하다고 판단하는 경우에는 촉진지구로 지정하고, 그 내용을 산업통상자원부령으로 정하는 바에 따라 고시하여야 한다. 〈개정 2013.3.23.〉
③ 산업통상자원부장관은 촉진지구를 지정하려면 미리 관계 중앙행정기관의 장과 협의하여야 한다. 〈개정 2013.3.23.〉
④ 제1항 및 제2항에 따른 지정의 요건 및 절차 등에 관하여 필요한 사항은 산업통상자원부령으로 정한다. 〈개정 2013.3.23.〉
[전문개정 2013.1.23.]

제35조(촉진지구에 대한 지원) ① 산업통상자원부장관 또는 시 · 도지사는 촉진지구의 개발을 활성화하기 위하여 촉진지구에 설치되거나 촉진지구로 이전하는 집배송시설에 대하여 자금이나 그 밖에 필요한 사항을 지원할 수 있다. 〈개정 2013.3.23.〉
② 산업통상자원부장관은 촉진지구의 집배송시설에 대하여는 제29조제1항에도 불구하고 시 · 도지사의 추천이 없더라도 공동집배송센터로 지정할 수 있다. 〈개정 2013.3.23.〉
[전문개정 2013.1.23.]

제35조의2(국유재산 · 공유재산의 매각 등) ① 국가 또는 지방자치단체는 제8조에 따른 대규모점포의 개설과 중소유통공동도매물류센터의 건립을 위하여 필요한 경우로서 대통령령으로 정하는 경우에는 「국유재산법」 또는 「공유재산 및 물품 관리법」에도 불구하고 국유재산 · 공유재산을 수의계약으로 매각할 수 있다. 이 경우 국유재산 · 공유재산의 매각의 내용 및 조건에 관하여는 「국유재산법」 또는 「공유재산 및 물품 관리법」에서 정하는 바에 따른다.
② 대규모점포를 개설하려는 자 또는 중소유통공동도매물류센터를 건립하려는 자는 도로의 개설에 관한 업무를 대통령령으로 정하는 바에 따라 국가기관 또는 지방자치단체에 위탁하여 시행할 수 있다.
③ 대규모점포를 개설하려는 자 또는 중소유통공동도매물류센터를 건립하려는 자가 제2항에 따라 도로의 개설에 관한 업무를 국가기관 또는 지방자치단체에 위탁하여 시행하는 경우에는 산업통상자원부령으로 정하는 요율의 위탁수수료를 지급하여야 한다. 〈개정 2013.3.23.〉
[전문개정 2013.1.23.]

제7장 상거래질서의 확립

제36조(유통분쟁조정위원회) ① 유통에 관한 다음 각 호의 분쟁을 조정하기 위하여 특별시 · 광역시 · 특별자치시 · 도 · 특별자치도(이하 "시 · 도"라 한다) 및 시(「제주특별자치도 설치 및 국제자유도시 조성을 위한 특별법」 제10조제2항에 따른 행정시를 포함한다. 이하 같다) · 군 · 구에 각각 유통분쟁조정위원회(이하 "위원회"라 한다)를 둘 수 있다. 〈개정 2015.7.24., 2017.10.31.〉
1. 등록된 대규모점포등과 인근 지역의 도매업자 · 소매업자 사이의 영업활동에 관한

분쟁. 다만, 「독점규제 및 공정거래에 관한 법률」을 적용받는 사항은 제외한다.

2. 등록된 대규모점포등과 중소제조업체 사이의 영업활동에 관한 사항. 다만, 「독점규제 및 공정거래에 관한 법률」을 적용받는 사항은 제외한다.
3. 등록된 대규모점포등과 인근 지역의 주민 사이의 생활환경에 관한 분쟁
4. 제12조제1항 각 호에 따른 업무 수행과 관련한 분쟁

② 위원회는 위원장 1명을 포함하여 11명 이상 15명 이하의 위원으로 구성한다.

③ 위원회의 위원장은 위원 중에서 호선(互選)한다.

④ 위원회의 위원은 다음 각 호의 사람이 된다.

1. 다음 각 목의 어느 하나에 해당하는 사람으로서 해당 지방자치단체의 장이 위촉하는 사람
   가. 판사·검사 또는 변호사의 자격이 있는 사람
   나. 대한상공회의소의 임원 또는 직원
   다. 소비자단체의 대표
   라. 유통산업 분야에 관한 학식과 경험이 풍부한 사람
   마. 해당 지방자치단체에 거주하는 소비자
2. 해당 지방자치단체의 도매업·소매업에 관한 업무를 담당하는 공무원으로서 그 지방자치단체의 장이 지명하는 사람

⑤ 공무원이 아닌 위원의 임기는 2년으로 한다.

⑥ 제1항 각 호에 따른 대규모점포등, 영업활동 및 생활환경의 범위에 대하여는 대통령령으로 정한다.

⑦ 제1항부터 제5항까지에서 규정한 사항 외에 위원회의 조직 및 운영 등에 필요한 사항은 해당 지방자치단체의 조례로 정한다.

[전문개정 2013.1.23.]

제37조(분쟁의 조정) ① 제36조에 따른 대규모점포등과 관련된 분쟁의 조정을 원하는 자는 특별자치시·시·군·구의 위원회에 분쟁의 조정을 신청할 수 있다.

② 제1항에 따라 분쟁의 조정신청을 받은 위원회는 신청을 받은 날부터 60일 이내에 이를 심사하여 조정안을 작성하여야 한다. 다만, 부득이한 사정이 있는 경우에는 위원회의 의결로 그 기간을 연장할 수 있다.

③ 제2항에 따른 시(특별자치시는 제외한다)·군·구의 위원회의 조정안에 불복하는 자는 조정안을 제시받은 날부터 15일 이내에 시·도의 위원회에 조정을 신청할 수 있다.

④ 제3항에 따라 조정신청을 받은 시 · 도의 위원회는 그 신청 내용을 시 · 군 · 구의 위원회 및 신청인 외의 당사자에게 통지하고, 조정신청을 받은 날부터 30일 이내에 이를 심사하여 조정안을 작성하여야 한다. 다만, 부득이한 사정이 있는 경우에는 위원회의 의결로 그 기간을 연장할 수 있다.

⑤ 위원회는 제2항 단서 및 제4항 단서에 따라 기간을 연장하는 경우에는 기간을 연장하게 된 사유 등을 당사자에게 통보하여야 한다.

[전문개정 2013.1.23.]

제38조(자료 요청 등) ① 위원회는 분쟁조정을 위하여 필요한 자료를 제공하여 줄 것을 당사자 또는 참고인에게 요청할 수 있다. 이 경우 해당 당사자는 정당한 사유가 없으면 요청에 따라야 한다.

② 위원회는 필요하다고 인정하는 경우에는 당사자 또는 참고인으로 하여금 위원회에 출석하게 하여 그 의견을 들을 수 있다.

[전문개정 2013.1.23.]

제39조(조정의 효력) ① 위원회는 제37조에 따라 조정안을 작성하였을 때에는 지체 없이 조정안을 각 당사자에게 제시하여야 한다.

② 제1항에 따라 조정안을 제시받은 당사자는 그 제시를 받은 날부터 15일 이내에 그 수락 여부를 위원회에 통보하여야 한다.

③ 당사자가 조정안을 수락하였을 때에는 위원회는 즉시 조정서를 작성하여야 하며, 위원장 및 각 당사자는 조정서에 기명날인하거나 서명하여야 한다. 〈개정 2016.1.6.〉

④ 당사자가 제3항에 따라 조정안을 수락하고 조정서에 기명날인하거나 서명하였을 때에는 당사자 간에 조정서와 동일한 내용의 합의가 성립된 것으로 본다.

〈개정 2016.1.6.〉

[전문개정 2013.1.23.]

제40조(조정의 거부 및 중지) ① 위원회는 분쟁의 성질상 위원회에서 조정함이 적합하지 아니하다고 인정하거나 부정한 목적으로 신청되었다고 인정하는 경우에는 조정을 거부할 수 있다. 이 경우 조정거부의 사유 등을 당사자에게 통보하여야 한다.

② 위원회는 신청된 조정사건에 대한 처리절차의 진행 중에 한쪽 당사자가 소(訴)를 제기한 때에는 그 조정의 처리를 중지하고 그 사실을 당사자에게 통보하여야 한다.

[전문개정 2013.1.23.]

제41조(조정절차 등) 제36조부터 제40조까지에서 규정한 사항 외에 분쟁의 조정방법, 조정절차, 조정업무의 처리 및 조정비용의 분담 등에 필요한 사항은 대통령령으로 정한다.
[전문개정 2013.1.23.]

제42조(비영리법인에 대한 권고) ① 지방자치단체의 장은 「민법」이나 그 밖의 법률에 따라 설립된 비영리법인이 판매사업을 할 때 그 법인의 목적사업의 범위를 벗어남으로써 인근 지역의 도매업자 또는 소매업자의 이익을 현저히 해치고 있다고 인정하는 경우에는 해당 법인에 대하여 목적사업의 범위를 벗어난 판매사업을 중단하도록 권고할 수 있다.
② 지방자치단체의 장은 제1항에 해당하는 비영리법인에 대하여 판매사업에 관한 현황 등의 자료를 제공하여 줄 것을 요청할 수 있다.
[전문개정 2013.1.23.]

제43조(상거래의 투명화) 정부는 유통부문에서 공정하고 투명한 상거래가 이루어질 수 있도록 노력하여야 한다.
[전문개정 2013.1.23.]

제8장 보칙

제44조(청문) 산업통상자원부장관, 중소벤처기업부장관 또는 특별자치시장・시장・군수・구청장은 다음 각 호의 어느 하나에 해당하는 처분을 하려면 청문을 하여야 한다. 〈개정 2013.3.23., 2017.7.26.〉
1. 제11조제1항에 따른 대규모점포등 개설등록의 취소
2. 삭제 〈2015.11.20.〉
3. 제23조제5항에 따른 지정유통연수기관의 취소
4. 제24조제5항에 따른 유통관리사 자격의 취소
5. 삭제 〈2015.11.20.〉
6. 삭제 〈2015.11.20.〉
7. 제33조제2항에 따른 공동집배송센터 지정의 취소
[전문개정 2013.1.23.]

제44조의2(대규모점포등의 관리현황 점검・감독 등) ① 산업통상자원부장관 또는 특별

자치시장 · 시장 · 군수 · 구청장은 대규모점포등관리자의 업무집행 및 비용의 징수 · 관리 등에 관하여 확인이 필요하다고 인정될 때에는 대규모점포등관리자에 대하여 그 업무에 관한 사항을 보고하게 하거나 자료를 제출하게 할 수 있으며, 관계 공무원에게 사업장 등을 출입하여 관계 서류 등을 검사하게 할 수 있다.

② 제1항에 따른 검사를 하려는 공무원은 검사 3일 전까지 그 일시 · 목적 및 내용을 검사대상자에게 통지하여야 한다. 다만, 긴급히 검사하여야 하거나 사전에 알리면 증거인멸 등으로 검사목적을 달성할 수 없다고 인정하는 경우에는 그러하지 아니하다.

③ 제1항에 따라 출입 · 검사를 하는 공무원은 그 권한을 표시하는 증표를 지니고 이를 관계인에게 보여 주어야 한다.

④ 산업통상자원부장관은 특별자치시장 · 시장 · 군수 · 구청장으로 하여금 대규모점포등관리자의 현황, 업무의 집행 및 비용의 징수 · 관리 등에 관한 사항을 보고하게 할 수 있다.

[본조신설 2017.10.31.]

제45조(보고) ① 시 · 도지사 또는 시장 · 군수 · 구청장은 산업통상자원부령으로 정하는 바에 따라 다음 각 호의 사항을 산업통상자원부장관에게 보고하여야 한다.
〈개정 2013.3.23.〉

1. 제7조에 따른 지역별 시행계획 및 추진 실적
2. 제8조 · 제11조 및 제12조에 따른 대규모점포등 개설등록 · 취소 및 대규모점포등개설자의 업무를 수행하는 자의 신고현황
3. 제37조에 따른 분쟁의 조정 실적
4. 제42조에 따른 비영리법인에 대한 권고 실적

② 산업통상자원부장관, 중소벤처기업부장관 또는 지방자치단체의 장은 이 법에 따른 자금 등의 지원을 위하여 특히 필요하다고 인정하는 경우에는 다음 각 호에 해당하는 자에 대하여 사업실적 등 산업통상자원부령으로 정하는 사항을 보고하게 할 수 있다. 〈개정 2013.3.23., 2015.11.20., 2017.7.26.〉

1. 중소유통공동도매물류센터운영자 또는 공동집배송센터사업시행자
2. 유통사업자단체
3. 제23조제3항 각 호의 유통연수기관

[전문개정 2013.1.23.]

제46조(권한 또는 업무의 위임 · 위탁) ① 이 법에 따른 산업통상자원부장관의 권한은

대통령령으로 정하는 바에 따라 그 일부를 국가기술표준원장에게 위임할 수 있다. 〈개정 2013.3.23., 2015.11.20., 2017.7.26.〉

② 이 법에 따른 산업통상자원부장관 또는 중소벤처기업부장관의 권한은 대통령령으로 정하는 바에 따라 그 일부를 시·도지사에게 위임할 수 있다. 〈개정 2013.3.23., 2017.7.26.〉

③ 이 법에 따른 산업통상자원부장관의 권한은 대통령령으로 정하는 바에 따라 그 일부를 중소벤처기업부장관에게 위탁할 수 있다. 〈신설 2017.7.26.〉

④ 산업통상자원부장관은 제24조에 따른 유통관리사 자격시험의 실시에 관한 업무를 대통령령으로 정하는 바에 따라 대한상공회의소에 위탁할 수 있다. 〈개정 2013.3.23., 2017.7.26.〉

⑤ 산업통상자원부장관은 제7조의4에 따른 유통산업의 실태조사에 관한 업무를 「통계법」 제15조에 따른 통계작성지정기관에 위탁할 수 있다. 〈개정 2013.3.23., 2017.7.26.〉

[전문개정 2013.1.23.]

제47조(벌칙 적용 시의 공무원 의제) 제46조제4항에 따라 위탁한 업무에 종사하는 대한상공회의소의 임원 및 직원은 「형법」 제129조부터 제132조까지의 규정을 적용할 때에는 공무원으로 본다. 〈개정 2017.7.26.〉

[전문개정 2013.1.23.]

제48조(수수료) ① 제8조에 따라 대규모점포등의 개설등록을 하려는 자는 산업통상자원부령으로 정하는 범위에서 특별자치시·시·군·구의 조례로 정하는 바에 따라 수수료를 내야 한다. 〈개정 2013.3.23.〉

② 삭제 〈2015.11.20.〉

[전문개정 2013.1.23.]

제48조의2(규제의 존속기한) 제2조제4호, 제8조제1항·제2항 중 준대규모점포와 관련된 부분, 제8조제3항·제4항 및 제13조의3은 2025년 11월 23일까지 그 효력을 가진다. 〈개정 2020.10.20.〉

[본조신설 2015.11.20.]

제9장 벌칙

제49조(벌칙) ① 제22조제1항을 위반하여 유통표준전자문서를 위작 또는 변작하거나

위작 또는 변작된 전자문서를 사용하거나 유통시킨 자는 10년 이하의 징역 또는 1억원 이하의 벌금에 처한다.

② 다음 각 호의 어느 하나에 해당하는 자는 1년 이하의 징역 또는 3천만원 이하의 벌금에 처한다.

1. 제8조제1항 전단을 위반하여 등록을 하지 아니하고 대규모점포등을 개설하거나 거짓이나 그 밖의 부정한 방법으로 대규모점포등의 개설등록을 한 자
2. 제12조제3항을 위반하여 신고를 하지 아니하고 대규모점포등개설자의 업무를 수행하거나 거짓이나 그 밖의 부정한 방법으로 대규모점포등개설자의 업무수행신고를 한 자

③ 제22조제3항을 위반하여 유통표준전자문서를 보관하지 아니한 자는 1년 이하의 징역 또는 1천만원 이하의 벌금에 처한다.

④ 제1항에 규정된 죄의 미수범은 처벌한다.

[전문개정 2013.1.23.]

제50조(벌칙) 제22조제2항을 위반하여 유통표준전자문서 또는 컴퓨터 등 정보처리조직의 파일에 기록된 유통정보를 공개한 자는 1천만원 이하의 벌금에 처한다.

[전문개정 2013.1.23.]

제51조(양벌규정) 법인의 대표자나 법인 또는 개인의 대리인, 사용인, 그 밖의 종업원이 그 법인 또는 개인의 업무에 관하여 제49조 또는 제50조의 위반행위를 하면 그 행위자를 벌하는 외에 그 법인 또는 개인에게도 해당 조문의 벌금형을 과(科)한다. 다만, 법인 또는 개인이 그 위반행위를 방지하기 위하여 해당 업무에 관하여 상당한 주의와 감독을 게을리하지 아니한 경우에는 그러하지 아니하다.

[전문개정 2008.12.26.]

제52조(과태료) ① 다음 각 호의 어느 하나에 해당하는 자에게는 1억원 이하의 과태료를 부과한다.

1. 제12조의2제1항제1호에 따른 명령을 위반하여 영업제한시간에 영업을 한 자
2. 제12조의2제1항제2호에 따른 의무휴업 명령을 위반한 자

② 다음 각 호의 어느 하나에 해당하는 자에게는 1천만원 이하의 과태료를 부과한다. 〈신설 2017.10.31.〉

1. 제12조의5제1항을 위반하여 회계감사를 받지 아니하거나 부정한 방법으로 받은 자

2. 제12조의5제4항을 위반하여 회계감사를 방해하는 등 같은 항 각 호의 어느 하나에 해당하는 행위를 한 자

③ 다음 각 호의 어느 하나에 해당하는 자에게는 500만원 이하의 과태료를 부과한다. 〈개정 2017.10.31.〉

1. 제8조제1항 후단을 위반하여 대규모점포등의 변경등록을 하지 아니하거나 거짓이나 그 밖의 부정한 방법으로 변경등록을 한 자
2. 제12조제1항 및 제2항에 따른 대규모점포등개설자의 업무를 수행하지 아니한 자

2의2. 제12조의3제4항을 위반하여 관리비 등의 내역을 공개하지 아니하거나 거짓으로 공개한 자

2의3. 제12조의3제5항을 위반하여 계약을 체결한 자

2의4. 제12조의3제6항을 위반하여 계약서를 공개하지 아니하거나 거짓으로 공개한 자

2의5. 제12조의4제1항을 위반하여 장부 및 증빙서류를 작성 또는 보관하지 아니하거나 거짓으로 작성한 자

2의6. 제12조의4제2항을 위반하여 회계처리를 한 자

2의7. 제12조의4제3항을 위반하여 장부나 증빙서류 등의 정보에 대한 열람, 복사의 요구에 응하지 아니하거나 거짓으로 응한 자

2의8. 제12조의5제2항을 위반하여 회계감사의 결과를 공개하지 아니하거나 거짓으로 공개한 자

2의9. 제12조의6제3항을 위반하여 관리규정에 대한 열람이나 복사의 요구에 응하지 아니하거나 거짓으로 응한 자

3. 제14조제1항을 위반하여 임시시장을 개설한 자
4. 제29조제4항을 위반하여 변경지정을 받지 아니한 자
5. 제33조제1항에 따른 시정명령을 이행하지 아니한 공동집배송센터사업자
6. 제45조제2항에 따른 보고를 거짓으로 한 자

④ 제1항부터 제3항까지의 규정에 따른 과태료는 대통령령으로 정하는 바에 따라 산업통상자원부장관, 중소벤처기업부장관 또는 지방자치단체의 장이 부과·징수한다. 〈개정 2013.3.23., 2017.7.26., 2017.10.31.〉

[전문개정 2013.1.23.]

부칙 〈제17761호, 2020.12.29.〉 (주류 면허 등에 관한 법률)

제1조(시행일) 이 법은 2021년 1월 1일부터 시행한다.

제2조 부터 제9조까지 생략

제10조(다른 법률의 개정) ①부터 ⑦까지 생략

⑧ 유통산업발전법 일부를 다음과 같이 개정한다.

제9조제1항제12호 중 "「주세법」 제8조의2"를 "「주류 면허 등에 관한 법률」 제9조"로 한다.

⑨부터 ⑪까지 생략

제11조 생략

유통산업발전법 시행령

[시행 2021.4.8.] [대통령령 제31611호, 2021.4.6., 타법개정]

제1조(목적) 이 영은 「유통산업발전법」에서 위임된 사항과 그 시행에 필요한 사항을 규정함을 목적으로 한다. 〈개정 2009.10.1.〉

제2조(용역제공장소의 범위) 「유통산업발전법」(이하 "법"이라 한다) 제2조제2호 후단에 따라 매장에 포함되는 용역의 제공장소는 다음 각 호의 어느 하나에 해당하는 시설이 설치되는 장소로 한다.

1. 「건축법 시행령」 별표 1(이하 이 조에서 "같은 표"라 한다) 제3호나목부터 마목까지의 규정에 따른 제1종 근린생활시설
2. 같은 표 제4호에 따른 제2종 근린생활시설
3. 같은 표 제5호에 따른 문화 및 집회시설
4. 같은 표 제13호에 따른 운동시설
5. 같은 표 제14호나목에 따른 일반업무시설(오피스텔은 제외한다)

[전문개정 2009.10.1.]

제3조(대규모점포의 요건 등) ① 삭제 〈2013.4.22.〉

② 법 제2조제3호가목에서 "대통령령으로 정하는 둘 이상의 연접되어 있는 건물"이란 건물간의 가장 가까운 거리가 50미터 이내이고 소비자가 통행할 수 있는 지하도 또는 지상통로가 설치되어 있어 하나의 대규모점포로 기능할 수 있는 것을 말한다. 〈개정 2013.4.22.〉

③ 법 제2조제3호다목의 매장면적 산정(算定) 시 「집합건물의 소유 및 관리에 관한 법률」이 적용되는 건물 내의 매장과 바로 접한 공유부분인 복도가 있는 경우에는 그 복도의 면적을 포함한다. 〈신설 2009.10.1., 2013.7.22.〉

[전문개정 2006.6.22.]

[제목개정 2013.4.22.]

제3조의2(준대규모점포의 범위) 법 제2조제4호 각 목 외의 부분에서 "대통령령으로 정하는 것"이란 「통계법」 제22조에 따라 통계청장이 2007년 12월 28일 고시한 한국표준산업분류상의 슈퍼마켓(47121)과 기타 음·식료품 위주 종합소매업(47129)을 영위하

는 점포를 말한다. 〈개정 2013.4.22.〉
[본조신설 2010.12.31.]

제4조 삭제 〈2010.12.31.〉

제5조(상점가의 범위) 법 제2조제7호에서 "일정 범위의 가로(街路) 또는 지하도에 대통령령으로 정하는 수 이상의 도매점포 · 소매점포 또는 용역점포가 밀집하여 있는 지구"란 다음 각 호의 어느 하나에 해당하는 지구를 말한다. 〈개정 2018.1.30.〉
1. 2천제곱미터 이내의 가로 또는 지하도에 30개 이상의 도매점포 · 소매점포 또는 용역점포가 밀집하여 있는 지구
2. 상품 또는 영업활동의 특성상 전시 · 판매 등을 위하여 넓은 면적이 필요한 동일 업종의 도매점포 또는 소매점포(이하 이 조에서 "특성업종도소매점포"라 한다)를 포함한 점포가 밀집하여 있다고 특별자치시장 · 시장 · 군수 · 구청장이 인정하는 지구로서 다음 각 목의 요건을 모두 충족하는 지구
 가. 가로 또는 지하도의 면적이 특성업종도소매점포의 평균면적에 도매점포 또는 소매점포의 수를 합한 수를 곱한 면적과 용역점포의 면적을 합한 면적 이내일 것
 나. 도매점포 · 소매점포 또는 용역점포가 30개 이상 밀집하여 있을 것
 다. 특성업종도소매점포의 수가 나목에 따른 점포 수의 100분의 50 이상일 것
[전문개정 2015.6.30.]

제5조의2 삭제 〈2013.4.22.〉

제6조(기본계획 등의 수립을 위한 자료의 제출요청 등) ① 산업통상자원부장관은 관계 중앙행정기관의 장에게 법 제5조제1항에 따른 유통산업발전기본계획(이하 "기본계획"이라 한다)의 수립을 위하여 필요한 자료를 해당 기본계획 개시(開始)연도의 전년도 10월 말일까지 제출하여 줄 것을 요청할 수 있다. 〈개정 2008.2.29., 2013.3.23., 2013.7.22.〉
② 산업통상자원부장관은 관계 중앙행정기관의 장에게 법 제6조제1항에 따른 유통산업발전시행계획(이하 "시행계획"이라 한다)의 수립을 위하여 필요한 다음 각호의 사항이 포함된 자료를 매년 3월 말일까지 제출하여 줄 것을 요청할 수 있다.
〈개정 2008.2.29., 2013.3.23., 2013.7.22.〉
1. 유통산업발전시책의 기본방향
2. 사업주체 및 내용
3. 필요한 자금과 그 조달방안

4. 사업의 시행방법
5. 그 밖에 시행계획의 수립에 필요한 사항

③ 관계 중앙행정기관의 장은 시행계획의 집행실적을 다음 연도 2월 말일까지 산업통상자원부장관에게 제출하여야 한다. 〈개정 2008.2.29., 2013.3.23., 2013.7.22.〉

제6조의2 삭제 〈2009.10.1.〉

제6조의3 삭제 〈2009.10.1.〉

제6조의4(유통산업 실태조사의 범위) ① 법 제7조의4제3항에 따른 유통산업 실태조사(이하 "실태조사"라 한다)의 범위는 다음 각 호와 같다. 〈개정 2008.2.29., 2013.3.23.〉

1. 대규모점포, 무점포판매 및 도・소매점포의 현황, 영업환경, 물품구매, 영업실태 및 사업체 특성 등에 관한 사항
2. 지역별・업태별 유통기능효율화를 위한 물류표준화・정보화 및 물류공동화에 관한 사항
3. 그 밖에 산업통상자원부장관이 유통산업발전 정책수립을 위하여 실태조사가 필요하다고 인정하는 사항

② 산업통상자원부장관은 제1항에 따른 실태조사를 다음 각 호의 구분에 따라 실시한다. 〈개정 2008.2.29., 2009.10.1., 2013.3.23.〉

1. 정기조사 : 유통산업에 관한 계획 및 정책수립과 집행에 활용하기 위하여 3년마다 실시하는 조사
2. 수시조사 : 산업통상자원부장관이 기본계획 및 시행계획 등의 효율적인 수립을 위하여 필요하다고 인정하는 경우 특정 업태 및 부문 등을 대상으로 실시하는 조사

[본조신설 2006.6.22.]

제6조의5(상권영향평가서 및 지역협력계획서의 보완요청 기간 등) ① 법 제8조제2항에서 "대통령령으로 정하는 기간"이란 30일을 말한다. 이 경우 토요일 및 공휴일은 산입하지 아니한다. 〈개정 2016.7.6.〉

② 삭제 〈2016.7.6.〉

[본조신설 2013.7.22.]

제6조의6(상권영향평가서 및 지역협력계획서 조사 전문기관) ① 법 제8조제7항에서 "대통령령으로 정하는 전문기관"이란 다음 각 호의 어느 하나에 해당하는 기관을 말한다.

1. 「상공회의소법」에 따른 대한상공회의소

2. 「정부출연연구기관 등의 설립 · 운영 및 육성에 관한 법률」 제8조에 따른 산업연구원
[본조신설 2016.7.6.]

제7조(의제되는 허가 등의 범위) 법 제9조제1항제3호에서 "식품의 제조업 · 가공업 · 판매업 또는 식품접객업의 허가 또는 신고로서 대통령령으로 정하는 것"이란 다음 각 호의 허가 또는 신고를 말한다. 〈개정 2005.7.27., 2009.8.6., 2013.4.22.〉

1. 「식품위생법 시행령」 제23조에 따른 단란주점영업 · 유흥주점영업의 허가
2. 「식품위생법 시행령」 제25조에 따른 식품제조 · 가공업, 즉석판매제조 · 가공업, 식품첨가물제조업, 식품소분 · 판매업, 휴게음식점영업, 일반음식점영업, 제과점영업의 신고

제7조의2(동의자 수 산정방법 등) ① 법 제12조제2항제2호에 따른 대규모점포 또는 준대규모점포(이하 "대규모점포등"이라 한다)에 입점하여 영업을 하는 상인(이하 "입점상인"이라 한다)의 동의자 수 산정방법은 다음 각 호와 같다.

1. 해당 대규모점포등에서 「부가가치세법」 제8조, 「소득세법」 제168조 또는 「법인세법」 제111조에 따른 사업자등록을 하고 영업을 하는 입점상인 1명당 하나의 동의권을 가진 사람으로 산정한다.
2. 제1호에도 불구하고 다음 각 목의 구분에 해당하는 경우에는 그에 따라 산정한다.
   가. 1명의 입점상인이 2 이상의 점포에서 영업을 하는 경우 하나의 동의권을 가진 사람으로 산정한다.
   나. 2명 이상의 입점상인이 하나의 점포에서 영업을 하는 경우에는 해당 입점상인 간 합의에 따라 동의권을 행사하기로 선정된 1명을 하나의 동의권을 가진 사람으로 산정한다.

② 법 제12조제2항제2호가목에 따라 전체 매장면적에 대한 동의를 얻은 입점상인 운영 매장면적의 비율을 산정할 때 입점상인이 없는 매장을 제외한 매장면적을 전체 매장면적으로 하여 그 비율을 산정한다.

③ 동의권은 다음 각 호의 어느 하나에 해당하는 방법으로 행사할 수 있다.
〈개정 2020.12.8.〉

1. 다음 각 목의 어느 하나에 해당하는 전자적 방법
   가. 「전자서명법」 제2조제2호에 따른 전자서명 또는 같은 조 제6호에 따른 인증서를 통하여 본인확인을 거쳐 동의권을 행사하는 방법
   나. 법 제12조의6에 따른 관리규정(이하 "관리규정"이라 한다)에서 「전자서명법」

제2조제1호에 따른 전자문서를 제출하는 방법 등 가목보다 본인 확인절차를 완화하여 동의권을 행사할 수 있도록 정하고 있는 경우에는 그에 따른 방법

2. 입점상인의 사업자등록번호, 기명날인 또는 서명이 있는 서면으로 행사하는 방법. 이 경우 대리인으로 하여금 행사하게 할 수 있다.

④ 법 제12조제2항에 따른 대규모점포등관리자(이하 "대규모점포등관리자"라 한다)가 되기 위하여 동의를 얻으려는 자는 입점상인의 동의를 받기 1주일 전에 대규모점포등관리자의 구성방법 및 운영계획, 동의권 행사의 기간과 방법을 입점상인에게 통지하여야 한다.

[본조신설 2018.4.24.]

제7조의3(관리비등) ① 법 제12조의3제2항에 따른 관리비의 내용은 다음 각 호와 같고, 각 비용의 세부적인 내용은 별표 3의3과 같다.

1. 일반관리비
2. 청소비
3. 경비비
4. 소독비
5. 승강기유지비
6. 냉난방비
7. 급탕비
8. 수선유지비(냉난방시설의 청소비를 포함한다)
9. 위탁관리수수료

② 법 제12조의3제3항에서 "대통령령으로 정하는 사용료 등"이란 다음 각 호의 비용을 말한다.

1. 전기료(공동으로 사용하는 시설의 전기료를 포함한다)
2. 수도료(공동으로 사용하는 수도료를 포함한다)
3. 가스사용료
4. 지역난방 방식인 대규모점포등의 냉난방비와 급탕비
5. 분뇨 처리 수수료
6. 폐기물 처리 수수료
7. 건물 전체를 대상으로 하는 보험료

③ 대규모점포등관리자는 보수가 필요한 시설[누수(漏水)되는 시설을 포함한다]이 2

개 이상 점포의 공동사용에 제공되는 경우에는 직접 보수하고 해당 입점상인이나 소유자에게 그 비용을 따로 부과할 수 있다.

④ 대규모점포등관리자는 제1항부터 제3항에 따른 금전(이하 "관리비등"이라 한다)의 지급을 입점상인에게 청구하는 경우에는 관리비등의 항목별 산출명세, 연체내용, 수입 및 집행 세부내용을 쉽게 알 수 있도록 정리하여 입점상인에게 알려주어야 한다.

⑤ 대규모점포등관리자는 관리비등을 다음 각 호의 어느 하나에 해당하는 금융기관에 예치하여 관리하여야 한다.

1. 「은행법」에 따른 은행
2. 「중소기업은행법」에 따른 중소기업은행
3. 「상호저축은행법」에 따른 상호저축은행
4. 「보험업법」에 따른 보험회사
5. 「농업협동조합법」에 따른 조합, 농업협동조합중앙회 및 농협은행
6. 「수산업협동조합법」에 따른 조합, 수산업협동조합중앙회 및 수협은행
7. 「신용협동조합법」에 따른 신용협동조합 및 신용협동조합중앙회
8. 「새마을금고법」에 따른 새마을금고 및 새마을금고중앙회
9. 「산림조합법」에 따른 조합 및 산림조합중앙회
10. 「우체국예금 · 보험에 관한 법률」에 따른 체신관서

⑥ 대규모점포등관리자는 법 제12조의3제4항에 따라 관리비등의 명세(제1항제6호 · 제7호 및 제2항제1호부터 제4호까지는 사용량을 포함한다) 및 제7항에 따른 잡수입의 명세를 관리비등을 청구한 달의 다음 달 말일까지 해당 대규모점포등의 인터넷 홈페이지(인터넷 홈페이지가 없는 경우에는 해당 대규모점포등의 관리사무소나 게시판 등을 말한다. 이하 같다)에 공개하여야 한다.

⑦ 법 제12조의3제4항제3호에서 "대통령령으로 정하는 사항"이란 잡수입(공용부분 및 복리시설의 사용료 등 대규모점포등을 관리하면서 부수적으로 발생하는 수입을 말한다)을 말한다.

[본조신설 2018.4.24.]

[종전 제7조의3은 제7조의9로 이동 〈2018.4.24.〉]

제7조의4(관리비등 집행을 위한 사업자 선정) ① 법 제12조의3제5항에서 "대통령령으로 정하는 입찰방식"이란 공개경쟁입찰 방식을 말한다.

② 법 제12조의3제5항에서 "대통령령으로 정하는 경우"란 다음 각 호의 경우를 말한다.

1. 산업통상자원부장관이 정하여 고시하는 금액 이하의 계약을 체결하는 경우
2. 긴급하게 계약을 체결할 필요성이 있는 경우
3. 그 밖에 공개경쟁입찰 방식에 따른 계약체결이 적절하지 아니하다고 판단하여 산업통상자원부장관이 정하여 고시하는 경우

[본조신설 2018.4.24.]

제7조의5(열람대상 정보의 범위) 법 제12조의4제3항 각 호 외의 부분 전단에서 "대통령령으로 정하는 정보"란 관리비등의 집행에 관한 사업계획, 예산안, 사업실적서 및 결산서를 말한다.

[본조신설 2018.4.24.]

제7조의6(대규모점포등관리자의 회계감사) ① 법 제12조의5제1항에 따라 회계감사를 받아야 하는 대규모점포등관리자는 매 회계연도 종료 후 9개월 이내에 다음 각 호의 재무제표에 대하여 회계감사를 받아야 한다.

1. 재무상태표
2. 운영성과표
3. 이익잉여금처분계산서(또는 결손금처리계산서)
4. 주석(註釋)

② 제1항에 따른 회계감사에 대해서는 「주식회사 등의 외부감사에 관한 법률」 제16조에 따른 회계감사기준을 적용한다. 〈개정 2018.10.30.〉

③ 법 제12조의5제1항 본문에 따른 감사인은 제1항에 따라 대규모점포등관리자가 회계감사를 받은 날부터 1개월 이내에 대규모점포등관리자에게 감사보고서를 제출하여야 한다.

[본조신설 2018.4.24.]

제7조의7(관리규정의 제정ㆍ개정 방법) ① 법 제12조의6제1항에 따른 관리규정을 제정하려는 대규모점포등관리자는 법 제12조제3항에 따른 신고를 한 날부터 3개월 이내에 법 제12조의6제4항에 따른 표준관리규정(이하 "표준관리규정"이라 한다)을 참조하여 관리규정을 제정하여야 한다.

② 대규모점포등관리자는 관리규정을 개정하려는 경우 제안내용에 다음 각 호의 사항을 적어 입점상인의 3분의 2 이상의 동의를 얻어야 한다.

1. 개정안

2. 개정 목적
3. 현행의 관리규정과 달라진 내용
4. 표준관리규정과 다른 내용

③ 대규모점포등관리자는 관리규정을 제정하거나 개정하려는 경우 해당 대규모점포등 인터넷 홈페이지에 제안내용을 공고하고 입점상인들에게 개별적으로 통지하여야 한다.

④ 대규모점포등관리자가 관리규정을 제정하거나 개정하려는 경우 입점상인의 동의자 수 산정방법 및 동의권 행사방법에 관하여는 제7조의2제1항부터 제3항까지의 규정을 준용한다.

[본조신설 2018.4.24.]

제7조의8(표준관리규정) 표준관리규정에는 다음 각 호의 사항이 포함되어야 한다.

1. 입점상인의 권리와 의무에 관한 사항
2. 관리규정의 제정 · 개정 · 폐지에 관한 사항
3. 입점상인 공동의 이익과 관련된 점포의 사용에 관한 사항
4. 대규모점포등의 내지, 공용부분 및 부속시설의 사용 및 보존 · 관리에 관한 사항
5. 대규모점포등의 유지 · 관리를 위하여 대규모점포등관리자가 체결하는 계약에 관한 사항
6. 대규모점포등관리자의 운영경비의 용도 및 사용금액
7. 관리비등의 점포별 부담액 산정방법, 징수, 보관, 예치 및 사용절차
8. 회계장부나 증빙서류 등의 복사 및 열람방법
9. 관리비등을 납부하지 아니하는 입점상인에 대한 조치 및 가산금의 부과
10. 회계처리 및 회계감사에 관한 사항
11. 관리 등으로 인하여 발생한 수입의 용도 및 사용절차
12. 대규모점포등의 관리책임 및 비용부담
13. 관리규정을 위반한 자와 상거래질서를 문란하게 한 자에 대한 조치
14. 그 밖에 대규모점포등의 관리에 필요한 사항

[본조신설 2018.4.24.]

제7조의9(중소유통공동도매물류센터 건립지원의 대상) 법 제17조의2제1항 각 호 외의 부분에서 "대통령령으로 정하는 소매업자 50인 또는 도매업자 10인 이상의 자"란 「중소기업기본법 시행령」 별표 1에 따른 도매 및 소매업 중 산업통상자원부령으로 정하

는 업을 하는 소매업자 50인 또는 도매업자 10인 이상의 자를 말한다.
〈개정 2013.3.23., 2013.4.22.〉
[전문개정 2009.10.1.]
[제7조의3에서 이동 〈2018.4.24.〉]

제8조(공개가능한 유통정보의 범위) 법 제22조제2항 단서에서 "대통령령으로 정하는 것"이란 다음 각 호의 어느 하나에 해당하는 정보를 말한다. 〈개정 2009.10.1., 2013.4.22.〉
1. 관계행정기관의 장, 특별시장・광역시장・도지사 또는 특별자치도지사가 행정목적상 필요에 의하여 신청하는 정보
2. 수사기관이 수사목적상 필요에 의하여 신청하는 정보
3. 법원이 제출을 명하는 정보

제9조(유통표준전자문서의 보관기간) 법 제22조제3항에서 "대통령령으로 정하는 기간"이란 3년을 말한다. 〈개정 2013.4.22.〉

제9조의2(유통인력 양성을 위한 법인) 법 제23조제3항제3호에서 "대통령령으로 정하는 시설・인력 및 연수실적의 기준에 적합한 법인"이란 별표 2의2의 유통연수기관의 지정기준을 갖춘 법인을 말한다. 〈개정 2013.4.22.〉
[본조신설 2006.6.22.]

제10조(유통관리사자격시험의 실시 등) ① 산업통상자원부장관은 법 제24조제2항에 따른 유통관리사자격시험(이하 "시험"이라 한다)을 실시할 때에는 시험일 90일 전까지 시험일시・시험과목・시험장소・응시자격・합격기준 그 밖에 시험의 실시를 위하여 필요한 사항을 일간신문, 인터넷 홈페이지, 방송이나 그 밖의 효과적인 방법으로 공고해야 한다. 〈개정 2008.2.29., 2012.5.1., 2013.3.23., 2013.7.22., 2020.11.24.〉
② 유통관리사는 1급・2급 및 3급으로 구분한다.
③ 유통관리사의 등급별 구분기준 및 시험과목은 별표 3과 같다.
④ 시험은 필기시험 및 면접시험의 방법에 의하여 실시한다.
⑤ 1급 시험의 응시자격이 있는 자는 다음 각 호의 어느 하나에 해당하는 자이어야 한다. 〈개정 2007.9.10., 2009.11.20., 2013.7.22., 2021.4.6.〉
1. 유통분야에서 7년 이상의 실무경력이 있는 자
2. 유통관리사 2급 자격을 취득한 후 5년 이상의 실무경력이 있는 자
3. 「경영지도사 및 기술지도사에 관한 법률」 제3조에 따른 경영지도사 자격을 취득한

자로서 실무경력이 3년 이상인 자

제11조(유통관리사자격시험의 합격기준 등) ① 필기시험의 합격기준은 1과목당 100점을 만점으로 하여 각 과목별성적이 40점 이상, 전과목 평균성적이 60점 이상으로 하며, 면접시험의 합격기준은 100점을 만점으로 하여 60점 이상으로 한다.

② 산업통상자원부장관은 법 제23조제2항에 따른 유통연수기관이 실시하는 연수과정을 수료하거나 정해진 실무경력을 가진 자가 응시하는 경우에는 10점 이내의 범위에서 산업통상자원부령으로 정하는 기준에 따라 평균성적에 가산한다. 〈개정 2008.2.29., 2013.3.23., 2013.7.22., 2021.1.5.〉

③ 법 제24조제6항에 따른 자격정지처분의 기준은 별표 3의2와 같다. 〈개정 2016.7.6.〉

제12조(합격자의 공고 등) ① 산업통상자원부장관은 시험실시후 40일 이내에 합격자의 명단을 정보통신망에 공고하여야 한다. 〈개정 2008.2.29., 2013.3.23.〉

② 산업통상자원부장관은 합격자에 대하여 산업통상자원부령으로 정하는 바에 따라 유통관리사의 자격증을 발급하여야 한다. 〈개정 2008.2.29., 2013.3.23., 2013.7.22.〉

제13조 삭제 〈2016.7.6.〉

제14조(협의기간) 법 제30조제2항 후단에서 "대통령령으로 정하는 기간"이란 30일을 말한다. 〈개정 2013.4.22.〉

제15조(공동집배송센터의 지정취소사유) 법 제33조제2항제4호에서 "대통령령으로 정하는 사유로 정상적인 사업추진이 곤란하다고 인정되는 경우"란 다음 각 호의 경우를 말한다. 〈개정 2013.4.22.〉

1. 공동집배송센터사업자가 파산한 경우
2. 공동집배송센터사업자인 법인, 조합 등이 해산된 경우
3. 공동집배송센터의 시공후 공사가 6월 이상 중단된 경우
4. 공동집배송센터의 지정을 받은 날부터 5년 이내에 준공되지 아니한 경우

제15조의2(국 · 공유재산의 매각) 법 제35조의2제1항 전단에서 "대통령령으로 정하는 경우"란 대규모점포를 개설하거나 중소유통공동도매물류센터를 건립하려는 예정부지에 있는 「국유재산법」 또는 「공유재산 및 물품관리법」에 따른 일반재산을 매각하려는 경우를 말한다. 〈개정 2009.7.27., 2013.4.22.〉

[본조신설 2006.6.22.]

제15조의3(도로개설의 위탁시행) 법 제35조의2제2항에 따라 대규모점포를 개설하려는 자 또는 중소유통공동도매물류센터를 건립하려는 자가 도로의 개설을 위탁하여 시행하려는 경우에는 국가 또는 지방자치단체와 다음 각 호의 사항에 관한 위탁계약을 체결하여야 한다.

1. 위탁사업의 사업지
2. 위탁사업의 규모·금액 그 밖에 공사설계의 기준이 되는 사항
3. 위탁사업의 시행기간(착공 및 준공예정일과 공정계획을 포함한다)
4. 위탁사업에 필요한 비용의 지급방법과 그 자금의 관리에 관한 사항
5. 위탁자가 부동산·기자재 또는 노무자를 제공하는 경우에는 그 관리에 관한 사항
6. 위험부담에 관한 사항
7. 그 밖에 위탁사업의 내용을 명백히 하는 데 필요한 사항

[본조신설 2006.6.22.]

제15조의4(분쟁의 범위) 법 제36조제6항에 따른 생활환경은 다음 각 호의 어느 하나로 한다. 〈개정 2010.12.31., 2018.4.24.〉

1. 대규모점포등의 개설로 인한 인근지역의 교통 혼잡
2. 대규모점포등의 개설로 인한 인근지역의 소음, 진동 및 악취
3. 대규모점포등의 개설로 인한 인근지역의 대기오염, 토양오염, 수질오염 및 해양오염
4. 그 밖에 대규모점포등의 개설로 인하여 발생하는 인근지역 주민의 생활 불편

[본조신설 2009.10.1.]

제16조(유통분쟁조정절차) ① 법 제36조에 따른 유통분쟁조정위원회(이하 "유통분쟁조정위원회"라 한다)는 유통분쟁조정신청을 받은 경우 신청일부터 3일 이내에 신청인외의 관련 당사자에게 분쟁의 조정신청에 관한 사실과 그 내용을 통보하여야 한다. 〈개정 2006.6.22.〉

② 유통분쟁조정위원회는 법 제39조에 따른 조정이 성립되거나 법 제40조에 따른 조정의 거부 또는 중지가 있는 경우에는 그 내용을 지체없이 당사자 및 시장(「제주특별자치도 설치 및 국제자유도시 조성을 위한 특별법」 제11조에 따른 행정시장을 포함한다)·군수 또는 구청장(자치구의 구청장을 말한다)에게 통보하여야 한다. 〈개정 2009.10.1., 2013.7.22., 2016.1.22.〉

제16조의2(분쟁의 조정신청) 법 제37조에 따라 대규모점포등과 관련된 분쟁의 조정을

신청하려는 자는 다음 각 호의 사항을 기재한 신청서를 특별자치시 · 시 · 군 · 구의 유통분쟁조정위원회에 제출하여야 한다. 〈개정 2010.12.31., 2013.4.22.〉

1. 신청인의 성명(법인인 경우에는 그 명칭과 대표자의 성명) · 주소 및 연락처
2. 상대방의 성명(법인인 경우에는 그 명칭과 대표자의 성명) · 주소 및 연락처
3. 분쟁의 발단 및 경위
4. 상대방의 영업활동으로 인한 피해 또는 생활환경에 대한 피해
5. 조정을 요청하는 사항
6. 그 밖에 조정이 필요한 사항

[본조신설 2006.6.22.]

제16조의3(조정신청의 통합) 유통분쟁조정위원회는 동일한 시기에 동일한 사안에 대하여 다수의 분쟁조정이 신청된 경우에는 그 다수의 분쟁조정신청을 통합하여 조정할 수 있다.

[본조신설 2006.6.22.]

제17조(유통분쟁조정비용의 분담) 법 제37조에 따른 유통분쟁의 조정을 위한 연구용역이 필요한 경우로서 당사자가 그 용역의뢰에 합의한 경우 그에 필요한 비용은 당사자가 같은 비율로 부담한다. 다만, 당사자간 비용분담에 대하여 다른 약정이 있는 경우에는 그 약정에 따른다. 〈개정 2013.7.22.〉

제18조(업무의 위탁) 법 제46조제4항에 따라 산업통상자원부장관은 법 제24조에 따른 유통관리사의 자격시험 실시에 관한 업무 및 제12조제2항에 따른 자격증교부에 관한 업무를 대한상공회의소에 위탁한다. 〈개정 2017.7.26.〉

[전문개정 2016.7.6.]

제18조의2(고유식별정보의 처리) 특별자치시장 · 시장 · 군수 · 구청장(해당 권한이 위임 · 위탁된 경우에는 그 권한을 위임 · 위탁받은 자를 포함한다)은 법 제8조에 따른 대규모점포등의 개설등록 또는 변경등록에 관한 사무를 수행하기 위하여 불가피한 경우 「개인정보 보호법 시행령」 제19조제1호에 따른 주민등록번호가 포함된 자료를 처리할 수 있다.

[본조신설 2017.3.27.]

[종전 제18조의2는 제18조의3으로 이동 〈2017.3.27.〉]

제18조의3(규제의 재검토) 산업통상자원부장관은 제9조에 따른 유통표준전자문서의 보

과기간에 대해 2019년 1월 1일을 기준으로 5년마다(매 5년이 되는 해의 1월 1일 전까지를 말한다) 그 타당성을 검토하여 개선 등의 조치를 해야 한다.
[전문개정 2018.12.24.]

제19조(과태료의 부과기준) 법 제52조에 따른 과태료의 부과기준은 별표 4와 같다.
[전문개정 2009.10.1.]

부칙 〈제31611호, 2021.4.6.〉 (경영지도사 및 기술지도사에 관한 법률 시행령)

제1조(시행일) 이 영은 2021년 4월 8일부터 시행한다.

제2조 부터 제4조까지 생략

제5조(다른 법령의 개정) ①부터 ⑦까지 생략
⑧ 유통산업발전법 시행령 일부를 다음과 같이 개정한다.

제10조제5항제3호 중 "「중소기업진흥에 관한 법률」 제46조제1항"을 "「경영지도사 및 기술지도사에 관한 법률」 제3조"로 한다.
⑨부터 ⑭까지 생략

제6조 생략

유통산업발전법 시행규칙

[시행 2019.12.28.] [산업통상자원부령 제348호, 2019.9.27., 일부개정]

제1조(목적) 이 규칙은 「유통산업발전법」 및 동법 시행령에서 위임된 사항과 그 시행에 관하여 필요한 사항을 규정함을 목적으로 한다. 〈개정 2006.2.23.〉

제2조(무점포판매의 유형) 「유통산업발전법」(이하 "법"이라 한다) 제2조제9호에서 "산업통상자원부령으로 정하는 것"이라 함은 다음 각 호의 어느 하나에 해당하는 것을 말한다. 〈개정 2006.2.23., 2008.3.3., 2009.10.14., 2013.3.23., 2013.4.23.〉

1. 방문판매 및 가정내 진열판매
2. 다단계판매
3. 전화권유판매
4. 카탈로그판매
5. 텔레비전홈쇼핑

5의2. 인터넷 멀티미디어 방송(IPTV)을 통한 상거래

6. 인터넷쇼핑몰 또는 사이버몰 등 전자상거래

6의2. 온라인 오픈마켓 등 전자상거래중개

7. 이동통신기기를 이용한 판매
8. 자동판매기를 통한 판매

제3조(유통표준코드) 법 제2조제10호에서 "산업통상자원부령으로 정하는 것"이라 함은 「산업표준화법」 제5조에 따라 산업통상자원부장관이 산업표준심의회의 심의를 거쳐 제정한 유통표준코드 중 다음 각 호의 것을 말한다. 〈개정 2006.2.23., 2006.6.30., 2008.3.3., 2008.6.3., 2013.3.23., 2013.4.23.〉

1. 공통상품코드용 바코드심벌(KS X 6703)
2. 유통상품코드용 바코드심벌(KS X 6704)
3. 물류정보시스템용 응용식별자와 UCC/EAN-128바코드심벌(KS X 6705)

제4조(유통표준전자문서) 법 제2조제11호에서 "산업통상자원부령으로 정하는 것"이라 함은 산업통상자원부장관이 「전자문서 및 전자거래 기본법」 제22조제1항에 따른 정보통신산업진흥원과 협의를 거쳐 유통표준문서로 정하여 고시한 전자문서를 말한다.

〈개정 2006.2.23., 2008.3.3., 2012.8.31., 2013.3.23., 2013.4.23., 2013.7.22.〉

제4조의2(유통업상생발전협의회의 구성) ① 법 제7조의5에 따른 유통업상생발전협의회(이하 "협의회"라 한다)는 성별 및 분야별 대표성 등을 고려하여 회장 1명을 포함한 11명 이내의 위원으로 구성한다. 〈개정 2013.7.22., 2019.9.27.〉

② 회장은 부시장(특별자치시의 경우 행정부시장을 말한다)·부군수·부구청장이 되고, 위원은 특별자치시장·시장(「제주특별자치도 설치 및 국제자유도시 조성을 위한 특별법」 제11조에 따른 행정시장을 포함한다. 이하 같다)·군수·구청장(자치구의 구청장을 말한다. 이하 같다)이 임명하거나 위촉하는 다음 각 호의 자가 된다.
〈개정 2019.9.27.〉

1. 해당 지역에 대규모점포 등을 개설하였거나 개설하려는 대형유통기업의 대표 3명
2. 해당 지역의 전통시장, 슈퍼마켓, 상가 등 중소유통기업의 대표 3명
3. 다음 각 목의 어느 하나에 해당하는 자
   가. 해당 지역의 소비자단체의 대표 또는 주민단체의 대표
   나. 해당 지역의 유통산업분야에 관한 학식과 경험이 풍부한 자
   다. 그 밖에 대·중소유통 협력업체·납품업체·농어업인 등 이해관계자
4. 해당 특별자치시·시·군·구의 유통업무를 담당하는 과장급 공무원

③ 위원의 임기는 2년으로 한다.

④ 특별자치시장·시장·군수·구청장은 제2항제1호·제2호 및 제3호의 위원이 다음 각 호의 어느 하나에 해당하는 경우에는 해당 위원을 해촉(解囑)할 수 있다.
〈개정 2019.9.27.〉

1. 금고 이상의 형을 선고받은 경우
2. 직무와 관련된 비위사실이 있는 경우
3. 위원이 6개월 이상 장기 출타 또는 심신장애로 인하여 직무를 수행하기 어려운 경우
4. 직무태만, 품위 손상 또는 그 밖의 사유로 인하여 위원으로 적합하지 아니하다고 인정되는 경우

⑤ 제1항부터 제4항까지에서 규정한 사항 외에 협의회의 구성 등에 필요한 사항은 협의회의 의결을 거쳐 회장이 정한다. 〈신설 2019.9.27.〉

[본조신설 2013.4.23.]

제4조의3(협의회의 운영 등) ① 협의회의 회의는 재적위원 3분의 2 이상의 출석으로 개의하고, 출석위원 3분의 2 이상의 찬성으로 의결한다.

② 회장은 회의를 소집하려는 경우에는 회의 개최일 5일 전까지 회의의 날짜 · 시간 · 장소 및 심의 안건을 각 위원에게 통지하여야 한다. 다만, 긴급한 경우나 부득이한 사유가 있는 경우에는 그러하지 아니하다.

③ 협의회의 사무를 처리하기 위하여 간사 1명을 두되, 간사는 유통업무를 담당하는 공무원으로 한다.

④ 협의회는 분기별로 1회 이상 개최하는 것을 원칙으로 하되, 회장은 필요에 따라 그 개최 주기를 달리할 수 있다.

⑤ 협의회는 대형유통기업과 지역중소유통기업의 균형발전을 촉진하기 위하여 다음 각 호의 사항에 대해 특별자치시장 · 시장 · 군수 · 구청장에게 의견을 제시할 수 있다. 〈개정 2019.9.27.〉

1. 대형유통기업과 지역중소유통기업 간의 상생협력촉진을 위한 지역별 시책의 수립에 관한 사항

1의2. 법 제8조제7항에 따른 상권영향평가서 및 지역협력계획서 검토에 관한 사항

2. 법 제12조의2에 따른 대규모점포등에 대한 영업시간의 제한 등에 관한 사항

3. 법 제13조의3에 따른 전통상업보존구역의 지정 등에 관한 사항

4. 그 밖에 대 · 중소유통기업 간의 상생협력촉진, 공동조사연구, 지역유통산업발전, 전통시장 또는 전통상점가 보존을 위한 협력 및 지원에 관한 사항

⑥ 제1항부터 제5항까지에서 규정한 사항 외에 협의회의 운영 등에 필요한 사항은 협의회의 의결을 거쳐 회장이 정한다.

[본조신설 2013.4.23.]

제5조(대규모점포등의 개설등록 등) ① 법 제8조에 따라 대규모점포 및 준대규모점포(이하 "대규모점포등"이라 한다)의 개설등록을 하려는 자는 별지 제1호서식의 대규모점포등개설등록신청서에 다음 각 호의 서류를 첨부하여 특별자치시장 · 시장 · 군수 또는 구청장에게 제출하여야 한다. 〈개정 2006.2.23., 2006.6.30., 2009.10.14., 2011.1.18., 2012.10.5., 2013.4.23., 2013.7.22., 2019.9.27.〉

1. 다음 각 목의 사항이 포함된 사업계획서

   가. 사업의 개요(개설자 · 사업추진일정 및 영업개시예정일 등에 관한 사항을 포함한다)

   나. 건축물의 위치도 및 구조

다. 사업의 규모(대지면적 · 건축물면적 · 매장면적 · 점포수 및 종사자수 등에 관한 사항을 포함한다)

라. 시설의 명세 및 점포의 배치도(분양 · 직영 및 임대계획에 관한 사항을 포함한다)

마. 업종의 구성

바. 운영 · 관리계획(기구 및 인력에 관한 사항을 포함한다)

사. 재무구조

2. 다음 각 목의 사항이 포함된 상권영향평가서

가. 요약문

나. 사업의 개요

다. 상권영향분석의 범위

라. 상권의 특성

마. 기존 사업자 현황 분석

바. 상권영향기술서

사. 삭제 〈2019.9.27〉

3. 지역협력계획서(지역 상권 및 경제를 활성화하거나 전통시장 및 중소상인과 상생협력을 강화하는 등의 지역협력을 위한 사업계획서를 말한다)

4. 대지 또는 건축물의 소유권 또는 그 사용에 관한 권리를 증명하는 서류(토지 등기사항증명서 및 건물 등기사항증명서 외의 서류를 말한다)

5. 삭제 〈2019.9.27.〉

② 제1항제2호의 상권영향평가서의 작성 기준 및 방법은 별표 1과 같다. 〈신설 2013.7.22.〉

③ 제1항제3호의 지역협력계획서를 작성할 때에는 다음 각 호의 어느 하나에 해당하는 사업계획은 배제하여야 한다. 〈신설 2013.7.22.〉

1. 불공정 경쟁이나 부정 거래를 유발할 수 있는 사업

2. 소비자후생을 현저히 감소시키는 사업

3. 지역 사업자에게 과도한 경제적 부담을 주거나 자유로운 영업활동을 방해하는 사업

④ 법 제8조제1항 후단에 따라 변경등록을 하여야 하는 사항은 다음 각 호의 어느 하나의 사항을 말한다. 〈개정 2006.2.23., 2006.6.30., 2011.1.18., 2013.7.22., 2014.8.13., 2019.9.27.〉

1. 법인의 명칭, 개인 또는 법인 대표자의 성명, 개인 또는 법인의 주소

2. 개설등록(매장면적을 변경등록한 경우에는 변경등록) 당시 매장면적의 10분의 1 이상의 변경
3. 업태 변경(대규모점포만 해당한다)
4. 점포의 소재지 · 상호

⑤ 법 제8조에 따라 대규모점포등의 개설등록을 한 자(이하 "대규모점포등개설자"라 한다) 또는 제6조제1항에 따른 대규모점포등관리자가 같은 법 제8조제1항 후단에 따라 변경등록을 하려는 경우에는 별지 제1호서식의 대규모점포등개설변경등록신청서에 변경내용을 증명하는 서류 및 대규모점포등개설등록증을 첨부하여 특별자치시장 · 시장 · 군수 또는 구청장에게 제출하되, 다음 각 호의 어느 하나에 해당하는 변경등록의 경우에는 제1항제2호 및 제3호의 상권영향평가서와 지역협력계획서를 함께 첨부하여야 한다. 〈개정 2006.6.30., 2011.1.18., 2013.4.23., 2013.7.22., 2014.8.13., 2019.9.27.〉

1. 점포의 소재지 변경
2. 매장면적이 개설등록(매장면적을 변경등록한 경우에는 변경등록) 당시의 매장면적보다 10분의 1 이상 증가하는 변경
3. 업태 변경(대규모점포만 해당한다)

⑥ 특별자치시장 · 시장 · 군수 또는 구청장은 대규모점포등이 개설등록 또는 개설변경등록을 한 때에는 그 신청인에게 별지 제2호서식의 대규모점포등개설등록증(대규모점포등의 개설변경등록을 한 때에는 뒤쪽에 그 사실을 기재한 대규모점포등개설등록증)을 교부하여야 하며, 별지 제3호서식의 대규모점포등개설(변경)등록관리대장을 갖추어 두고 개설(변경)등록에 관한 사항을 기록 · 관리하되, 대규모점포 안에 위치하는 준대규모점포의 개설등록을 하거나 개설변경등록을 하는 경우에는 해당 대규모점포의 대규모점포등개설(변경)등록관리대장에도 그 사실을 덧붙여 적어야 한다.
〈개정 2011.1.18., 2013.4.23., 2013.7.22., 2019.9.27.〉

⑦ 제1항에 따른 대규모점포등개설등록신청서를 제출받은 특별자치시장 · 시장 · 군수 또는 구청장은 「전자정부법」 제36조제1항에 따른 행정정보의 공동이용을 통하여 다음 각 호의 서류를 확인하여야 한다. 다만, 제2호의 경우 신청인이 확인에 동의하지 않는 경우에는 이를 첨부하도록 하여야 한다. 〈신설 2006.6.30., 2009.10.14., 2011.1.18., 2011.10.19., 2012.10.5., 2013.4.23., 2013.7.22., 2019.9.27.〉

1. 법인 등기사항증명서(신청인이 법인인 경우만 해당한다)
2. 주민등록표 초본(신청인이 개인인 경우만 해당하며, 신청인의 신분을 확인할 수 있

는 신분증명서의 확인으로 이에 갈음할 수 있다)

3. 토지 등기사항증명서

4. 건물 등기사항증명서

5. 건축물의 건축 또는 용도변경 등에 관한 허가서 또는 신고필증

⑧ 법 제8조제5항에서 "산업통상자원부령으로 정하는 거리"란 다음 각 호의 어느 하나에 해당하는 거리를 말한다. 〈신설 2016.7.27.〉

1. 대규모점포의 경우 점포의 경계로부터 반경 3킬로미터

2. 매장면적 330제곱미터 이상인 준대규모점포의 경우 점포의 경계로부터 반경 500미터

3. 매장면적 330제곱미터 미만인 준대규모점포의 경우 점포의 경계로부터 반경 300미터

[제목개정 2011.1.18.]

제5조의2(대규모점포등의 개설계획 예고) ① 대규모점포등을 개설하려는 자는 법 제8조의3에 따라 개설계획을 예고하기 위하여 해당 지역을 관할하는 특별자치시장·시장·군수 또는 구청장에게 다음 각 호의 사항이 포함된 개설계획을 해당 지방자치단체의 인터넷 홈페이지에 게재하여 줄 것을 신청하여야 한다. 〈개정 2019.9.27.〉

1. 개설자(법인인 경우에는 그 명칭과 대표자 성명)

2. 개설지역(주소)

3. 영업개시예정일

4. 대규모점포등의 종류

5. 매장면적(㎡)

② 대규모점포등을 개설하려는 자는 개설계획을 예고한 후 영업을 개시하기 전에 제1항 각 호의 어느 하나가 변경된 경우에는 지체 없이 해당 특별자치시장·시장·군수 또는 구청장에게 변경된 개설계획을 게재해 줄 것을 신청해야 한다. 〈신설 2019.9.27.〉

③ 제1항 및 제2항에 따라 신청을 받은 특별자치시장·시장·군수 또는 구청장은 신청일로부터 5일 이내에 해당 지방자치단체의 인터넷 홈페이지에 대규모점포등의 개설계획 또는 변경된 개설계획을 게재해야 한다. 〈개정 2019.9.27.〉

[본조신설 2013.4.23.]

제6조(대규모점포등관리자의 신고) ① 법 제12조제2항에 따라 대규모점포등개설자의 업무를 수행하는 자(이하 "대규모점포등관리자"라 한다)는 법 제12조제3항 전단에 따라 업무를 수행하게 된 날부터 20일 이내에 별지 제4호서식의 대규모점포등관리자신고서에 다음 각호의 서류를 첨부하여 특별자치시장·시장·군수 또는 구청장에게 신

고하여야 한다. 〈개정 2011.1.18., 2013.4.23., 2018.5.1.〉

1. 법 제12조제2항 각호의 1에 해당함을 증명하는 서류
2. 입점상인의 현황
3. 정관 또는 자치규약

② 「유통산업발전법 시행령」(이하 "영"이라 한다) 제7조의2제3항제2호에 따른 서면동의서는 별지 제4호의2서식과 같다. 〈신설 2018.5.1.〉

③ 제1항에 따라 신고를 한 대규모점포등관리자는 그 명칭, 성명(개인 또는 대표자의 성명을 말한다) 또는 주소가 변경된 경우 법 제12조제3항 후단에 따라 특별자치시장 · 시장 · 군수 또는 구청장에게 변경신고를 해야 한다. 〈신설 2006.6.30., 2011.1.18., 2018.5.1., 2019.9.27.〉

1. 삭제 〈2019.9.27.〉
2. 삭제 〈2019.9.27.〉
3. 삭제 〈2019.9.27.〉

④ 법 제12조제3항 후단에 따라 변경신고를 하려는 자는 별지 제4호서식의 대규모점포등관리자변경신고서에 변경내용을 증명하는 서류를 첨부하여 특별자치시장 · 시장 · 군수 또는 구청장에게 제출하여야 한다. 〈신설 2006.6.30., 2011.1.18., 2013.4.23., 2018.5.1.〉

⑤ 특별자치시장 · 시장 · 군수 또는 구청장은 제1항 또는 제4항에 따라 대규모점포등관리자의 신고 또는 변경신고를 받은 때에는 별지 제5호서식의 대규모점포등관리자확인서를 신고인에게 교부하여야 한다. 〈개정 2006.6.30., 2011.1.18., 2013.4.23., 2018.5.1.〉

[제목개정 2011.1.18.]

제6조의2(대규모점포등의 휴업 등의 신고 등) ① 법 제8조에 따라 대규모점포등의 개설등록을 한 자 또는 대규모점포등관리자가 대규모점포등의 영업을 휴업하거나 폐업하려는 때에는 법 제13조의2에 따라 별지 제5호의2서식의 대규모점포등휴업 · 폐업신고서를 특별자치시장 · 시장 · 군수 또는 구청장에게 제출하여야 한다. 〈개정 2011.1.18., 2013.4.23.〉

② 특별자치시장 · 시장 · 군수 또는 구청장은 제1항에 따른 신고사항을 별지 제3호서식의 대규모점포등개설(변경)등록관리대장에 기록 · 관리하되, 대규모점포 안에 위치하는 준대규모점포의 영업을 휴업하거나 폐업하려는 신고가 있는 경우에는 해당 대규모점포의 대규모점포등개설(변경)등록관리대장에도 그 사실을 덧붙여 적어야 한다. 〈개정 2011.1.18., 2013.4.23., 2019.9.27.〉

[본조신설 2006.6.30.]
[제목개정 2011.1.18.]

제7조 삭제 〈2016.7.27.〉

제7조의2(중소유통공동도매물류센터의 건립지원의 대상 업종) 영 제7조의9에서 "산업통상자원부령으로 정하는 업"이란 「통계법」 제22조에 따라 통계청장이 고시하는 한국표준산업분류 46(도매 및 상품중개업)에 해당하는 업과 471(종합소매업)에 해당하는 업을 말한다. 〈개정 2013.3.23., 2013.4.23., 2018.5.1.〉
[전문개정 2009.10.14.]

제8조(전문상가단지 지원요건 등) ① 법 제20조제1항제1호에서 "산업통상자원부령으로 정하는 기준에 해당하는 자"라 함은 다음 각호의 요건을 갖춘 자를 말한다. 〈개정 2008.3.3., 2013.3.23., 2013.4.23.〉
1. 5천제곱미터 이상의 부지를 확보하고 있을 것
2. 단지내에 입주하는 조합원이 50인 이상일 것
② 법 제20조제1항제2호에서 "산업통상자원부령으로 정하는 금액"이라 함은 100억원을 말한다. 〈개정 2008.3.3., 2013.3.23., 2013.4.23.〉
③ 법 제20조제2항에 따라 전문상가단지건립에 소요되는 자금의 지원을 받고자 하는 자는 신청서에 다음 각호의 서류를 첨부하여 산업통상자원부장관 · 관계중앙행정기관의 장 또는 지방자치단체의 장에게 제출하여야 한다. 〈개정 2008.3.3., 2013.3.23., 2013.7.22.〉
1. 법 제20조제1항 각호의 1에 해당함을 증명하는 설립인가증 사본
2. 부지확보를 증명하는 서류
3. 자금조달계획서
4. 상가단지건립 조감도
5. 당해 부지에 유통상업시설의 건축이 가능함을 증명하는 서류
6. 상가단지건립계획을 승인한 법 제20조제1항제1호에 따른 협동조합 · 사업조합 · 협동조합연합회 또는 협동조합중앙회의 총회 또는 이사회 의사록 사본
7. 법 제20조제1항제2호에 따른 신탁회사의 경우 신탁계약서 사본

제9조(유통정보화시책) 법 제21조제1항제9호에서 "그 밖에 유통정보화를 촉진하기 위하여 필요하다고 인정되는 사항"이라 함은 다음 각 호의 사항을 말한다. 〈개정 2006.6.30., 2013.4.23.〉
1. 상품의 전자적 거래를 위한 전자장터 등의 시스템의 구축

2. 다수의 유통물류기업간 기업정보시스템의 연동을 위한 시스템의 구축

제10조(유통연수기관의 지정 절차) ① 법 제23조제4항에 따라 유통연수기관으로 지정을 받으려는 자는 별지 제5호의3서식의 유통연수기관지정신청서에 다음 각 호의 서류를 갖추어 산업통상자원부장관에게 제출하여야 한다. 이 경우 산업통상자원부장관은 「전자정부법」 제36조제1항에 따른 행정정보의 공동이용을 통하여 연수기관을 개설하려는 대지 또는 건축물의 토지 등기사항증명서 또는 건물 등기사항증명서, 법인 등기사항증명서 및 주민등록표 초본(신청인이 개인인 경우로 한정한다)을 확인하여야 하며, 신청인이 주민등록표 초본의 확인에 동의하지 아니한 경우에는 이를 첨부하도록 해야 한다. 〈개정 2008.3.3., 2009.10.14., 2011.10.19., 2012.10.5., 2013.3.23., 2019.9.27.〉

1. 연수기관 운영계획서
2. 연수기관을 개설하려는 대지 또는 건축물이 연수기관을 개설하려는 자의 소유가 아닌 경우에는 대지 또는 건축물의 사용권한(지정신청일을 기준으로 2년 이상을 사용할 수 있어야 한다)을 증명하는 서류
3. 영 별표 2의2 유통연수기관의 지정기준 중 시설기준을 갖추었음을 증명하는 서류
4. 강사의 명단 및 자격을 증명하는 서류
5. 유통업무의 연수실적
6. 정관 또는 연수기관의 내규

② 산업통상자원부장관은 제1항에 따라 유통연수기관으로 지정을 신청한 자가 영 별표 2의2에 따른 지정기준에 적합하다고 인정되는 경우에는 유통연수기관으로 지정하고, 별지 제5호의4서식의 유통연수기관지정서를 신청자에게 교부하여야 한다.
〈개정 2008.3.3., 2013.3.23.〉
[전문개정 2006.6.30.]

제10조의2(유통연수기관의 해산 또는 폐지신고) 법 제23조제6항에 따라 지정유통연수기관이 해산되거나 유통연수업무를 폐지한 경우에는 그 기관의 장은 해산 또는 폐지된 날부터 1월 이내에 그 사실을 산업통상자원부장관에게 통보하여야 하며, 유통연수기관지정서를 반납하여야 한다. 〈개정 2008.3.3., 2013.3.23., 2013.7.22.〉
[본조신설 2006.6.30.]

제11조(유통관리사시험의 점수가산) 영 제11조제2항에서 "산업통상자원부령이 정하는 기준"이란 다음 각 호의 기준을 말한다. 〈개정 2006.2.23., 2008.3.3., 2009.10.14., 2013.3.23., 2013.7.22.〉

1. 유통산업분야에서 2년 이상 근무한 자로서 제10조에 따른 유통연수기관(이하 "유통연수기관"이라 한다)이 실시하는 유통연수과정을 30시간 이상 수료한 후 2년 이내에 3급시험에 응시하는 경우에는 10점 가산
2. 유통산업분야에서 3년 이상 근무한 자로서 유통연수기관이 실시하는 유통연수과정을 40시간 이상 수료한 후 2년 이내에 2급시험에 응시하는 경우에는 10점 가산
3. 유통산업분야에서 10년 이상 근무하거나 유통관리사 2급자격을 취득하고 유통산업분야에서 5년 이상 근무한 자가 1급시험에 응시하는 경우에는 5점 가산

제12조(유통관리사자격증의 발급 등) ① 대한상공회의소 회장은 영 제12조제2항에 따라 유통관리사시험에 합격한 자에게 별지 제6호서식의 유통관리사자격증을 발급하여야 한다. 〈개정 2013.7.22.〉

② 대한상공회의소 회장은 유통관리사자격시험의 합격자 명단 및 유통관리사자격증의 발급에 관한 사항을 별지 제7호서식의 유통관리사관리대장에 기록・관리하여야 한다. 〈개정 2013.7.22.〉

③ 제1항에 따라 발급받은 유통관리사자격증을 잃어버렸거나 헐어서 못쓰게 되어 유통관리사자격증을 다시 발급받고자 하는 자는 사유서, 유통관리사자격증(헐어서 못쓰게 된 경우에 한한다) 및 사진 1장을 첨부하여 대한상공회의소 회장에게 제출해야 한다. 〈개정 2013.7.22., 2019.9.27.〉

[제목개정 2013.7.22.]

제13조 삭제 〈2016.7.27.〉

제14조 삭제 〈2016.7.27.〉

제15조 삭제 〈2009.10.14.〉

제16조 삭제 〈2016.7.27.〉

제16조의2 삭제 〈2016.7.27.〉

제16조의3 삭제 〈2016.7.27.〉

제17조 삭제 〈2016.7.27.〉

제18조 삭제 〈2016.7.27.〉

제19조(공동집배송센터의 지정요건) 법 제29조제1항에서 "산업통상자원부령으로 정하는 요건"이라 함은 다음 각호의 요건을 말한다. 〈개정 2008.3.3., 2009.10.14., 2013.3.23., 2013.4.23.〉

1. 부지면적이 3만제곱미터 이상(「국토의 계획 및 이용에 관한 법률」 제36조에 따른

상업지역 또는 공업지역의 경우에는 2만제곱미터 이상)이고, 집배송시설면적이 1만제곱미터 이상일 것

2. 도시내 유통시설로의 접근성이 우수하여 집배송기능이 효율적으로 이루어질 수 있는 지역 및 시설물

제20조(공동집배송센터 지정절차) ① 법 제29조제2항에 따라 공동집배송센터의 지정을 추천받고자 하는 자는 별지 제12호서식의 공동집배송센터지정신청서에 다음 각 호의 서류를 첨부하여 특별시장 · 광역시장 · 도지사 또는 특별자치도지사(이하 "시 · 도지사"라 한다)에게 제출하여야 한다. 〈개정 2006.2.23., 2006.10.4., 2009.10.14., 2013.7.22.〉

1. 다음 각목의 사항이 포함된 사업계획서
   가. 사업의 목적
   나. 공동집배송센터의 규모 및 배치계획
   다. 공동집배송센터의 건설에 필요한 소요자금 및 조달계획
   라. 공동집배송센터의 운영계획
   마. 공동집배송센터 조성공사의 착공일 및 준공예정일
2. 부지 및 시설배치를 표시한 축척 2만5천분의 1 이상의 평면도
3. 부지매입관련 서류
4. 조합 설립 인가증 사본(조합인 경우에 한한다)

② 제1항에 따른 신청을 받은 시 · 도지사는 「전자정부법」 제36조제1항에 따른 행정정보의 공동이용을 통하여 법인 등기사항증명서(법인인 경우만 해당한다)을 확인하여야 한다. 〈신설 2006.10.4., 2009.10.14., 2011.10.19.〉

③ 공동집배송센터 지정추천의 신청을 받은 시 · 도지사는 그 사업의 타당성을 검토하여 해당 지역의 집배송체계의 효율화를 위하여 필요하다고 인정하는 경우에는 추천사유와 제1항 각호의 서류를 첨부하여 산업통상자원부장관에게 지정을 추천하여야 한다. 〈개정 2006.10.4., 2008.3.3., 2013.3.23., 2013.7.22.〉

④ 산업통상자원부장관은 공동집배송센터를 지정한 때에는 별지 제13호서식의 공동집배송센터지정서를 시 · 도지사를 거쳐 그 신청인에게 교부하여야 한다. 〈개정 2006.10.4., 2008.3.3., 2013.3.23.〉

제21조(중요사항의 변경신청) ① 법 제29조제4항에서 "산업통상자원부령으로 정하는 중요사항"이라 함은 다음 각 호의 어느 하나에 해당하는 사항을 말한다. 〈개정 2006.6.30., 2008.3.3., 2013.3.23., 2013.4.23., 2013.7.22.〉

1. 공동집배송센터의 배치계획 및 별표 6 제1호에 해당하는 주요시설
2. 법 제29조제4항에 따른 공동집배송센터사업자(이하 "공동집배송센터사업자"라 한다)

② 법 제29조제4항에 따라 변경지정을 받고자 하는 자는 별지 제12호서식의 공동집배송센터변경지정신청서에 변경사실을 증명하는 서류 및 별지 제13호서식의 공동집배송센터지정서를 첨부하여 산업통상자원부장관에게 제출하여야 한다. 〈개정 2008.3.3., 2013.3.23., 2013.7.22.〉

③ 산업통상자원부장관은 공동집배송센터를 변경지정한 경우에는 공동집배송센터지정서 뒤쪽에 변경사실을 기재하여 그 신청인에게 교부하여야 한다. 〈개정 2008.3.3., 2013.3.23., 2013.7.22.〉

제22조(공동집배송센터의 지정 등 고시) 산업통상자원부장관은 법 제29조제6항에 따라 공동집배송센터의 지정을 고시하고자 하는 경우에는 다음 각호의 사항을 포함하여야 한다. 〈개정 2008.3.3., 2013.3.23., 2013.7.22.〉

1. 공동집배송센터의 명칭·위치 및 면적
2. 공동집배송센터사업자(법인 또는 조합에 한한다)의 명칭 및 대표자의 성명
3. 사업시행기간(착공 및 준공예정일을 포함한다)
4. 센터의 배치계획 및 주요시설의 설치계획

제23조(공동집배송센터의 시설기준 및 운영기준) ① 법 제29조제7항에 따른 공동집배송센터의 시설기준은 별표 6과 같다. 〈개정 2006.6.30., 2013.7.22.〉

② 법 제29조제7항에 따른 공동집배송센터의 운영기준은 별표 7과 같다. 〈신설 2006.6.30., 2013.7.22.〉

제24조(공동집배송센터개발촉진지구 지정요건 등) ① 법 제34조제1항에 따라 공동집배송센터개발촉진지구(이하 이 조에서 "촉진지구"라 한다)의 지정을 요청하고자 하는 시·도지사는 다음 각호의 서류를 산업통상자원부장관에게 제출하여야 한다. 〈개정 2008.3.3., 2013.3.23., 2013.7.22.〉

1. 촉진지구사업계획서(촉진지구의 명칭·위치 및 면적, 개발주체 및 개발방식, 센터의 배치계획 및 주요시설의 설치계획을 포함한다)
2. 부지 및 시설배치를 표시한 축척 2만5천분의 1 이상 평면도

② 법 제34조제4항에 따른 지정요건은 다음 각호와 같다. 〈개정 2006.2.23., 2009.10.14., 2013.7.22.〉

1. 부지의 면적이 10만제곱미터 이상일 것
2. 다음 각 목의 어느 하나에 해당하는 지역일 것
   가. 「외국인투자촉진법」 제18조에 따른 외국인투자지역
   나. 「자유무역지역의 지정 및 운영에 관한 법률」 제2조제1호에 따른 자유무역지역
   다. 「경제자유구역의 지정 및 운영에 관한 특별법」 제2조제1호에 따른 경제자유구역
   라. 「물류시설의 개발 및 운영에 관한 법률」 제2조제6호에 따른 물류단지
   마. 「산업입지 및 개발에 관한 법률」 제2조제5호가목부터 다목까지의 규정에 따른 국가산업단지, 일반산업단지 및 도시첨단산업단지
   바. 「항공법」 제2조제7호에 따른 공항 및 배후지
   사. 「항만법」 제2조제1호에 따른 항만 및 배후지
3. 집배송시설 또는 공동집배송센터가 2 이상 설치되어 있을 것

③ 산업통상자원부장관은 시 · 도지사로부터 지정요청을 받은 지역이 제2항의 규정에 의한 지정요건에 적합하다고 인정하여 촉진지구로 지정한 경우에는 다음 각호의 사항을 고시하여야 한다. 〈개정 2008.3.3., 2013.3.23., 2013.7.22.〉

1. 촉진지구의 명칭 · 위치 및 면적
2. 촉진지구의 개발주체 및 개발방식
3. 센터의 배치계획 및 주요시설의 설치계획 등

제24조의2(위탁수수료) 법 제35조의2제3항에서 "산업통상자원부령으로 정하는 요율의 위탁수수료"라 함은 별표 8과 같다. 〈개정 2008.3.3., 2013.3.23., 2013.4.23., 2013.7.22.〉
[본조신설 2006. 6. 30.]

제25조(보고 등) ① 법 제45조제1항에 따라 시장 · 군수 또는 구청장은 같은 조 제1항제2호부터 제4호까지의 규정에 따른 사항을 매년 2월 15일까지 관할 시 · 도지사에게 보고하여야 한다. 다만, 법 제11조에 따라 대규모점포등개설등록을 취소한 때에는 산업통상자원부장관에게 그 사실을 지체없이 보고하여야 한다. 〈개정 2008.3.3., 2011.1.18., 2013.3.23.〉

② 시 · 도지사는 법 제45조제1항제1호 · 제3호 및 제4호에 따른 사항과 제1항의 본문에 따라 관할 시장 · 군수 또는 구청장으로부터 보고받은 사항을 종합하여 매년 2월 말일까지 산업통상자원부장관에게 보고하여야 한다. 〈개정 2008.3.3., 2013.3.23., 2013.7.22.〉

③ 법 제45조제2항에서 "산업통상자원부령으로 정하는 사항"이라 함은 다음 각호의 사항을 말한다. 〈개정 2008.3.3., 2013.3.23., 2013.4.23., 2013.7.22.〉

1. 삭제 〈2016.7.27.〉

2. 삭제 〈2016.7.27.〉

3. 공동집배송센터사업자의 경우 공동집배송센터의 운영실적

제26조(수수료) ① 법 제48조제1항에서 "산업통상자원부령으로 정하는 범위"라 함은 10만원을 말한다. 〈개정 2006.6.30., 2008.3.3., 2013.3.23., 2013.4.23.〉

② 삭제 〈2016.7.27.〉

제27조(규제의 재검토) ① 산업통상자원부장관은 다음 각 호의 사항에 대하여 다음 각 호의 기준일을 기준으로 3년마다(매 3년이 되는 해의 기준일과 같은 날 전까지를 말한다) 그 타당성을 검토하여 개선 등의 조치를 하여야 한다. 〈개정 2014.12.31.〉

1. 제19조에 따른 공동집배송센터의 지정요건: 2014년 1월 1일
2. 제23조에 따른 공동집배송센터의 시설기준 및 운영기준: 2014년 1월 1일

② 산업통상자원부장관은 다음 각 호의 사항에 대하여 다음 각 호의 기준일을 기준으로 5년마다(매 5년이 되는 해의 기준일과 같은 날 전까지를 말한다) 그 타당성을 검토하여 개선 등의 조치를 하여야 한다. 〈신설 2014.12.31., 2016.7.27., 2019.9.27.〉

1. 삭제 〈2019.9.27.〉
2. 제6조에 따른 대규모점포 관리자의 신고서, 첨부서류, 변경신고 내용, 변경신고서 및 첨부서류의 범위: 2019년 1월 1일
3. 제10조제1항에 따른 유통연수기관의 지정 신청 시 첨부서류: 2015년 1월 1일
4. 삭제 〈2019.9.27.〉
5. 삭제 〈2019.9.27.〉

[본조신설 2014.2.4.]

부칙 〈제348호, 2019.9.27.〉

제1조(시행일) 이 규칙은 공포한 날부터 시행한다. 다만, 제4조의2, 제4조의3, 제5조제1항제2호 및 별표 1의 개정규정은 공포 후 3개월이 경과한 날부터 시행한다.

제2조(상권영향평가서의 작성 기준 및 방법 변경에 관한 적용례) 제5조제1항제2호 및 별표 1의 개정규정은 이 규칙 시행 후 대규모점포등의 개설등록 또는 변경등록을 신청하는 경우부터 적용한다.

참고문헌

강국희, 식품생명자원총서, 성균관대학교출판부, 1998.

강상환, 마케팅원론, 대왕사, 1995.

고정웅, 자재관리, 형설출판사, 1992.

______, 자재관리, 형설출판사, 1995.

김기영 외 2, 외식산업관리론, 현학사, 2003.

김기영, 주방관리실무론, 백산출판사, 2008.

김기홍 외 3, 외식사업창업론, 대왕사, 2005.

김동승, 최신식품구매론, 효일문화사, 1992.

김세범 외 2, 소비자행동론, 형설출판사, 1997.

김순기, 원가회계, 박영사, 2000.

김영규, 경영학원론, 박영사, 2006.

김용욱, 유통정보시스템, 한국학술정보, 2006.

김은숙 외 3, 외식산업의 창업및 경영, 백산출판사, 2005.

김진섭, 관광마케팅, 대왕사, 1998.

김형욱, 생산관리체계 방법론: 자재 및 재고관리종합, 한국생산성본부, 1992.

나정기, 메뉴관리의이해, 백산출판사, 2004.

______, 식음료원가관리의 이해, 백산출판사, 2006.

______, 호텔식음료 원가관리실무, 백산출판사, 1997.

농림부, 농산물표준규격, 국립농산물품질관리원, 2003.

농수축산신문, 한국식품연감, 사조사, 1991~2000.

대한영양사회, 급식관리지도서, 1996.

롯데호텔, 조리직무교재, 명지출판사, 1990.

모수미 외 3, 조리학, 교문사, 2003.

박경곤, 조리숙련형성 교육의 실무평가에 관한 연구, 외식경영연구, 2007.
박운성, 현대구매관리, 박영사, 1990.
박종의, 유통관리론, 글러벌, 2007.
변명식 외 1, 유통경영론, 학문사, 2006.
변유량 외 3, 식품공학, 지구문화사, 1999.
상공회의소, 미국의 유통산업, 1995
송재철 외 1, 식품물성학, UUP울산대학교출판부, 2000.
식품유통연감, 식품저널, 1999~2000.
안영일 외 2, 유통관리사, 시대고시기획, 2010.
안용근 외 3, 현대식품가공·저장학, 도서출판 효일, 2004.
양일선, 식품구매, 수학사, 1996.
연수자료, 2009.
옥선종 외 1, 유통론, 형설출판사, 1997.
유통업체연감, 한수협출판부, 1996~2000.
이병철 외 6, HACCP의 이해와 적용, 광문각, 2005.
이순용, 생산관리론, 법문사, 1990.
이진영 외 3, 현대식품구매론, 효일문화사, 1999.
임세진, 원가관리회계, 제4판, 도서출판 웅, 2002.
임영균 외, 유통경로관리, 경문사, 2003.
임영균 외 3, 유통경로관리, 경문사, 2003.
임종원, 현대마케팅원론, 법문사, 1991.
장명숙, 식품과 조리원리, 효일문화사, 2000.
장혜자, 전처리 식품 사용시 조리작업에 미치는 영향과 안전성 확보방안, 보건산업진흥원.
전태갑, 농산물유통론, 전남대학교출판부, 2005.
정영도 외 10, 식품조리재료학, 지구문화사, 2000.
정청송, 조리과학기술, 도서출판 G.C.S, 2000.
정한규, 재무관리, 경문사, 1997.
조리교재발간위원회, 조리체계론, 한국외식정보, 2003.
진대현, 쉽게 풀어보는 원가노트, 더난출판사, 1997.

진양호, 원가관리론, 지구문화사, 1998.

축협중앙회 축산물 등급판정소, 알기쉬운 축산물 등급제, 1996.

텐묘 시게루, 손익분기점을 배우자, 거름, 2003.

한국공업표준협회, 구매관리실무, 1991.

한국사전연구사, 식품재료사전, 한국사전연구사, 2005.

한국식품연구원, 식재료 품질규격 GUIDE, 도서출판 다다아트, 2010.

홍기운 외 2, 최신 식품구매론, 대왕사, 2001.

홍기운, 식품위생학, 대왕사, 1999.

______, 최신 외식산업개론, 대왕사, 1999.

홍진숙 외 6, 식품재료학, 교문사, 2005.

홍태희 외 6, 현대식품재료학, 지구문화사, 2003.

황재희 외 1, 식품재료학, 도서출판 효일, 2005.

국립농산물품질관리원 //www.naqs.go.kr/

국립농산물품질관리원 친환경농산물 //www.enviagro.go.kr/

국립수산물품질검사원 //www.nfis.go.kr/

국립수의과학검역원 //www.nvrqs.go.kr/

농림수산식품부 //www.mifaff.go.kr/

농식품안전정보서비스 //www.foodsafety.go.kr

쇠고기이력제 //www.mtrace.go.kr/

수산물이력제 //www.fishtrace.go.kr/

식품의약품안전청 //www.kfda.go.kr/

우수식품인증시스템 //www.foodcert.kfri.re.kr/

우수식품인증정보시스템 //www.goodfood.go.kr/

축산물 HACCP 기준원 //www.ihaccp.or.kr/

축산물품질평가원 // www.ekape.or.kr/

❙ 외국문헌 ❙

A case for reducing salt in processed foods(2000), Nutrition & Food Science.30(4).

Chen, S. C., Quester, P. G.(2006), Modelling Store Loyalty: Perceived Value in Market Orientation Practice. Journal of Services Marketing.

Customer-driven(2000), Manufacturing in the food processing industry, British Food Journal,102(10).

Donald Smith(1982),「Menu Engineering」,Loding, Mar.

Elizaveth, A Sloan(1998). Food Industry Forecast: Consumer Trends to 2000 and Beyond, Food Technology.

Gisslen(1983), 「Professional Cooking」, Wiley.

Kate Drew(1986), "Menu-spoiled for Choice, International Journal of Hospitality Management", Vol.5, No.4.

Khan(1987), 「Foodservice Operations」, Westport Connectcut, AVI Pub. Co. Inc.

Marican C. Spears(2000), 「Food service Organizations」, PRENTICE HALL.

Mahmood A.Kham(1993), "Menus and Menu Planning" in Mahmood A. Khan, Michael D. Oslen and Trugut Var, eds. VNR's ENCYCLOPEDIA of HOSPITALITY and TOURISM.

Stefanelli, JM and Feinstein, A.(2002), Purchasing Selection and Procuremet for Hospitality Industry, 5TH(ED.) John Wiley & Sons.

Stevenson, K. E. & Bernard, D. T.(1995), HACCP Workshop Manual: Establishing Hazard Analysis Critical Point Programs, The Food Processors Institute. Washington. D. C.

Swane, David Mc H. S. D. Nancy R. rue ph. d, Richard Lichard Linton PH〉 D.(2001), Essencials of Food Safety and Sanitation, McGrawhill.

Tomas J. Kelly, N.M. Kiefer and K.Burdett(1994), "A Demand-Based Approach to Menu Pricing", The Cornell H.R.A. Quarterly, Vol.35, No.1.

Sharon Tyler Herbst and Ron Herbst(2006),「Food Lover's Companion」 BARRON'S.

Virts, William B., *Purchasing*, AH&MA, 1987.

Marvin, William R., *Restaurant Basic*, Jhon Wiley & Son's Ink., 1992.

저자 소개

박경곤

- 경기대학교 대학원 외식산업경영학과 석사졸업(외식경영석사)
- 경기대학교 대학원 관광경영학과 박사수료(관광학박사)
- 청운대학교 호텔조리식당경영학과 부교수

주요경력
- 서울 프라자호텔 근무
- 서울 가든호텔 근무
- 서울 그랜드하얏트호텔 근무
- 서울 힐튼호텔 근무
- 서울 스위스그랜드 호텔 조리부 팀장 근무
- (사)한국외식경영학회 부회장
- (사)한국조리학회 이사

최성기

- 국립강릉대학교 대학원 관광경영학과 박사수료(관광학박사)
- 백석문화대학교 외식산업학부 부교수

주요경력
- (주)대한제당 외식사업부 근무
- (주)만웅 외식사업부 근무
- (주)코델리햄 외식사업부 근무
- 백석대학교 관광학부 외래교수
- 백석문화대학 해외인턴십학부 겸임교수
- 극동대학교 호텔외식경영학과 외래교수
- (사)한국호텔관광학회 이사
- (사)한국외식경영학회 이사

저자와의
합의하에
인지첩부
생략

호텔 · 외식 식자재관리 및 구매

2012년 2월 25일 초　판 1쇄 발행
2023년 9월 20일 개정판 3쇄 발행

지은이 박경곤 · 최성기
펴낸이 진욱상
펴낸곳 백산출판사
교　정 박시내
본문디자인 오행복
표지디자인 오정은

등　록 1974년 1월 9일 제406-1974-000001호
주　소 경기도 파주시 회동길 370(백산빌딩 3층)
전　화 02-914-1621(代)
팩　스 031-955-9911
이메일 edit@ibaeksan.kr
홈페이지 www.ibaeksan.kr

ISBN 979-11-5763-765-2 93590
값 25,000원